珍藏版

中华上下五千年

三读国学馆 编

4

五代十国
北宋、南宋

线装书局

第 12 章　五代十国

公元907年朱温灭唐称帝,国号梁,史称"后梁",此后又相继出现后唐、后晋、后汉、后周,合称"五代"。与此同时,中国南方和山西地区,先后出现吴、南唐、吴越、楚、闽、南汉、前蜀、后蜀、荆南、北汉等国,合称"十国"。历史上将这一混乱的时期称为"五代十国"。

朱全忠篡位

唐朝末年,宦官韩全诲勾结凤翔节度使李茂贞,朝官崔胤勾结宣武节度使朱全忠(852—912,又名朱温),他们的共同目的是"挟天子以令诸侯"。可怜的唐昭宗被抢来抢去,没有半点儿自主权。

朱全忠本是应崔胤之请,前来保驾的。然而,崔胤看出朱全忠为人跋扈,恐怕其对朝廷不利,就想控制住朱全忠。没想到,朱全忠先发制人,上了一个密表说"崔胤专权乱国,离间君臣",然后派亲信把崔胤杀了。

朱全忠一派在这场斗争中占了上风,宦官们被杀了个精光。

当年,朱全忠攻下邠(bīn)州(位于今陕西省西部)时,把节度使李继徽的妻子留下做人质。看到李氏貌美如花,好色的朱全忠便强占了李氏。李继徽大怒,便鼓动他的养父李茂贞起兵讨伐朱全忠。

李茂贞起兵后直逼京畿。朱全忠得到即将交战的消息,估量着自己眼下的实力难以迎战,便请昭宗迁都洛阳,命令百官东行,文武百官个个抱怨不已。当车驾到达华州时，华州人听说天子路过，都夹道欢呼万岁。昭宗有感于自己身世坎坷，流着泪说："你们不要呼万岁，朕如今已不再是天子了。"又转过头来，对身边的侍臣说："朕今日漂泊，不晓得将流落何处。"昭宗旁边的侍臣，看到皇帝蒙尘出奔，个个都低垂着头，心情沉重。

二月间，因为洛阳宫室尚未修成，所以众人暂时留在陕州。朱全忠来到陕州，见到了何皇后，何皇后悲戚地说："从现在起，大家（指天子）夫妇的命就在你手里了。"两个月后，洛阳宫室修好了，朱全忠催昭宗早日上路。昭宗求情说："皇后生产不久，不宜远行，请等到十月再东行。"朱全忠大怒，为震慑皇帝，暗中命人将昭宗身边伺候击球的供奉、内园小儿两百多人都杀了个干净，然后再找了两百多个年龄、身材差不多的，换上衣服来冒充被杀死的两百多人。昭宗发现后，伤心不已，更觉得自己孤苦无依了。

昭宗的爱子德王李裕生得眉清目秀，且颇有才华。朱全忠对德王既忌惮又厌恶，常常想借机除掉他。昭宗清楚朱全忠的为人，因此日夜担心德王会遭到不测，他曾对身边人蒋玄晖说："德王是朕的爱子，朱全忠为什么一定要把他杀掉呢？"说着，便泪如雨下。不料，蒋玄晖竟将昭宗的话告诉了朱全忠。朱全忠遂派遣蒋玄晖等百余人夜叩宫门，说是军前有急奏，要当面禀告皇帝。

妃子裴贞命人打开宫门，她一看到黑压压的人群，顿觉不妙。蒋玄晖大声问道："至尊（皇帝）在哪里？"宫中的一位李昭仪倚着宫殿的轩槛呼道："宁可杀死我等，不要伤了官家（指天子）。"昭宗从梦中惊醒，绕着柱子逃命，最终难逃一劫。弑君后，朱全忠装模作样地趴在天子的棺木前痛哭。之后，朱全忠立年仅13岁的辉王李柷为帝，这就是昭宣帝。

不久，朱全忠将德王李裕等昭宗的九个儿子找来，请他们在九曲池饮酒。酒还未喝完，朱全忠便命人将九个皇子缢死了，其心狠手辣让人震悚。

昭宣帝年幼，毫无阅历，朝政实际操持在朱全忠之手。朱全忠是草莽懒汉出身，所以他十分痛恨知书达理的知识分子。如今大权在握，便毫不客气地杀了裴枢、独孤损等三十多位名震士林（旧指学术界、知识界）的读书人。朱全忠身边有个叫李振的读书人，他屡次投考进士不第，心怀怨恨，便对朱全忠说："这些读书人常常自命清高，认为自己是清流，我们应该把他们扔到黄河中去，把清流变为浊流。"当时的人因此称李振为鸱鸮（音 chī xiāo，一种不祥之鸟）。

据说,有一次朱全忠与僚佐坐在一棵大柳树下乘凉。朱全忠自言自语道:"这柳木应拿来做车毂。"柳木细而柔软,怎能当车毂呢?众人心中虽不以为然,但也没人敢说出反对的话。一时无人搭腔,气氛有些尴尬。过了一会儿,朱全忠再次说道:"这柳木应拿来做车毂。"众人怕再不吭声会遭到朱全忠怪罪,于是勉强应和道:"对,应该用来制车毂。"不料,这句话竟然使得朱全忠勃然大怒。他厉声喝道:"你们看看,这些没有用的书生就是喜欢顺着旁人的话捉弄人,车毂要用榆木做,怎能用柳木呢?"于是派人把左右数十人都杀了。

朱全忠心肠狠毒、手段残忍,众人无不惧怕,因此都对他言听计从、百般讨好。不久,朱全忠逼迫昭宣帝让位,自己登上皇位,改名为朱晃,御金祥殿,接受百官朝贺,改国号为梁,以汴梁(今河南开封)为东都,以洛阳为西都,是为后梁太祖。唐昭宣帝被杀,谥为哀帝。唐朝灭亡,五代开始。

搜刮民财的吸血鬼

李茂贞(856—924),深州博野(今河北蠡县)人,字正臣,本姓宋,名文通。僖宗时,历任武定、凤翔节度使,封陇西郡王,赐姓名。天复元年(901年),朱温兵逼长安,昭宗逃往凤翔,他挟持昭宗与朱温对抗。后梁建立后,他地盘缩小,仍自称岐王。同光二年(924年),归顺后唐称臣。

李茂贞作为陇右节度使,曾盘踞在凤翔一带37年,在这37年中,他横征暴敛,想尽办法搜刮民财,苛捐杂税名目繁多,甚至老百姓晚上点灯照明都要收税。为了收更多的税,他下令严禁将松枝柴火运入凤翔,以防止百姓燃松枝来照明。所以当时的人们,借戏文讽刺李茂贞说:"臣请并禁月明。"意思是说,我们请求禁止月光亮晶晶地照在人间,从而影响你的税收。

明朝人萧良有编写了一本儿童读物,叫《龙文鞭影》,内容多为历史典故,以教育儿童明辨善恶忠奸。其中一条是"茂贞苛税,阳城缓征","茂贞苛税"就是揭露李茂贞连老百姓点灯也要收税的恶劣行径的;"阳城缓征"讲述的则是唐朝人阳城在任道州刺史时,因老百姓交不起税而缓征,导致自己丢官的故事。一贬一褒,表达了作者鲜明的态度,也说明李茂贞的苛税在历史上是非常典型的。

众多的民脂民膏让李茂贞这个地方一霸过着十分奢华的生活。

他为自己建造了规模宏大、设施豪华的庄园——李氏园。李氏园又叫皇后园,门口一片竹林,进了朱门,满园奇花异草,鸟语花香,从西边引来一渠清水,向北流再折向东,流入深林。由北向南过了小桥,道路两旁是高大的乔木,像城墙似的;东边是水池,野鸟与家禽嬉戏水中;北边是潺潺的溪水,中间是高大的华屋,躺在床上可以望见北山。到北宋时,李氏园虽历经百年,有点破败,但在整个关中仍居第一。苏轼在游记诗《李氏园》中曾写道:"岂惟此地少,意恐关中独。"

这么大的园子,肯定要占用大量的耕地。李茂贞把唐昭宗劫持到凤翔后,逼老百姓献出良田,登记造册后,又租给佃户,并把这些佃户称为秦王户。他的儿子李从曮有"田千顷,竹千亩"。他的两个孙子拿着券收田,各有上百顷良田。一家三代想尽办法,抢夺民田,榨取民膏,供他们挥霍。他的两个孙子,不到十年就把各自夺来的上百顷良田挥霍殆尽。所以苏轼又写道:"当时夺民田,失业安敢哭。谁家美园圃,籍没不容赎。此亭破千家,郁郁城之麓!"苏轼所写的诗句真实地记录了李茂贞的罪恶。

李克用糊涂失人心

身为沙陀部落首领的李克用(856—908)骁勇善战,他虽一目失明,却能在百步之外射中挂在树上的马鞭。他率领的部队主要由沙陀人及北方少数民族组成,战斗力极强。正是凭借这支部队,李克用镇压了黄巢起义,被唐王朝封为晋王。

朱全忠是镇压黄巢起义的另一位将领。天祐四年(907年),朱全忠代唐称帝,改国号为梁,史称后梁。李克用以复兴唐朝为名发兵征讨后梁。然而,在这场战争中,李克用节节败退。究其原因,这和李克用自身的糊涂是分不开的。

李克用很重视培养军队的战斗力,却忽视了军队的纪律。沙陀军人横行霸道,所到之处,烧杀劫掠,无恶不作。李克用之子李存勖(885—926)多次劝父亲整顿军纪,李克用却振振有词地为自己辩解道:"这些人跟随我多年,我怎么忍心对他们严苛呢?况且现在各藩镇都在重赏招募壮士,如果我对他们要求严格,他们恐怕会跑到别处去。"

将领李袭吉也曾进谏说:"要使自己处于不败之地,就必须崇德爱人,轻徭薄赋,训练军队,发展农业。"如此有远见的谏言却被李克用视为"书生迂腐"而不肯采纳。

李克用的刚愎自用导致河东地区(今山西)的经济状况越来越糟。四方壮士无人前来归附,他苦心保下的老部下之间也明争暗斗,如此一来,军队的战斗力不仅没有增强,反而大大减弱了。

不仅对待军纪如此,对于父子亲情,李克用也十分糊涂。

李克用的义子李存孝武艺非凡,勇猛过人,在战场上攻无不克,战无不胜,是一员不可多得的猛将。因为李克用对他照顾不周,所以李存孝经常会发一些牢骚。李克用的另一个义子李存信嫉妒李存孝的战功,便趁机跑到李克用面前挑拨是非,说李存孝口出怨言,存有二心,将来势必要造反。李克用听后大怒,不问青红皂白,立即下令要将李存孝车裂。

命令颁布后,李克用后悔了——他并不想失去李存孝这员猛将,但他并没有及时改变这个愚蠢的命令,而是自以为是地认为行刑时自会有人替李存孝说情,到时他就可以顺水推舟免李存孝一死。不料,到了行刑之日,众人因惧怕李克用,竟无一人替李存孝讲情。于是,一代名将李存孝就这样稀里糊涂地被他的义父处死了,真是可悲可叹!

李克用为此深恨诸将,却没有谴责过李存信。李克用对李存孝的死深感惋惜,为此,他十多天不理政事,兵势也逐渐转弱,而朱全忠的势力却变得越来越强大。

李克用不仅在亲情上糊涂,在战略上也毫无谋划。纵观他一生的征战生涯,可见他忽而威逼皇帝,忽而拥护朝廷,今天联合这个打那个,明天联合那个打这个,东一榔头西一棒子,毫无章法。

李克用的糊涂注定了他失败的命运。在和朱全忠的对峙中,李克用兵力损失严重,战果却寥寥无几,所占地盘步步紧缩,由原来占据偌大的河东地区,到最后败得只剩下了太原城。

908年，李克用身患重病，在未能成就大业的遗憾中离世。其后，他的儿子李存勖继位。值得庆幸的是，李存勖是一个英勇善战且具有远见卓识的人物，他继位后不仅进一步平定了河东地区的局势，而且还息兵行赏，任用贤才，惩治贪官污吏，宽刑减赋，一时河东大治。

李存勖临危受命

沙陀人李克用能征善战，且门下养子、谋士众多，可谓是权高势重。朱全忠登上天子宝座后，十分忌惮李克用，曾摆下鸿门宴对付他，李克用侥幸逃命。从此，两人结下了不共戴天之仇。

李克用声威大震之后，淮南节度使杨行密（后来建立了五代十国中的吴国）密派了一个画工，假扮商人到河东去为李克用偷偷画像。结果画工刚到河东，就被李克用的手下抓住了。

李克用有个绰号叫"独眼龙"，所以李克用听到画工被捕的消息后，便促狭地对亲信说："我少了一只眼睛，且看他怎么画！"这个倒霉的画工被唤到李克用面前，李克用拍着膝盖怒喝道："淮南节度使派你来画我，想来你是画工之中最好的，你如果画我画得不像，那么此处就是你的丧生之所。"众人都颇为同情画工，觉得他几乎没有生还的可能，因为如果画得不像，便要被处死；而如果将李克用一只眼失明的样子据实画出，恐怕也不能活命。

这个画工十分聪明，他为李克用画的肖像竟让李克用大为开心。大家都十分惊讶，都凑上去看——原来画工笔下的李克用正张着手臂弯弓射箭，一只眼睛眯了起来，好像在瞄准目标。就这样，画工巧妙地掩饰了"独眼龙"的缺陷，难怪李克用大为开怀！

李克用临终前，立儿子李存勖为嗣，并对弟弟振武节度使李克宁说："亚子志向远大，必能成大事，你们要好好教导。"李存勖生得虎背熊腰，体貌奇特，曾受到过唐昭宗的夸奖："此子可亚其父。"，所以他的小名叫亚子。

李存勖13岁开始学《春秋》，习骑射，每次打仗，总是功居第一。他嗣位之时，年仅24岁。因其年轻，即位之初，军中众将对其议论纷纷。李存勖心中惴惴不安，又想到父亲去世，便躲在屋中痛哭不已。亲信张承业劝李存勖："大孝在不坠基业，痛哭无益，保家安亲，才是大孝。"李存勖这才出来指挥大局。

当时振武节度使李克宁（即李存勖的叔父）掌握兵权，战功显赫。军中诸将皆认为李存勖年轻，难以担当重任。李存勖心中也忐忑，主动提出要把王位让给叔父李克宁。李克宁不肯，对众人说："先王之命，谁敢违背？"即便如此，当时的局面对于李存勖而言，还是异常困难的。李克用有许多养子，对于24岁的李存勖登上王位，养子们个个不服气，他们有的推说自己有病，有的见到新王不肯下拜；再加上李克宁权位重，许多人都倒向了李克宁那一边。

李克用的养子李存颢对李克宁说："兄终弟及，自古有之，你是叔父，还要向侄儿下拜，情何以堪？"李克宁回答："我家世世代代以慈孝闻名天下，先王之业已有所归，我复何求！"

李克宁本没有异心，但其妻孟氏却是出了名的刚烈凶悍。李克宁一向怕老婆，又时常听人们劝说，心意也动了，于是决定起兵造反。李存勖得到消息后，只好把李克宁捉来。他流着眼泪对叔父说："当初我要把军符让给你，叔父你却不肯要，如今大势已定，叔父又何必如此呢？"李存勖不得已只好把叔父杀了。

李存勖继承晋王之位后，与后梁展开决战。他分析当时的形势，肯定地对身边诸将说："汴人（指朱全忠，因朱全忠的根据地在汴州。汴州，今河南开封）以为我有国丧在身，又欺负我年少继位，必然轻敌，我出其不意攻之必能使之无措。"

于是，他御驾亲征，在夹寨大破后梁军队。朱全忠因此叹息道："生子当如亚子，克用可谓不死矣。"

戏迷皇帝李存勖

923年,朱瑱兵败,李存勖灭了梁朝,统一了北方地区,登基称帝,国号为唐,史称"后唐",李存勖则为庄宗皇帝。

李存勖当皇帝以后,中原已经平安无事,周围的小国也构不成威胁。于是他便开始贪图享乐。

李存勖小时候喜欢看戏,也愿意演戏。长大成人以后,他忙于征战,没有时间看戏演戏。如今,李存勖做了皇帝,想干什么就干什么。他又想起了看戏演戏的事,他把国家大事置于一旁不管,整天跟戏班子在一起。

戏班里的演员受到皇帝宠幸,时间久了,这些演员便也狂傲起来。他们自由出入皇宫,不把大臣们放在眼里,甚至还欺负朝廷重臣,许多官员都敢怒不敢言。

不久,庄宗皇帝要封两位演员任刺史,消息传出后,有大臣进谏道:"陛下,现在新朝刚刚建立,许多跟陛下打江山立下战功的将士还没得到封赏,您却让演戏的伶人当刺史,恐怕众臣不服。"

庄宗却不以为然,坚持让几位演员做了官,果然,很多有功的将士觉得皇上不公,非常气愤。仅仅几年后,后唐朝廷便发生内乱,大将郭崇韬被杀害,李嗣源(867—933)也险些被害。

李嗣源原是庄宗的父亲李克用的养子,他武艺高强,胆识过人。当年李克用在汴州驿馆得罪朱全忠被围困时,李嗣源跟李克用在一起。他当时虽只有17岁,却临危不惧。他挥舞长枪,以一当十,眨眼间刺倒梁军十多人,保护李克用安全撤退,立下大功。这样的有功之臣,不但得不到应有的封赏,反而受到猜忌和迫害。李嗣源不能忍耐下去了,在将士们的拥护之下,他决定发兵推翻唐庄宗李存勖,自己做皇帝,于是他率兵攻进汴州。

庄宗皇帝在洛阳得到李嗣源反叛的消息后,立即发兵去汴州。走到半路,听说李嗣源已经攻入汴州,而且各地将领都支持他,他这才知道自己已处于孤立无援的地步。庄宗返回洛阳,要与李嗣源对抗。他命令从马直指挥使郭从谦组织兵力抵抗。郭从谦原来也是演戏的伶人,曾认郭崇韬大将为叔叔,郭崇韬遇害以后,郭从谦便对庄宗皇帝怀恨在心。现在李嗣源起兵讨伐皇帝,郭从谦觉得是个机会,便发动亲军造反,进攻皇宫。庄宗始料不及,没有抵抗的能力,被一箭射中,丢掉了生命,死时才做了不到4年的皇帝。

庄宗死后,年已六旬的李嗣源做了后唐的第二位皇帝,即唐明宗,时值926年。

张全义左右逢源

唐朝灭亡后,后梁、后唐、后晋、后汉、后周相继建立,通称为五代。然而,五个朝代存在的时间加起来却只有50多年。为什么唐朝有289年,五个朝代存在的时间却抵不上唐朝的五分之一?这其中的原因有很多,主要是因为五代的人没有国家民族观念,不但一般平民如此,居于社会上层的统治阶级也多半没有道德底线。张全义就是这样一个人。

张全义(852—926)出身农民家庭,其父亲、祖父都是农民,自幼家境清苦,时常被县令欺负。张全义在无奈之下投奔了黄巢的起义军。参加义军不久,张全义看出黄巢义军存在的弊端,认为黄巢难成大事,便改投泽州刺史诸葛爽麾下。

诸葛爽看张全义生得方头大耳,颇有福相,于是对他极为爱护。诸葛爽去世后,张全义为感谢诸葛爽的恩德,特别画了一幅诸葛爽的画像挂在房间中,早晚焚香供拜,同时继续追随诸葛爽的儿子诸葛仲方。

诸葛爽的部将李罕之起了异心,决定要赶走诸葛仲方。李罕之请求与张全义合谋,张全义满口答应,二人遂把诸葛仲方赶走,占领了他的地盘。然而,即使起兵之时,张全义也依然将诸葛爽的画像高挂在住所中,早晚两炷香供拜,其言行举止实在怪诞无比。

赶走了诸葛仲方,李罕之自己占据了河阳,并以张全义为河南尹。但李罕之很看不起张全义,常常以"田舍翁"来称呼张全义,而且经常欺负他,不是向他要军食,就是向他要缣帛。对李罕之的行为,张全义的左右宾客都觉得很气愤,但张全义总是无奈地说:"李太傅所要,不得不奉之。"他表现出一副十分懦弱的样子,实则暗中准备发动夜袭。李罕之连夜逃到河东,求救于李克用,李克用马上挥兵攻击张全义,张全义便请求与李克用有不共戴天之仇的朱全忠支援。朱全忠将这场战役视为与李克用的决斗,于是调动了大批兵力将李克用的兵马击退。

从此,张全义对朱全忠感激涕零,尽心尽力为朱全忠办事。据说,朱全忠初到洛阳之时,洛阳城内满目疮痍。张全义勤俭治民,辛苦经营。数年间,洛阳人口竟然恢复到五六万之多。

据说,张全义走在田地里,看到新麦新茧,会忍不住高兴地笑起来。在秋收季节,见到田中没有杂草,他必定下马慰劳主人,赐予衣物;若是发现禾中有草,地耕不熟,则会把主人找来厉声呵斥。

张全义虽然关心农事,治理有方,但为人很没有底线。朱全忠篡唐之后,以张全义为河阳节度使封魏王,开平二年(908年)拜太保,四年(910年)拜太傅。张全义对朱全忠言听计从,巴结拍马到了极点。朱全忠晚年时猜忌群臣,群臣被害死者不计其数,只有张全义身卑屈事,安享富贵。

当然,张全义也不曾真正效忠于梁朝。当李存勖为父亲李克用报仇,大发神威,灭亡梁朝时,张全义立刻从洛阳赶赴汴京,迎接李存勖,叩首认罪,而且上表为自己脱罪——"屡为朱梁(指朱全忠建立的梁朝)窥图,逼入虎口,非我素志……"

后唐庄宗李存勖见他一副恭诚模样,十分欢喜,不但亲加抚慰,派人扶他上殿,赐宴尽欢,还命皇子继岌、皇弟存纪用兄长之礼待张全义。张全义在后唐明宗时病死于洛阳,享年75岁,谥忠肃。

张全义这么一个无耻之人,可他不仅在朝堂上享有盛名,而且也为一般百姓所爱戴。这也许是因为虽五代多恶官,但他还能为百姓做一些事,所以史官便对他赞美不已。张全义这种小人都享有美名,也可窥五代风气之一斑了。

王彦章乱世坚守气节

李存勖统军有方,作战英勇,使得李克用的仇敌梁太祖朱全忠非常恐慌。

朱全忠本是盗匪出身,在马背上得天下,他淫虐贪暴,行为不检;他的儿子虽多,却没有可用之材。朱全忠的大儿子很早就死了,二儿子朱友珪又不得朱全忠喜欢。唯有一个叫朱友文的养子,因其妻王氏生得美,所以朱全忠特别宠爱他。

乾化二年(912年)五月,朱全忠在河北打了败仗,退守洛阳。当时朱全忠病情危急,便让王氏召朱友文来托后事,实际上是准备传位于朱友文。其次子朱友珪知道后大怒,觉得父亲偏心,便连夜率兵闯入寝宫杀了朱全忠。不久后,朱友珪的弟弟朱友贞又把朱友珪杀了,自己当上了皇帝——这就是后梁末帝,即位于大梁(即汴州)。

朱全忠不是李存勖的对手,其子朱友贞更不能与李存勖抗衡。后梁在军势上处于下风。当时,许多人都劝李存勖称帝,李存勖心有所动,此刻又意外地得到了黄巢破长安时抢到的唐朝传国玺,他就更加相信自己有帝王之相,称帝乃是天意。因此,李存勖便在魏州(治今河北大名县东北)牙城之南筑坛,祭告上苍,即皇帝位。

李存勖自认是大唐帝国之后,又忆及其父话语:"以前天子临幸石门,我发兵诛贼臣;当是之时,威震天下,我若挟持天子,自立为王,谁能禁止我?想吾家世代忠孝立功,你以后应以复兴唐室为己任,千万不要效法朱全忠!"所以李存勖建立的国家仍称唐,史称后唐。

李存勖称帝后,加紧了消灭后梁的进程。他四处发兵,对后梁军队步步紧逼,处处围剿。后梁老臣敬翔知道梁室已危,便悄悄把绳子藏到靴子之中,到后宫去找后梁末帝。敬翔对末帝说:"先帝(指朱全忠)取天下,不以臣为不肖,臣所建议,先帝从无不用。今天敌势益强,而陛下弃忽臣言,臣身无用,不如死!"说完,从靴内掏出绳子便要上吊。后梁末帝急忙阻止,请他知无不言,并表示自己一定会采纳他的建议。于是敬翔进谏："眼下事急,非用王彦章(863—923)为大将不可。"于是,末帝封王彦章为行营招讨使,封段凝为副招讨使。

临行前,末帝问王彦章："要几天可以破敌？"王彦章毫不迟疑地回答："三天足矣。"众人大笑,都以为王彦章过于狂妄。不料,三天后,王彦章果然连下德胜城、麻家口、景店诸寨,后唐军队损失大半。

王彦章善使一支铁枪,驰突阵中,出入如飞,军中称为"王铁枪"。王彦章在前线奏捷时,曾多次对人说："待我功成之后,定要回朝诛杀奸臣,以谢天下。"原来当时后梁朝廷被奸臣赵严、赵鹄、张汉杰等人把持,王彦章一直受到排挤,因此他十分看不惯那些奸臣飞扬跋扈的作为。

那些人得到消息,大为恐慌,私下商议："我们宁死于沙陀李存勖之手,也不能为王彦章所杀。"这些话代表了地地道道的小人心声:国家亡了无所谓,反正我们可以投降；但若王彦章归来,可就小命不保了。

在这种心理的驱使下,他们在末帝面前竭力诋毁王彦章,并将所有的战功都归结到副将段凝身上。糊涂的末帝在小人的唆使下,便将王彦章调回朝廷,而改由段凝担任行营招讨使。换将之后,前线的军队立刻变得不堪一击。

后唐军借此机会,积极反攻,李存勖亲自指挥大军直指汴州、洛阳。临行前,他悲壮立誓："事之成败,在此一决战。若不成功,我们全家集于魏宫,一火焚之。"看到首领如此有决心,后唐军因此锐不可当。过郓州,渡汶水,迫后梁军于中都。王彦章兵败被擒,被押解入后唐大帐。

庄宗李存勖问王彦章："你曾说我是斗鸡小儿,何足畏？如今事情至此,你可有话说？""天命已去,夫复何言！"王彦章还是神色不屈。庄宗欣赏王彦章的才能和气节,便派医生为他疗伤,并赏赐大量金帛。面对重赏,王彦章摇头说："我本匹夫,蒙后梁朝廷恩典位居上将,与你交战十五年。今天兵败力穷,纵然你怜我,但我有何面目见天下人？岂能朝为后梁将,暮为后唐臣,此我所不为也！"看到王彦章难以跟随自己,又恐王彦章最后为对手所用,庄宗就在万般惋惜中,命人杀了王彦章。

后唐庄宗痛失晚节

后梁末帝朱友贞软弱无能,又不懂得知人善任,因此在战争中节节败退,最终亡国。

李克用临终时,曾经把三支箭交到后唐庄宗李存勖手中,并对他交代说:"后梁是我的仇人,燕王是我的仇人,契丹与我结为兄弟,后来背叛我归唐,这三个人都是我的仇敌。我现在把这三支箭交给你,你不要忘记为父的志向。"鉴于此,唐庄宗出战时,每次都不忘以锦囊负矢,他在战场上所向无敌,意气豪迈。此时胜利灭后梁,庄宗便入太庙,还矢先王,以告成功。大家看他临危受命,在战场上身先士卒奋勇杀敌,都暗暗认定他是一位英明之君。

然而,令人意想不到的是,庄宗在江山稳固后,便开始放纵自己。

庄宗自小就妙解音律,喜欢戏曲,为此,他不仅对伶人非常宠爱,而且还时不时地粉墨登场亲自表演。许多优伶仗着皇帝的宠爱,自由出入宫中,戏弄官员,不识大体。官员们被伶人捉弄了,又不能发脾气,只能在心中叹气。

庄宗一时兴起,竟提出让伶人陈俊与诸德源当刺史,宰相郭崇韬竭力劝谏,然而,却得到庄宗这样的回答:"我已经答应他们了,你的话虽然公正,不过应当为我曲意行之。"庄宗对待劳苦功高的士兵,往往吝于封赏一官半职,但对伶人却如此大方,如此荒唐不公,惹得部将们极为怨恨。

庄宗宠信刘夫人,便立她为皇后。岂料这位刘夫人是一个算命术士的女儿,因为出身寒微,一朝得贵后便大肆搜刮钱财,她规定:凡是四方贡献,要准备两份,一份给天子,一份要孝敬她。刘夫人搜刮来的钱,除了用于写佛经、施僧尼之外,其余的则一毛不拔。

庄宗喜好打猎,有一次在中牟打猎,中牟县令在马前劝谏:"陛下为民父母,怎能毁弃人民赖以为生的庄稼,使人民辗转死于沟壑?"庄宗恼羞成怒,此时,伶人敬新磨上前一步,斥责中牟县令说:"你身为县令,难道不知道天子喜好打猎?你为什么要放纵人民耕种,存心妨碍我天子之驰骋,简直该死!"如此荒唐的话,逗得庄宗哈哈大笑,高兴之余,他竟然也不再追究中牟县令了。伶人景进也常常探听一些民间逸事,就回来禀报庄宗,这些不同于宫廷生活的民间故事常让庄宗喜笑颜开。

此时,又有宦官向庄宗进言:"洛阳宫殿之中,因为掖庭空虚而时时闹鬼,想唐懿宗、僖宗时代,六宫粉黛,不少于万人,该是何等热闹。"庄宗听后心动,便命宦官王允平、伶人景进,去民间采择美女,前后一共挑了三千佳丽,一牛车一牛车地往宫中送。

夏季天热,有宦官在庄宗身旁怂恿道:"臣见长安全盛之时,大明宫、兴庆宫房舍数以百计。今日陛下连个避暑之所都没有,居住的宫殿,连当时公卿的屋舍都不如。"庄宗听了,便想在高处建一座大楼纳凉。这个宦官看庄宗心有所动,便趁机说,"宰相郭崇韬恐怕不答应。"

庄宗便把郭崇韬找来说:"今年夏天特别热,记得以前朕在河口与后梁人交战,披甲乘马,也没这么热。如今居深宫之中,反而热不可当,奈何?"

郭崇韬直言回答:"陛下昔在河口,强敌未灭,深念仇耻,虽有盛暑,不以为怀。今外患已除,海内臣服,所以虽居珍台闲馆,犹觉郁蒸。当陛下不忘艰难之时,则暑气自消也。"这番耿直的话让庄宗忍不住低头深思。看到庄宗心思有所变化,那位进言的宦官赶紧说:"崇韬之第,无异皇居,当然不知陛下之热也。"于是,庄宗开始命人大兴土木。

就这样,一个年轻时称霸一方、战功赫赫的君主,却在晚年因痴迷享乐而做出了诸多荒唐可笑之事,其晚节不保在惹人笑话的同时,也警醒我们,令我们深思。

昏庸自大的后唐庄宗

后唐庄宗时代,虽有宰相郭崇韬直言进谏,尽心国事,奈何庄宗沉迷于享乐,对郭崇韬的逆耳忠言不加理会,他一意孤行,使得人民怨声载道。然而,此时的后唐国势还算强盛,当庄宗探听到"蜀主荒淫无道,君臣上下讲究奢侈生活"时,便有意出兵攻蜀。

前蜀国由王建创立,其地盘在今天四川及陕西南部地区。王建原是黄巢手下,后来依附宦官田令孜,在乱世之中,他作战骁勇,最终建立蜀国。王建虽是个目不识丁的粗人,但当了皇帝后,却积极与儒生交往。再加上蜀地古称天府之国,物产丰饶。因此,在王建创立蜀国之初,蜀国极为强盛。王建的儿子王衍(899—926),却是一个十足的昏聩之君。王衍喜欢踢球,便命人在宫中的道路两旁设置了锦幛,以方便自己踢球;王衍喜欢饮酒赋诗,曾写过"有酒不醉是痴人"的诗句,为表明自己不是痴人,他日夜痛饮。

王衍昏聩,后唐庄宗派去的探子也回报说:"以臣观之,只要我大兵降临,蜀军土崩瓦解,跷足可待也。"于是,庄宗就命儿子李继岌为元帅,郭崇韬为副元帅,带领人马前去伐蜀。

大战在即,王衍毫无察觉,竟然带着一行人前往甘肃天水去寻幽访胜。等到后唐军兵临城下,王衍方才急忙奔回,却徒叹无奈,只得与群臣在大殿上相对哭泣,然后,他穿上白衣,以草绳系着脖子,披着麻、光着脚,投降了后唐军。于是,后唐军没费什么力气,便取得了蜀国大片土地。

伐蜀胜利后,庄宗自以为强大,于是更加骄奢淫逸。宦官们把握时机向庄宗进谗言,说郭崇韬怀有异心。庄宗本就不愿意听郭崇韬的逆耳忠言,在听到宦官们的谗言后,便命人将郭崇韬及其儿子一并处死了。

郭崇韬死后,功臣旧将个个疑惧,全国上下谣言不断,竟然有人传言,庄宗已被刘皇后杀害。趁此混乱之际,赵在礼首先发动兵变。庄宗听到赵在礼叛乱的消息后,异常愤怒,准备御驾亲征。群臣劝说道:"京师者,天下根本,虽四方有变,陛下宜居中以制之。"于是,庄宗打消了御驾亲征的念头,命后唐大将李嗣源带兵平乱。

李嗣源是先王李克用的养子,出身沙陀平民。李克用有许多养子,有的用"存"字做排行,有的用"嗣"字为排行。李嗣源擅长骑射,庄宗灭后梁,他的功劳最大。大战在即,庄宗拿出内府金帛分发给军士,用以收买人心。然而,军士们拿到赏赐的财物,并不领情,反而怒骂:"我们的妻儿都饿死了,得到这些有什么用?"

李嗣源前去讨伐乱兵,不料,兵至邺都,部下张破败作乱。他率众杀都将,烧营房,表示对庄宗的不满,有意拥李嗣源为帝。李嗣源本来想逃出城,向庄宗解释,但是他的女婿石敬瑭(892—942)劝他说,庄宗疑心重,是不会相信的,李嗣源遂决定谋取自立。

庄宗得知李嗣源拥兵自立的消息后,亲自带兵平乱,然而士兵们对庄宗的行为不满已久。庄宗出发时,士兵有将近两万人,等到达汜水时,已逃走了一万多人。在这种离心离德的情况下,庄宗兵败被杀。

后李嗣源即位,这就是后唐明宗,明宗不认识字,然而却颇懂治国之道。当政后,明宗首先针对庄宗弊政,加以改革。禁止诸臣献珍玩等物,宫内只留下老宫女一百人、宦官三十人、教坊(乐队)一百人、鹰坊(负责养鹰打猎)二十人、御厨五十人,宫廷机构非常简单。宦官在宫内不能生存,有的逃入山林,有的落发为僧。不到一年,国家渐渐稳定。同时,明宗也颇为敬重读书人,长兴三年(932年),他下令用雕版刻印九经,这是中国文化史上的一件大事。

明宗在位期间,战事稀少,时有丰年,百姓得以喘一口气。在五代多位皇帝之中,只有他与后周世宗称得上是明主,因此明宗在位期间,史称"明宗之治"。

不识字的英明皇帝

李嗣源即位后,立即改革了腐朽的国家制度,并撤换了一些在其位而不谋其政的大臣,使得朝政渐现清明之象,社会也逐渐稳定下来,百姓得以衣食无忧。

然而,这位锐意革新的皇帝竟然不识字,消息传出后,民间一片哗然:皇上大字不识一个,那怎么批阅文件,又是如何在圣旨上签字的呢?是的,李嗣源没有读过书,看奏章无异于看天书,然而,这并不影响他发号施令当皇帝。因为他虽然不认识字,却有着强烈的求知欲,而且,困于不识字,他早就暗下决心,要认认真真读书,绝不能让天下人笑话自己。看不懂奏章,他便让枢密使安重海读给他听。

安重海识字也不多,读奏章有时连断句在何处都搞不清楚,讲起来更是词不达意,李嗣源听得云山雾罩,君臣二人时常迷惑于奏章内容。鉴于自己难以胜任阅读奏章的重任,安重海建议李嗣源效仿前朝侍讲、侍读的办法,选择一些有文化的人来讲课。李嗣源便请翰林学士冯道、赵凤入端明殿任端明学士,专门为他讲课、读奏章。历朝历代都没有端明殿学士这一职位,这是李嗣源发明创设的。

一天,李嗣源问冯道:"今年年景好,百姓的粮食应该够吃了吧?"

冯道回答:"在粮食歉收的年头,农民可能会饿死;可到了丰收之年,谷物堆积,卖不出高价,农民还是要吃亏。自古以来,农民都是最辛劳、最困苦的,身为一国之君应该多多体察民情。"接着,冯道还念了唐朝进士聂夷中的一首诗《咏田家》:"二月卖新丝,五月粜新谷。医得眼前疮,剜却心头肉。我愿君王心,化作光明烛。不照绮罗筵,只照逃亡屋。"李嗣源听后,心里一阵凄凉,哽咽着对身边的人说:"你们当中哪个人字写得好,快给朕记下来,朕要天天背诵这首诗!"

正是因为具有这种勤学好问的精神,以及体恤民众的慈心,李嗣源虽不识字,却依然是一代明君。

姚坤不畏强暴

契丹君主耶律阿保机(872—926)自从沙河战败之后,很久不敢再踏入中原。

契丹君主耶律阿保机派使臣来后唐求和,与后唐尽释前嫌,以礼相待。耶律阿保机同后唐修好之后,后方没有了后顾之忧,于是率兵东征,向渤海发动进攻,攻下了扶余城。

天成元年(926年)七月,李嗣源派供奉官姚坤(生卒年不详)去契丹告哀,告诉他们老皇帝去世,新皇帝登基,并希望得到他们的承认。

姚坤到达契丹大本营临潢府(治今内蒙古巴林左旗东南)时,耶律阿保机还在前线巡查,于是,番官带着姚坤去了前线。

姚坤走进耶律阿保机的大帐,看见耶律阿保机身穿锦袍,坐在大帐中同妻子述律皇后喝奶茶。姚坤上前施礼后,耶律阿保机看着他说:"听说中原在河南、河北各有一个天子,此事当真?"姚坤上前一步回答:"魏博军叛乱,天子命总管李嗣源带兵前往平叛,不料洛阳也发生了叛乱,皇上为乱军所杀。李嗣源率兵返回河北,赴京师平定叛乱,因群臣一致推戴,他便顺应民意,在先皇灵柩前继了帝位。"耶律阿保机听说李存勖为乱军所杀,突然放声哭起来:"晋王是我的结拜兄弟,河南天子是我兄弟的长子,我听说中原起了叛乱,也不知是真是假,正打算率五万兵马前去支援,但因渤海战事未平,一时不能脱身,他竟然遭人暗算,与世长辞了!"姚坤见耶律阿保机痛哭流涕,一时不知所措。

"新天子明知道洛阳发生了兵变,为何不去救援?"哭声突然停了下来,耶律阿保机逼视着姚坤继续发问。"魏州离洛阳太远,远水救不了近火。"姚坤见耶律阿保机咄咄逼人的气势,心里发虚。"我侄儿竟然去世了,你们理应派人北上,同我商量一下,新天子怎么自己就做了皇帝呢?"姚坤有些招架不住了,勉强回答说:"新天子统率部队20年,位至大总管,领30万精兵,上应天时,下从民心,哪里还好耽搁呢?"

耶律阿保机一甩手,冷笑道:"花言巧语,油腔滑调,这是你们汉人的特长。"姚坤正欲分辩,刚进帐篷的耶律阿保机的长子耶律倍问道:"牵牛践踏了别人的庄稼,田主就把他的牛给夺过来,这样做可以吗?"

姚坤知道这对父子在找茬,于是立即反驳道:"中原没有君主,后唐天子是不得已才即位的,就像天皇王得国,那是何人所授?难道也是巧取豪夺得来的吗?"

姚坤的话,正中耶律阿保机的要害,因为耶律阿保机当初就是凭强权自封"天皇王"的。耶律倍无言以对,只能保持沉默。

耶律阿保机见姚坤能言善辩,便转换口气说:"听说我那侄儿有宫婢二千人,乐官千人,平时斗鸡养狗,嗜酒好色,任用奸佞小人,不体恤民情,也应该遭到报应。我立即让全家戒酒,释放鹰犬,罢散乐官。我可不想重蹈他的覆辙!"

听到耶律阿保机转变了口风,姚坤乘机说道:"如今,新天子圣明英武,即位才半个月,已经使国家太平无事,百姓安居乐业了。天皇王如果真的诚心修好,让南北人民共享太平,这可是一件大善事呀!"

"我同你们的新天子无冤无仇,修好并不是一件很难的事,"耶律阿保机看了姚坤一眼道,"不过,回去告诉你们的新天子,将黄河以北的土地割让给我,我从此绝不南侵。"姚坤断然拒绝,说这件事他做不了主。

耶律阿保机大怒,将姚坤关进了大牢。

十几天后,耶律阿保机再次召见姚坤,对他说:"如果不肯割让黄河以北的大片土地,就只割让镇、定、幽三州也行。"说完,命人取过纸笔,让姚坤写下协议书。

"我是来报丧的,不是来割地的。"姚坤愤然将纸笔扔在了地上。

耶律阿保机恼羞成怒,要杀姚坤,幸亏韩延徽苦劝,这才作罢,于是重新将他关了起来,不让他南归。没过多久,耶律阿保机攻下扶余城,改名东丹国,留长子耶律倍镇守东丹,自号"人皇",然后带着次子耶律德光(902—947)回国,封耶律德光为元帅太子。

耶律阿保机终成大业

公元10世纪,即五代十国初期,在东北辽阔的草原上,兴起了一个强盛的少数民族国家,这便是以后统治中国北方长达200余年之久的辽王朝的前身——契丹国。它的创建者是契丹族的杰出领袖耶律阿保机。

耶律阿保机是契丹迭剌部人,他自幼聪敏,才智过人。成年后,阿保机身材魁梧健壮,胸怀大志,更难得的是他了解汉族的风土人情,向往汉族悠久的历史文化。

他感觉到契丹族以原始的游牧、狩猎为主的生产方式十分落后,于是注重向中原的汉族民众学习粮食种植技术,大力发展农业,迅速地提升了契丹族的生产力,为契丹族的经济发展打下了基础。

耶律阿保机不仅注重提升本民族的学习能力,还善于把握时机。

那时,中原正处于五代割据时期,各大军阀都在大肆进行争夺权力和地盘的混战,人民饱受战争之苦,流离失所,到处流浪。阿保机借此机会,一方面不断接受汉族流亡人员,一方面主动出击,大批掳夺汉人。

与以往的统治者将掳来的汉人当作奴隶对待不同,阿保机安排汉人从事的是一些技术性劳动,如养蚕、织布等,让汉族手工业者和农民各安其业,同时任用有知识、有头脑的人做部落中的谋士,将这些有智慧、有才能的汉人敬为上宾,并要求族人向汉人学习,以此来改变契丹人落后的生产方式和生活面貌。

幽州统治者刘守光曾派韩延徽出使契丹。韩延徽来到契丹后,阿保机见他谈吐不凡,觉得他是一个学识渊博、足智多谋的人才,便设计将他扣下,并许以高官厚禄。韩延徽认识到自己无法顺利脱身,又感动于阿保机的谦虚、诚恳,就留下来为他出谋划策。韩延徽看到迭剌部人口稀少,知道人们常年迁徙,不利于统一领导,就建议阿保机采用汉人建房修城、种植庄稼的方式。这样,迭剌部人安居乐业、衣食无忧,部族力量自然得到加强。在韩延徽的建议下,阿保机又利用汉人的技术晒制了大量食盐,铸造了大量兵器。

随着迭剌族势力的逐渐扩大,阿保机想到要制定一套明确的规章制度,以加强自己的统治。此时,他在征战中抓到一个名叫韩知古的俘虏,无意中发现韩知古精通典章制度,阿保机如获至宝,马上将他提拔任用,让他组织参与制定了各种制度。韩知古有感于阿保机礼贤下士,便诚心诚意地为阿保机做事。韩知古及其儿子韩匡嗣都为迭剌族的发展作出了卓越贡献。

因为阿保机精明能干,加之众多富有智慧的汉人对他的真诚帮助,阿保机所统率的迭剌部很快成了契丹最强大的一个部落,而阿保机的威信也日益提高。907年,他被选举为契丹部落联盟的可汗,并连任九年。

后来,其他部落的贵族不满阿保机势力强大,便联合起来,逼迫阿保机让位。阿保机不失远见,他让位后就以自己手下汉人众多为由要求自成一部。

新的部落成立后,阿保机立即大力发展生产,训练军队。916年,阿保机请各部贵族前来赴宴,趁机将他们一网打尽,重新夺回了权力,正式建立了契丹国。

阿保机称帝后,继续推行汉族文化。他亲自拜谒孔庙,以示对儒学的重视;他令皇族中的有识之士同汉族士人一起,仿照汉字偏旁,创造出了契丹文字,结束了契丹刻木记事的历史;他安排大臣制定了契丹最早的一部法律——《决狱法》,还制定了各部族法,使得契丹人处理事务时"有法可依"。阿保机的做法有效地促进了契丹社会的发展,为契丹国走向封建社会铺平了道路。

"儿皇帝"石敬瑭

石敬瑭是沙陀人,沙陀是后唐北方的一个拥有强大武力的部落。石敬瑭年轻时寡言少语,喜欢动脑筋,他自幼好武,喜学兵法,尤其练就了一手好箭法。石敬瑭在后唐朝廷里是个出色的将领,他不仅功夫好,而且在战场上也十分勇猛。据说他帮庄宗李存勖解过围,也救过明宗李嗣源的命。庄宗赏识他,派他掌管亲兵,把他视为心腹大将。明宗李嗣源还把女儿嫁给了他。

明宗即位时已近60岁了,他的大儿子早死,二儿子顺理成章该做继承人。可他的二儿子怕其他兄弟抢他的位置,就想乘明宗生病之时夺取皇位,结果失败被杀。唐明宗也因此病情加重,不久就死了。皇位传给了另一个皇子李从厚。明宗有个养子叫李从珂,在年龄、地位、战功等各方面都与石敬瑭相似,他早被看成是争夺皇位的危险人物。李从厚上台之后,十分忌惮李从珂,就将他从西京留守、凤翔节度使职位上调离,削弱了他的兵权。结果反倒促使了李从珂发动兵变。李从珂从凤翔起兵,进攻洛阳。

李从厚急忙召石敬瑭带兵救驾。石敬瑭得到诏令,带兵赶往洛阳,正巧在半路上遇到了出逃的李从厚。石敬瑭见李从厚大势已去,就让兵士把李从厚抓起来,将他的随从全杀了,然后赶到洛阳见李从珂。

李从珂与石敬瑭向来不和,如今做了皇帝的李从珂(即后唐末帝),最不放心的就是石敬瑭。石敬瑭押着李从厚来见他,他却把石敬瑭软禁起来。直到石敬瑭的妻子永宁公主和太后出面说情,末帝才放他回了河东。而这无疑是放虎归山。过了几年,石敬瑭与末帝的矛盾越来越大,他甚至公开不听末帝的调遣。末帝大怒,下令削去了石敬瑭的一切官职和爵位,并派晋州刺史张敬达率兵讨伐石敬瑭。

张敬达兵临城下,将晋阳紧紧包围起来。石敬瑭忙召集部下商议,谋士桑维翰说:"我们兵力不足,应赶快向契丹求援。只要契丹发兵,事情就好办了。"石敬瑭采纳了桑维翰的建议,派桑维翰带着他的书信,赶往契丹求救。在求救信中,石敬瑭主动提出用幽云十六州相报,并且恬不知耻地要拜比他小10岁的耶律德光为父,表示今后要永尽孝心。

契丹皇帝耶律德光立刻出兵援救,把后唐军打得大败。耶律德光来到晋阳后,石敬瑭亲自出城迎接,卑躬屈膝,把耶律德光称作"父亲"。

耶律德光通过几天的接触、观察,感觉到石敬瑭真是死心塌地地投靠自己,的确是个尽忠尽孝的"儿臣",便大大咧咧地对石敬瑭说:"我跑了那么远的路前来救你,总算没有白费力气。看你的相貌和气度,完全够得上做中原的主人,我就封你做皇帝吧!"

石敬瑭没想到自己这么快就当上了皇帝,于是对耶律德光感激涕零,就把幽云十六州割让给了契丹。此后,石敬瑭又在契丹的支持下,率军南下攻打洛阳。末帝指挥不动部下,连续吃败仗。石敬瑭的兵打到洛阳,末帝便在宫里烧起一把火,带着一家老小投火自杀了。

石敬瑭灭了后唐,改国号为晋,建都汴京,正式做了中原的皇帝,他就是后晋高祖。石敬瑭时刻不忘他的恩人,逢年过节都派使者呈上奏章,称耶律德光为"父皇",自称"儿臣",向"父皇""母后"请安,并送上一大堆礼物表示他的孝心。契丹的一些贵族大臣,也是石敬瑭讨好的对象。可"父皇""母后"及贵族大臣们还是不满意,常常派人责备石敬瑭,而石敬瑭却一点儿怨愤也没有。

石敬瑭在契丹的保护下,前后当了七年的皇帝。这期间,石敬瑭一直甘愿当契丹的"儿皇帝",被后人耻笑。

后唐末帝言行不慎失人心

继后唐明宗、后唐闵帝之后,李从珂称帝,历史上称之为后唐末帝。

末帝是明宗的养子,和明宗女婿石敬瑭一样,都甚得明宗宠信。但末帝和石敬瑭二人向来彼此猜忌,末帝即位之际,石敬瑭赶来道贺。朝中大臣认为石敬瑭和末帝积怨已久,迟早会造反,不能放虎归山。然而,末帝看到石敬瑭久病不愈,瘦得皮包骨头,于是暗自思忖:"石郎不但是我的近亲,而且自小与我共赴艰难。现在我当了天子,除了石郎还有什么人值得托付呢?"于是,他任命石敬瑭为河东节度使。

石敬瑭回去后,暗地派人打听皇帝的动态。他表面上常与宾客讨论自己的病情,做出一副久病之后万念俱灰的样子。实际上,却暗中派人大量采购军用物资、粮食。石敬瑭自以为做得隐秘,然而,他采购军用物资、粮食的消息还是传到了末帝耳中。

末帝和近臣商量:"石郎与朕为至亲,应该没有什么好怀疑的,但是不断有流言传出,该如何是好?"当时几个大臣都没有说话。第二天,端明殿学士、给事中李嵩对同僚吕琦说:"吾辈受国恩深厚,怎可与其他人一般静坐观看,总该想点儿办法才是。"吕琦沉思后说:"河东若有异谋,就联合契丹作为援助援。以前契丹屡次要求和亲,我们都没答应,如果今后我们每年给契丹十多万两白银,再应允和亲,还怕河东与契丹联手吗?"

吕琦所说的契丹,原是东胡游牧民族的一个支族,住在中国东北辽河上游的潢水流域。契丹族最初分为八部,各部选出一位酋长,每个酋长都被称为大人。到了唐朝末年,契丹族中出了一位英雄人物——耶律阿保机。

阿保机有统一契丹的雄心,他采用妻子述律氏的计谋,对其他部的大人们说:"我有盐池,可是你们只知道吃我的盐,却不晓得该感谢盐池主人。"于是,各部大人便带着酒,牵着牛来到盐池之上,表达对阿保机的感谢。酒足饭饱之后,阿保机把七部大人一齐杀死,兼并了七部土地。

据守河北一带的刘守光因为局势衰困,派遣参军韩延徽向契丹求援。韩延徽到契丹后,坚决不肯向阿保机下拜。阿保机十分恼火,便罚韩延徽到牧场去养马。

韩延徽是幽州人士,有智略,而且颇有文才。述律后对阿保机说:"延徽守节不屈,此今之贤者,为何要对他加以侮辱,应该礼贤下士,重用他。"阿保机再次采纳了述律后的建议,重用韩延徽,筑城郭,立市里,垦荒田,让境内汉人也能安居乐业,渐渐地,契丹强大起来,威震四方。

李嵩听了吕琦提出的勾结契丹之计,十分赞成,于是两人就去找末帝。末帝当时肯定了两人的做法,并频频赞许二人忠心耿耿。

不久，末帝把这一计谋告诉了枢密直学士薛文遇。

薛文遇脸色一沉道："以天子之尊，屈身侍奉夷狄，这不是太屈辱了吗？而且，若他们要娶公主，那又该怎么办？"接着，薛文遇又顺口吟了一句，"安危托妇人。"这是唐朝诗人戎昱为王昭君而写的诗句。意在嘲讽汉元帝无能，没有力量与匈奴一战，竟把汉朝的安危寄托在一个女子的身上。

末帝听到薛文遇这么说，觉得自己被李、吕二人愚弄了，脸色一阵青一阵白，旋即命人将李崧、吕琦叫到跟前，狠狠臭骂了一顿："你们也读过书，知晓古今大事，本应该辅佐天子谋太平，如今竟然要朕把养国家军队的钱，拿去供夷狄虏廷使用。你们究竟是何居心？"末帝的话吓得二人直冒冷汗，跪在地上讨饶："臣等志在竭愚以报国，愿陛下察之。"从此以后，再无人敢就结交契丹的事情向末帝进谏了。

德才兼备的冯道

幼年时的冯道（882—954）沉稳忠厚，以读书为乐，即使大雪拥户、尘土满席，也能苦读不辍。

唐天祐年间，冯道在刘守光处做幽州掾属。当时，唐王朝山河日下，社会形势日趋败坏，各地诸侯连年征战，暴戾无道。冯道有感于当时的社会现实，凭一腔书生意气，用先贤的微言大义规劝刘守光止戈息兵、尊道勤王，但是却给自己带来了牢狱之灾。

经过这场灾难的冯道彻底明白：作为一个书生政客，在乱世之中想用先贤之道令天下止戈息兵是不可能的。既然无法兼济天下，冯道便走上了"独善其身"的人生道路。

不久后，刘守光被晋王李存勖杀了，冯道便投奔到李存勖帐下，因其文采有名，被人举荐做了太原掌书记。

大将郭崇韬向李存勖进谏说："如今两军交战，旷日持久，不知还需要多少粮草！而眼下,将领们的饭太奢侈,陪吃的人也太多,导致供应不足,请大王下令降低将领们的用餐标准。"李存勖听后大怒,下令要将郭崇韬治罪,起草命令的任务就落到了掌书记冯道身上。冯道迟迟不肯下笔,面对李存勖的再三催促,冯道委婉地说:"臣身为刀笔吏,对大王的命令本应言听计从,只是大王屡立战功,此时形势大好,何必因郭将军的言语冒失而大动肝火呢?如此弄得尽人皆知,会给敌人可乘之机呀!"冯道的一番话入情入理,成功压住了李存勖的怒火。

李存勖称帝后不久,已被封为户部侍郎的冯道的父亲去世了,冯道按礼制回乡守孝。当时,家乡闹饥荒,冯道便将自己家里的财物全部拿出来周济乡亲,因此深受百姓爱戴。

后唐明宗李嗣源久闻冯道大名,将守孝归来的冯道升为宰相。冯道尽心辅佐李嗣源,常常向其直言进谏。他对李嗣源说:"臣曾奉命出使,在经过大山的关隘时由于地势险要而倍加小心,最后也竟能平安度过;到了平地处,常常因为觉得不必小心了,反而从马上摔下来。如今即便天下太平、五谷丰登,大王也不可松懈呀,应该勤政爱民,使江山永固。"李嗣源非常赞同。

后晋天福元年(936年),后晋高祖石敬瑭打败后唐末帝。石敬瑭入主中原后,拜冯道为宰相,派他出使契丹。契丹的君主久闻冯道大名,此刻听说冯道要来,竟然打算亲自迎接,后来有大臣劝阻:"哪有天子去迎接宰相的礼节呀!"契丹君主这才没有去。来到契丹后,冯道时时刻刻想着回到中原,但又担心契丹不允许,不能成行,便与契丹反复周旋。

有一次,契丹君主的话中流露出要留他的意思,他说:"南朝为子,北朝为父,两朝为臣,岂有分别哉!"(因为石敬瑭认契丹君主为父,所以说南朝为子,北朝为父。)契丹君主大笑。得到契丹君主的赏赐后,冯道把它们都换成薪炭,有人问他为什么这样做,他说:"北地太冷,我年老难以抵御,所以需要早做准备。"话语中给人透露出像要久留此地的意思。

这话传到契丹君主的耳朵里,契丹君主很感动,于是决定放他回去。得到可以出发的命令后,冯道又在驿馆住了一个月才启程,路上走得也特别慢,两个月后才走出契丹边境。左右随从不解地问:"大家都归心似箭,大人难道不着急吗?"冯道说:"纵使你急速赶路,那契丹的良马一夜就能追上,根本就逃不掉,慢慢走反倒能安全返回。"大家听了,都对冯道的智慧深感叹服。

出使契丹顺利归来后，石敬瑭更加看重冯道，大小政务都向冯道征求意见。有一次，石敬瑭问冯道军事方面的事，冯道说："陛下久经沙场，神威睿智，讨伐之事，自行裁断即可。臣只是一介书生，为陛下守历代的成规，不敢有丝毫差错。军事相关事宜，臣确实不知。"石敬瑭见冯道无意于军事，便更加放心地让他去管理政务了。

石敬瑭死后，石重贵继位。和以往的君主不同，石重贵不喜欢冯道，认为他太圆滑，遂将他发配。被发配到地方的冯道毫无怨言，依然勤勤恳恳地做事。面对外界对自己"是非各半"的评价，冯道也十分坦然，对身边的人说："以前的孔圣人，还有人诋毁呢，更何况我这个没有气节的人呢！"

后来南方相继建立了后汉、后周政权，而冯道仍然在朝中担任要职，于后周世宗柴荣登基不久后去世。冯道一生经历无数波折，不管是在顺境中还是在逆境中，他都以平常心对待。他曾写下《长乐老自叙》来表白自己做人的心得，其中有这样的文字："静思本末，庆及存亡，盖自国恩，尽从家法，承训诲之旨，关教化之源，在孝于家，在忠于国，口无不道之言，门无不义之货。所愿者下不欺于地，中不欺于人，上不欺于天，以三不欺为素。贱如是，贵如是，长如是，老如是，事亲、事君、事长、临人之道，旷蒙天恕，累经难而获多福，曾陷蕃而归中华，非人之谋，是天之佑……"

赵德钧父子寡廉鲜耻

石敬瑭为了当上皇帝，在45岁时，认了比他小10岁的耶律德光为父，并且割让幽蓟十六州（即幽云十六州）给了契丹，留下了无穷的祸患。然而，在那样的乱世之中，石敬瑭这种没有节操的做法，竟引得一些人的暗中羡慕。后唐幽州节度使赵德钧与其养子赵延寿，就一心一意想要效法石敬瑭。

在后唐与后晋正拼得火热之际，赵德钧所率军队却逗留不前，他趁机要求末帝安排其子赵延寿为成德节度使，其理由是"臣今远征，幽州势孤，欲使延寿在镇州(成德节度使的治所在镇州),左右便于应接"。末帝接到上表后,很是焦躁、气愤,他命人回复说:"赵延寿正在打贼人,哪有时间赶往镇州,等贼乱平了,当如所请。"赵德钧却不死心,再次上表请求。

末帝十分气愤地对身边的侍从说:"赵氏父子一定要得到镇州,到底是什么意思?假如真能讨平贼人,就是我这个皇帝宝座让给他,我都甘心,否则岂不是让石敬瑭渔翁得利?"盛怒之下,末帝自然不允。被再次拒绝的赵德钧转头献给契丹君主耶律德光大批金帛,并且写了一封信,派使者恭敬呈上。信上说:如果契丹肯立赵德钧为帝,德钧愿意领兵南取洛阳,不烦契丹兵援助。同时与契丹约为兄弟国,并允许石敬瑭继续在河东当皇帝。

接到信后,契丹君主耶律德光考虑到军队深入后唐境内,后路空虚,且赵德钧父子兵力甚强,因此对这个建议颇为心动。然而,石敬瑭听说后,立刻派遣桑维翰前来阻止。桑维翰见到辽太宗耶律德光后说:"大国(指契丹)举义兵以救孤危,一战而唐兵瓦解,退守一栅,食尽力穷。赵北平(指赵德钧)父子不忠不信,畏大国之强,何足可畏?而且等到晋朝得到天下,将竭中国之财以奉大国,大国又何必在乎此等区区小利?"

耶律德光摇摇头道:"你有没有见过捕鼠者,一不小心,还会被老鼠咬一口,何况赵氏父子是大敌。"

桑维翰回答:"现在大国已扼住后唐的咽喉,这只老鼠又怎能再咬人呢?"

耶律德光微笑道:"我不是要违背前约,只是兵家权谋之计,不得不如此。"

"皇帝以信义救人之急,四海之人都看得清清楚楚,怎能大义不终?"桑维翰说完之后,双膝跪地,痛哭不已。

耶律德光听了桑维翰的话,觉得自己朝三暮四的行为有失身份,同时也为石敬瑭的"孝心"感动,便指着营帐前的石头,对桑维翰说:"我应允石郎的,等到这块石头腐烂以后才能更改。"

赵德钧父子后来逃往潞州。不料,冤家路窄,石敬瑭随契丹兵也到了潞州,赵德钧父子被囚禁起来,送往了契丹。

赵德钧父子见到耶律德光时后,谄媚地请安:"别后安否?"耶律德光别过脸去没有理他们。拜见述律太后时,赵德钧父子把家中珍宝全数奉上,又献出田宅,希望免罪。述律太后寒着脸道:"最近为何去太原?"赵德钧回答:"奉唐主之命。"

"胡说八道！"述律太后指着天道,"你明明是去向我儿求为天子,为什么要乱讲？"然后,述律太后又指着心说:"此不可欺也！你若要当皇帝,为什么不先击败我儿子,再图为天子,未为晚也。你身为人臣,背叛其主而不能抗敌,还想乘乱邀利,浑水摸鱼,你还有何颜面活在世上？"赵德钧低下头不敢开口。

述律太后再次发问:"器玩在此,你献的田宅呢？"赵德钧回答:"在幽州。""幽州现在归谁人所有？""归太后。"赵德钧讨好地大声说。"那还用得着你献吗？"太后发出威严的声音。

赵德钧受此奚落,忧郁愁闷,不思饮食,一年后就去世了。

虽然后唐有赵德钧这种厚颜无耻的小人,但是也还有一些忠直之士,譬如外号为张生铁的张敬达。张敬达个性刚正,就像生铁一般强硬。当时他驻守在晋安寨,因为刍粮耗尽,只得将死了的马给将士分食。

在这种情况下,张敬达的手下杨光远、安审琦都劝张敬达投降契丹,张敬达不肯。另一个将领高行周看出杨光远有杀掉张敬达投降之意,放心不下,便常常派兵在张敬达身后悄悄跟着。

张敬达发现后,感到很奇怪,对人说:"高行周老是派兵跟在我背后,他这是什么意思呀？"

从此,高行周不敢再派兵跟随。而杨光远逮住了机会,把张敬达杀了,拿着他的首级去契丹邀功。

耶律德光见杨光远来降,便把裘帽赐给了杨光远,不过他心里很看不起这种变节之人,于是拍拍杨光远的肩道:"你不愧为大恶汉。"杨光远也不禁羞红了脸。

对于张敬达,耶律德光心中倒是非常佩服,他下令给张敬达厚葬,并且对属下训话:"你们这些为人臣者,都应该效法张敬达。"

契丹蛮横无理,景延广大快人心

后唐末帝听说"石敬瑭称帝以后,将士们都争先恐后降敌",于是心神大乱,与刘皇后登玄武楼自焚而死。石敬瑭顺利入主洛阳,上尊号于契丹主耶律德光及太后,称耶律德光为父皇帝,上表称臣。那位曾经跪在契丹营帐外面,自朝至夕、喋喋力争的桑维翰(898—947)被任命为宰相。

桑维翰身材矮小,脸却有一尺宽,因此常常遭人嘲笑。桑维翰为此十分恼怒,时常对着镜子道:"哼!七尺之躯有什么了不起的,还不如我脸有一尺之阔。"他由自卑转为自大后,便不择手段,想出人头地。

石敬瑭对契丹君主恭恭敬敬,每次契丹使者前来,他定要离开正殿,到别殿去下跪接受耶律德光的诏令。在供奉上,除每年奉上金帛30万以外,还有无数的珍玩。而且,石敬瑭不只是孝敬耶律德光一人,述律太后、元帅、太子、南北二王、韩延徽等都会打点到,连契丹朝廷中的重要臣子也都会加以贿赂。石敬瑭的奴颜婢膝换来的是契丹方面的骄横无礼。稍有不如意,契丹就立刻对石敬瑭予以严词责备。如果是后晋朝的大臣到了契丹,契丹那种倨傲、目中无人的态度,常使来人欲哭无泪。使者回到朝廷后,向朝廷报告出使的经过以及沿途所受的羞辱,朝野上下都视为一大耻辱,但是石敬瑭本人却丝毫不以为意。

成德节度使安重荣很有骨气,每次契丹使者路过,他都要予以谩骂侮辱一番,以泄心头之恨;并且曾数次上表,反对高祖把契丹君王当父亲。对安重荣的行为,高祖石敬瑭十分生气,他下诏责备安重荣:"你身为大臣,家有老母,弃君与亲。我因契丹而得天下,你因我而得富贵,我不敢忘契丹之德,尔乃忘之,何也?"同时又派遣使者向契丹谢罪:"安重荣之事譬如家有恶子,父母不能制服,又能如何?"

另外,桑维翰又不断提醒高祖:"陛下免于晋阳之难而有天下,皆契丹之功也,不可负之。臣观契丹数年以来,战必胜,攻必取,割中国之土地,未可与之为敌也。"

桑维翰这番话冠冕堂皇,其实都是长他人志气,灭自己威风,充分表现出懦弱畏敌的投降者心态。不过高祖对这番话倒是颇为赞赏,他对桑维翰说:"朕近日烦闷不决,今见卿奏,如醉醒矣,卿勿以为忧。"

就这样,后晋高祖自始至终巴结契丹君主,甘当"儿皇帝",希望能保住皇帝宝座。可是他一天到晚诚惶诚恐,唯恐得罪了"父皇帝",再加上他身体本来就不好,最后郁郁而终。

后晋高祖病重之时,本有心立石重睿为帝,但是天平节度使景延广(892—947)认为石重睿太小,便另立石重贵为帝,这就是为后晋出帝。

石重贵原为齐王,是高祖的侄子,因为父亲早逝,便被过继给高祖当儿子。当高祖受契丹册命要去洛阳时,耶律德光要求高祖留一个儿子守晋阳,高祖对耶律德光一向顺从,就把儿子都叫出来让耶律德光挑选。

耶律德光指着一个貌似高祖的人说:"此大眼儿可也。"这"大眼儿"便是石重贵。

新帝即位后,需要向契丹奉表称臣。但主战派景延广认为称孙足矣,不用再称臣。于是,出帝接受他的意见,对契丹只称孙,不再称臣。

耶律德光看到奏表,立刻派遣使者责问:"为什么不先禀告,就自作主张称皇帝?"景延广对来洛阳的契丹商务官不客气地说:"回去告诉你家主人,先帝是你们北朝所立的,因此奉表称臣。今上(指后晋出帝)乃中原所立,还对你们称孙,正是表示不忘先帝盟约,于此足矣,断断没有再称臣之理。"略停了一停,景延广继续说,"你们北朝皇帝也不要太轻侮中原,中原兵强马壮,你可是亲眼看到的。你不高兴就来战,孙有十万横磨剑,足以相待。他日万一你北朝为孙所败,则贻笑于天下,后悔可来不及了。"

这番义正词严的话成功地为后晋朝扳回了面子,可谓大快人心。

杜重威出卖全军

景延广的话经契丹使者之口传到了耶律德光耳朵中,骄横惯了的耶律德光听到这番话后果然大为恼火。此时,赵德钧已死。耶律德光命赵德钧之子赵延寿出兵攻打后晋,并承诺说:"你若能打下中原,你就是中原皇帝。"赵延寿听了,大为振奋,便率领契丹的五万人马大举进入中原,一心一意为契丹尽力,谋划攻城之策。

曾表明有"十万横磨剑"的景延广竟然下达了一个荒唐的命令。他下令诸将领各自为战,不得互相救助。在景延广看来,各自带兵的将领没有后援,必能个个都奋勇杀敌。结果,契丹正好各个击破,将领们泣诉求援都相互不理。

幸亏,当契丹大军在黄河渡江至一半时,后晋军李守贞挥兵反击,溺死契丹士兵数千人,阻扼了契丹的攻势。契丹将领一怒之下,迁怒于后晋军士兵,下令凡是被掳获的士兵都用火来烤。这一把火,烧起了后晋军的愤怒,于是他们同心合力抵抗契丹军。

亲征的耶律德光登城一望,见后晋军之盛,对左右大臣说:"你们不是说后晋军早已饿死一半,怎么还有这么多。"之后,契丹军分路撤兵,沿途所过之处,都被抢得干干净净。

景延广经此挫败之后,日夜纵酒。出帝再也不敢重用主战派大臣,而是起用投降派桑维翰为宰相,任河东节度使刘知远(895—948)为北面行营都统,任杜重威(生卒年不详)为招讨使。然而,后晋出帝对在河东拥兵自重的刘知远早有戒心,他对人说:"此次契丹前来,刘河东(刘知远)会师太晚,必有异图。"因此,他虽然发出了两份命令,但是实际上只相信杜重威。

杜重威是石敬瑭的妹夫。身为皇亲国戚的杜重威十分怯懦,当年他镇守恒州时,契丹军过境,他吓得把城门紧闭,任由契丹军焚邻城,杀百姓。就是这样一个懦弱自私的人,却因为石敬瑭的关系,官运节节高升。杜重威还十分贪婪。他每到一处任职,便大量聚敛民财,富有之家的珍宝、骏马都逃不过他手,漂亮的女子也逃不过他的掌心。

契丹军经过祁州时,祁州刺史沈斌出兵痛击,不过因为祁州只是孤城,契丹很快就将其包围,赵延寿站在城下对沈斌说:"沈使君,我们可是老朋友了,古人说'两害相权,取其轻者',你为什么不早日投降?""你父子二人走错了路,陷身虏廷,你忍心率犬羊残害父母之邦,不知羞耻,反有骄色。我沈斌弓折矢尽,宁可为国而死!"沈斌义正词严地拒绝了赵延寿。第二天,沈斌自杀,在乱世中保存了自己的浩然正气。

不久后,契丹军又再次南征,这次军队之中大部分是被迫当兵的汉军,他们不肯拼全力作战,于是只能北返。

出帝听说契丹军已退,便亲自带兵,夺取幽州,并任杜重威为大将。契丹用火攻,用短兵攻击后晋军,后晋军着急大喊:"杜招讨使为什么还不下令反击?莫非等死?"杜重威却回答:"等风势稍缓,再看情形。"大将李守贞道:"等到风停了,我军早被歼灭了。"于是李守贞等带着部队痛击契丹军,把契丹军赶走了。杜重威看到附近已被契丹搜括一空,无利可图,竟然擅自回到了开封。后来,有大臣建议出帝处罚杜重威。出帝却说:"杜重威是我的至亲,必无异心,大家不要疑忌。"

契丹北返,让出帝欣喜若狂,他以为契丹退兵就天下太平了,便筑宫室,造器玩。对优伶一赏就是锦袍银带,一赐也在万钱之上。为了织一块地毯,用了数百名织工,整整织了一年,可见出帝的生活骄奢到了极点。而且他还不自量力,悬挂赏格:"有能擒获虏主(指耶律德光)者,授上镇节度使,赏钱万缗,绢百匹,银万两。"

契丹通过交战,逐渐认清了杜重威无心恋战、只求利益的心理,于是派人对杜重威说道:"赵延寿威望素浅,恐不能在中原当皇帝。如果你能投降,我当以你为帝。"杜重威听后,马上写了降表,并把各个将领叫到营帐内,拿出降表,要他们签名。投降之日,杜重威把军士都召集起来,军士们还以为要作战,都跃跃欲试。杜重威告知军士:"我等远征在外,食尽途穷,我不得不为你们求一条生路。"一声令下,军士们都将盔甲扔到了地上,放声痛哭。

耶律德光把赭袍衣(红色长袍)赐给杜重威及赵延寿,表示一视同仁。两人都有当皇帝的希望,为此两人皆窃窃自喜。

辽太宗痛失天下

老臣杜重威被耶律德光收买,阵前降敌后,后晋出帝忧心如焚却一筹莫展。不久,契丹兵攻入都城,出帝只有命令翰林学士范质草拟降表,自称"孙男臣重贵祸至神惑,运尽天亡"。太后也上一降表,自称为"新妇李氏妾",简直屈辱之至。

耶律德光率兵威风凛凛地登上城楼,安抚惊慌的民众说:"你们不用害怕,我会让你们安居乐业的。我本无心南来,是汉兵把我引到这里的。"耶律德光认为出帝忘恩负义,便封他为负义侯以示对他的羞辱,令他迁往黄龙府(治今吉林农安县)居住。

此时,后晋已亡,中原无主。耶律德光把百官召集到朝廷中,问:"吾国广大,方圆万里,有君长二十七人。今中原之俗,异于吾国,我选举一人为君,你们以为如何?"百官异口同声回答:"天无二日,夷夏之心,皆愿推戴皇帝。"耶律德光假装客套,推辞了半天,最后才"勉强"地说:"你们既然一定要我当君主,那我也不好再推辞。"

于是,耶律德光换下胡服,改戴通天冠,穿上绛纱袍,在正殿大模大样地登上了天子宝座。他命中原人穿法服(官员的礼服),胡人仍穿胡服。至此,后晋灭亡,享国11年。947年,契丹改国号为大辽,耶律德光为辽太宗,契丹太祖耶律阿保机称为辽太祖。

杜重威与赵延寿本来都想一过皇帝瘾,如今希望落空,心中有说不出的懊丧。杜重威以皇亲国戚的身份阵前降敌,不但使军心大失,而且也被一般百姓看不起,不管走到哪里都有人朝他吐口水,大声嘲骂他。而赵延寿却野心不死,他想:"既然皇帝当不成,退而求其次,先当个太子也不错。"于是,赵延寿拜托李崧对辽太宗说:"我不敢希望能当上天子,只请求能成乞为皇太子。"太宗回答:"我对燕王(指赵延寿),就算是割了我的肉,只要有益于燕王,我也毫不吝惜。但是我听说皇太子应当以天子的儿子为之,你又不是我儿子,怎么能当太子呢?"三言两语便消除了赵延寿的非分之想。

辽太宗做上皇帝后,对自己的计谋颇为自得,他曾对后晋旧臣说:"中原的事我都知道,而我契丹的事你们却不知道。"赵延寿心里很清楚,其实辽太宗对中原的事还有很多并不知道。他建议太宗发给上国兵(指辽兵)廪食(军饷)。原来,辽出外打仗时,从来不发薪饷,而是任由士兵以牧马为名,分番剽掠,称之为打草谷,这使得中原人民闻辽兵即丧胆。然而,辽太宗却摇摇头说:"吾国无此法。"

由于辽人与汉人之间语言不通,只有求助于翻译,而这些翻译又多半是市井无赖、地痞流氓,他们仗着辽人的力量,对自己的同胞加以虐待。

因而一般民众被迫组成义勇军,这些义勇军纷纷拥戴刘知远。当时,刘知远为河东节度使,在北方力量颇大。契丹破东西二京,辽太宗自为中国皇帝之后,刘知远上表祝贺。辽太宗立刻颁赐诏书加以褒奖,在刘知远的名字上面特别加上"儿子"两个字,故意表示亲密,还赐他一根木拐。根据契丹人的礼俗,优礼大臣时才会赐木拐的。

刘知远当时认为契丹的野心"止于货财,货财既足,必将北去"。可是他下面的军士都说:"天下无主,主天下者,非我王而谁?"于是,群下皆呼"万岁"。刘知远半推半就,登上了皇帝之位,但仍然未去除后晋国号。

辽太宗听说刘知远即位,便分兵遣将,驻守要地。由于契丹军队还是不发饷,而是以打草谷、掠夺人民财物的方法为生,所以相州、密州等地都被义军占领了。辽太宗对此束手无策,只能摇头叹息道:"不料中原人竟如此难治。"

中原虽好,但毕竟不是自己的家乡。辽太宗下了一道诏令:"天时向热,吾难久留。"他借口回北方避暑,探望述律太后,带着大批人马,浩浩荡荡北归了。一路上,军队所到之处都被抢得干干净净,例如相州被掠之后,仅剩下男女总共七百人,而骷髅的数量竟达十余万之多。后来,辽太宗总结这次出兵的得失,他说:"我做了三件错事:第一,不该令诸道搜刮百姓钱财做犒费;第二,不该令上国兵打草谷;第三,不该留下诸镇原有的节度使,应该早点遣返他们去治理各镇。"

铁腕女人述律太后

耶律阿保机在回国途中染病,客死途中。述律皇后和皇次子耶律德光护丧返回临潢府。耶律阿保机的长子耶律倍也从东丹国赶回临潢府奔丧。

耶律阿保机死后,有资格继承皇位的有两个人,一个是长子耶律倍,一个是次子耶律德光。如果按长幼顺序的话,皇位当属长子耶律倍,然而,述律皇后偏爱次子耶律德光,便想扶持耶律德光当皇帝,但又不希望耶律倍因此事恨她。于是,她让各部落酋长民主推选皇位继承人。

述律皇后的选举办法很简单,也很实用。她让两个儿子骑马并排站在草地上,自己则站在两个儿子的斜后方,对酋长们说:"两个儿子我都喜欢,但皇帝只能有一个,现在,我将这个权利交给你们,你们选择谁,就上前拉住谁的马缰。"说话的时候,她的目光始终不离次子耶律德光。

述律皇后的位置在两个儿子的斜后方,她的这些小动作,耶律倍和耶律德光都看不见,但各位酋长却将述律皇后的举动看得一清二楚。从述律皇后的眼神里,他们已经猜透了她的心思,于是,大家不约而同地走到耶律德光的马前,牵住了他的马缰。

耶律德光顺利当选,做了契丹国的第二任皇帝。

述律皇后确定新皇帝后,便释放了唐使姚坤,让他回国报丧。姚坤回到洛阳后,将去契丹遇到的一切事情向李嗣源做了汇报。李嗣源虽然很恼火,但使臣已经安全回来了,加上自己刚刚即位,国内百废待兴,不便与契丹决裂,于是派使臣前往契丹吊丧。

耶律德光继位后,尊述律氏为皇太后,送耶律阿保机的灵柩归葬木叶山,庙号太祖。述律皇太后担心各部落酋长自恃是老臣,新皇帝不好领导,因此决定除掉这些人。

她将各部落的酋长夫妻召集起来,命他们一同去给老皇帝送葬。来到墓地后,述律皇太后向各位酋长问道:"你们想念先帝吗?"

"我们受先帝之恩,怎会不想他呢?"各位酋长不知述律皇太后何意,为了表示忠心,便这样回答。

"好!"述律皇太后冷笑道,"既然你们想念先帝,理应追随先帝而去。"听闻此言,酋长们大惊失色,述律皇太后不由分说,立即命人将各位酋长杀死在墓前,让他们为耶律阿保机殉葬。

酋长的妻子们见自己的丈夫被杀,便一齐大哭起来。述律皇太后冷笑道:"我成了寡妇,你们也没有夫君,咱们都一样,谁如果不舍得自己的夫君,尽可以追随他们到地下。"这句话果然厉害,各位酋长夫人立即停止了哭声,退了下去。

"你们也都替我去向先帝问声好吧!"述律皇太后又对左右近臣说。一句话过后,又有数百人被迫殉了葬。唯独耶律阿保机的宠臣赵思温不想死,于是拒不听命。述律皇太后冷冷地说:"当初先帝对你那么好,你怎么能不去呢?"

"先帝对我是不错,"赵思温两眼紧盯着述律皇太后说,"可先帝最亲近之人是皇太后,皇太后为何不去?如果你去的话,臣也跟随你去。"

述律皇太后脸色漠然,悍然拔出金刀,一刀砍下自己的右手,放在耶律阿保机的棺材里,说道:"不是我不想追随先帝,只是儿女幼小,国家无主,暂时不能随先帝于地下,就以此手代之吧!"

皇太后临朝听政,大小国事,都由她说了算。她仍然命韩延徽做政事令,让自己的侄女做了皇后。耶律德光非常孝顺,对皇太后言听计从,照顾她无微不至。述律皇太后一向很有智谋,耶律德光也勇略过人,所以,契丹在很长一段时间里称雄于北方。

后汉高祖刘知远

五代中,建朝时间最短的当属后汉,在50多年的五代历史中,后汉仅仅占了3年,然而它的建立者刘知远却是一位奋发有为的君主。

刘知远,生于895年,从小便沉稳庄重,不好嬉戏。长大后的刘知远在李克用养子李嗣源的部队中做了一名士兵。在战斗中,刘知远不顾自己的生死安危,两次救护李嗣源的部将石敬瑭脱难。石敬瑭十分感动,以其护援有功为由,奏请将刘知远留在自己帐下。

936年,石敬瑭得助于刘知远等人的谋划,借契丹军的力量,消灭了后唐,在太原称帝,建立了后晋。为了报答契丹的帮助,石敬瑭不顾众人劝阻,将幽云十六州割让给契丹,并甘心做一位"儿皇帝",称比他小10岁的耶律德光为父。对石敬瑭这种奴颜婢膝的做法,刘知远却不以为然。他认为,石敬瑭对契丹君主俯首称"儿"太过分,而且割地会造成无穷后患。果然,幽云十六州被割让后,中原门户大开,以致无险可守,遗患深远。

947年1月,耶律德光率契丹军进犯京师,入主开封。少帝——石敬瑭的养子石重贵被迫北迁。留守太原的刘知远时任中书令,他遣牙将王峻向契丹奉表投降,由此取得耶律德光的信任,得到被耶律德光赐送木拐的荣耀。

刘知远虽臣服了契丹,却以"太原乃胡汉人杂居,易生事端,不敢轻易离开"为借口,从不离开太原一步,牢牢掌握着河东军的指挥权不放。刘知远的心腹知道其用意,便纷纷劝他举兵南下讨伐契丹,恢复汉人政权。

刘知远所虑深远,坚决不肯,他对众亲信解释道:"用兵有缓有急,应当在合适的时间采取合适的策略。现在契丹刚刚招降了后晋的十万兵马,如同老虎一般雄踞着京师,我们岂能轻举妄动?我看他们此次进驻开封,只为中原的财物和女子,一旦满足,必然要向北回国。再说,现在中原冰雪已消,炎热将至,他们肯定不会久留。待他们主动北撤,我们再相机行事,才可确保万无一失。"听了刘知远的话,众亲信纷纷点头称是。

在此期间,昭义节度使张从恩想朝觐契丹君主,派使者前来约请刘知远同去。刘知远不屑于张从恩的失节之举,却不露声色。他装作欣然同意的样子,对使者说:"太原地处一隅,怎么能与拥有天下的上国相抗。请你家主公先行一步,我随后就到。"使者信了刘知远的话,就回去向张从恩复命。张从恩信以为真。判官高防劝谏道:"您身为后晋的懿亲,切不可轻易地改变为臣的气节。"张从恩却不听劝,独自前往。而刘知远在答复张从恩之后,根本没有离开太原一步。

此时,后晋政权虽然存在,后晋出帝石贵重依然能发号施令,但因大多数藩镇都已投降了契丹,所以听命者已经少之又少。一日,刘知远在太原召集部下开会,谈到后晋名存实亡的事,刘知远不由得叹道:"契丹南下,晋国北迁,现在中原无主,藩镇外附,弄得百姓的日子很不好过。唉,我为一方重镇之主,无力于此,实在于心有愧!"于是众部将纷纷上书劝进。刘知远不但不肯,反而说:"晋主正在蒙尘,身为晋臣,我怎能坐视不管呢?明日,我将亲自带兵东出井陉,救回少帝!"

第二天,刘知远即令部队东征。当刘知远走上帅台时,众人高呼"万岁",其声震百里。行军司马张彦威以及郭威等在军中颇有声望的部将纷纷道:"如今所有将士都愿意推举你为王,无论是从时机,还是从地势等方面看,你称王都是天意。主公应当把握时机取得天下,登大位。"至此,刘知远也觉得各方面的条件都已具备,时机也已成熟,便下了称帝的决心。

947年,刘知远在太原登皇位称帝。登基后,他没有马上改国号,而是延用石敬瑭的年号,称天福十二年。接着,刘知远下诏慰劳保卫地方和武装抗辽的民众,并将在各地的契丹人一律处死。刘知远的一系列措施使得后晋旧臣纷纷投诚归附。

同年,刘知远进入开封并建都。因其姓"刘",便自以为是汉代刘邦、刘秀的后人,于是,刘知远定国号为"汉",中国历史上称为"后汉"。之后,刘知远减免赋税,大赦天下。其皇后李氏贤良淑德,建议刘知远拿出宫中所有财物赏赐将士。刘知远果断采纳了这一建议,果然深得人心。

契丹军进入中原后,以"打草谷"的名义到处掠夺财物、杀害百姓,中原地区人民反抗不断,耶律德光被迫北撤。刘知远看准时机,采纳了郭威"由汾水南下取河南,进而图天下"的正确建议,举兵南下。

当时,契丹述律太后哥哥的儿子萧翰,听说刘知远拥兵前来,便准备北逃。但他又担心中原因此大乱,自己不能从容撤走。于是,他别出心裁,提出由早已灭亡了的后唐李嗣源的四儿子李从益来当替死鬼,假传耶律德光的命令,让他"知南朝军国事"。

李从益的母亲是一位顾全大局的女性,她恳切地对百官说:"我们母子实为萧翰所迫,在亡国之后重登席位,这不是众人之福,而是我李家之祸。"然而一些大臣却想过两天"开国功臣"的瘾,对李从益母亲的话不以为然。于是,李母再次向众人泣诉道:"我母子势单力弱,怎么能与他人争夺天下?日后,若是太原新帝明察了内情,知我母子系为人所迫,还能免我们一死,而你们此时一再劝我们坚守、抗拒。到时,只怕刘知远不会饶了你们,反而还要使全城百姓生灵涂炭,悔之晚矣!"众人权衡利害之后,明白了李母的良苦用心,于是派人奉表,代李从益向刘知远称臣。

就这样,刘知远安内与攘外同步进行,都取得了卓越的成绩。一时之间,刘知远声望大增,很快在河东一带站稳了脚跟。再加上此时耶律德光病死,契丹内部发生混战,为刘知远平定黄河南北赢得了宝贵的时间。然而,天不佑人,宏图大业眼看唾手可得,刘知远却在登帝位第二年便得了重病,危在旦夕。病危之际,刘知远把自己的亲信大臣苏逢吉、杨邠、史弘肇、郭威叫到卧榻之旁,对他们交代了后事说:"我的儿子承祐年轻不知世事,汉朝的后事就拜托诸位相助承祐了……"说完,这位年仅53岁的后汉开国皇帝,就停止了呼吸。

按照刘知远的遗嘱,18岁的刘承祐继承了皇位,即后汉隐帝。

作为一个有理想、有智慧的人,刘知远虽在位时间不长,但他的深谋远虑,他的广纳雅言,他的英勇善战,都给人们留下了深刻的印象,也在历史上为自己的人生书写了辉煌的一页。

贤能淑德李皇后

"四大南戏"之一的《白兔记》又称《刘知远白兔记》。主要写五代时期,沙陀人刘知远家庭败落后,被财主李文奎收留。李文奎见他睡觉时有蛇穿其七窍,因此断定他日后必定大贵,便将女儿李三娘许配给他。李三娘以聪慧、善良的秉性和坚忍的意志,关爱着这位一时失意的丈夫。

李文奎去世后,刘知远遭到李家兄嫂的排挤,被迫出走投军。丈夫离开后,李三娘因不愿改嫁,受到兄嫂的种种折磨。风雪之夜,三娘孤身在磨坊里咬断脐带,产下一子。李三娘含泪给孩儿取名"咬脐郎",又将丈夫留下的玉兔信物挂在孩儿身上,托一位老人千里送子,寻找在军旅中的刘知远。老人在奔波途中,身染重病而亡,让人庆幸的是,"咬脐郎"经过辗转,还是被送到刘知远手中。当时正是两军交锋之际,身负重伤的刘知远托人去探望李三娘,李三娘的兄嫂谎称三娘已改嫁。

从此,一别十六年。李三娘在兄嫂的严密监视下,日挑水,夜推磨,靠着希望和信念走过苦难的岁月。又是一个风雪天,李三娘在井台边,偶然发现一只带着箭伤的白兔,进而遇到围猎的少年将军刘承祐。母子井台相会,各自不知对方身份。刘承祐同情三娘,愿意为她传信寻夫。临行之际,刘承祐解下身边玉兔,命人送给李三娘,以补无米之炊。李三娘见到玉兔,百感交集,期盼亲人早日团聚。

大元帅刘知远读到李三娘一封情深意长的亲笔书信后,犹如晴空霹雳,奈何此时他已娶了与自己患难与共的岳氏为妻,他悲喜交加,进退无路。深明大义的岳氏为李三娘的精神所感动,她要求丈夫以最高礼节迎回李三娘。然而,重病中的李三娘在风雪天已被兄嫂赶走。

刘知远满腔热情地赶到李家,只见一座为三娘虚设的灵位,绝望之中,跌落在雪地上的玉兔为刘知远指点了李三娘的行踪。三娘蹒跚在风雪弥漫的茫茫苍原,忽然寂静的山野传来了激动人心的马蹄声,无数火把照亮夜空,照亮了迎面走来的李三娘。阔别已久的夫妻、母子终于团圆。

《白兔记》中大名鼎鼎的李三娘,原型就是李皇后。

戏曲难免虚构,历史上的真实情况是:李氏原本是太原的一个农家女,颇有才色。刘知远少时家贫,充军当了马奴,在太原牧马的时候,遇到李氏,便托人到李家去求亲。李氏的父亲李大奎因刘知远家境贫寒,便断然拒绝。但李氏却愿意下嫁刘知远。不料遇难呈祥,因祸得福,曾遭到自己父亲百般刁难的刘知远竟然被封为王爵,掌握兵权,最后做了后汉皇帝。而李氏也就跟着刘知远做了皇后。

刘知远称帝后,率亲兵返回太原。到达太原后,刘知远要做的第一件事就是犒赏拥戴自己的将士们。他手中资产不多,便想着敛民财来犒劳三军,却又担心激起民愤。一筹莫展之间,李氏站出来为他出谋划策,她对刘知远说:"陛下靠河东开创大业,还没有给百姓们带来恩惠和好处,就要先夺取他们赖以生息的本钱,这大概不是新天子救民于苦难中的本意吧?得民心者得天下,失民心者失天下呀!"

"可国库空虚,有功不赏,这样会出事的。"刘知远看着李皇后问道,"你说怎么办?"

"这样吧!"李皇后说,"我把后宫里的积蓄全部拿出来,作为劳军之资,钱虽然不多,想来各兵士应该会体谅,不至于心生怨恨。"

李氏作为一个普通农家女,能有如此襟怀,将半生积蓄奉献出来,实在难得。刘知远为李氏的深明大义而深深感动,于是下令把自己所有的私房钱都拿出来,按人头分了下去。

将士们分到的钱虽然不多,但他们知道这是皇后的私房钱,心里都格外感动,没有人嫌少,都高兴地连呼"皇帝万岁"。

刘知远御驾亲征

后汉天福十二年(947年),楚王马希范去世,其弟湖南节度使马希广派人报丧,报称兄终弟及,有请册封之意。刘知远便加封马希广为检校太尉,兼中书令,行天策上将军事,镇守湖南,加封楚王。

马希广还有一个哥哥马希萼,时任朗州(治今湖南常德)节度使。马希范死后,马希萼认为废长立幼是取祸之道,便劝马希广让位给哥哥。但天策学士李弘皋极力反对,表示要遵先王遗命。之后,马希广又受到了刘知远的册封,哥哥马希萼心里很不舒服,这为此后兄弟反目、骨肉成仇埋下了隐患。

刘知远称帝后,指挥使王继弘、楚晖乘胜追击,杀死了驻守相州的辽将高唐英。刘知远大喜,重赏了王继弘、楚晖。

天雄军节度使杜重威,天平军节度使李守贞等人,之前奉辽国皇帝耶律德光的命令,各回本镇。刘知远进入汴梁后,杜重威、李守贞先后上表,表示愿意归顺后汉。此时,宋州(治今河南商丘)节度使高行周也回到京城。于是,为防止各镇节度使跋扈一方,刘知远乘机对各方镇节度使进行了大范围的调动:调高行周镇魏州(治今河北大名县东北),任天雄军节度使;调杜重威出任宋州节度使;调河中节度使赵匡赞镇晋昌军；调李守贞镇河中。

命令下达之后，各镇都奉命而行，唯独杜重威抗旨不遵，并派儿子北上求援。当时，辽将麻答还在镇州，他立即将赵延寿留下的两千名幽州兵拨给他，并任指挥使张琏为将，命其南下支援杜重威。杜重威请张琏协助守卫魏州，再次请求麻答增加援兵。麻答于是又派部将杨衮率一千五百名辽兵和一千名幽州兵共赴魏州。

刘知远杀鸡儆猴，他下诏削去杜重威的官爵，命高行周为招讨使，镇宁军节度使慕容彦超为副将，率兵讨伐杜重威。当时，杜重威的兵马在中渡桥之战降辽后，早就被耶律德光拆散到各地，所以魏州并无重兵。刘知远以为高行周、慕容彦超两人，足以对付一个杜重威。然而，刘知远没有料到，征伐魏州的两员大将高行周、慕容彦超，在作战方案上发生了严重分歧。高行周主张缓兵，慕容彦超则主张出兵。两人先争论，后争吵，最后竟然相互大骂起来。

得知这样的消息，刘知远大怒，决定御驾亲征。他命皇子刘承训为开封尹，留守汴梁，自己则率兵奔赴前线。出发之时，后晋臣李崧、和凝等人从镇州前来归顺，报称辽将麻答已经被赶跑了，杜重威失去了后援。刘知远大喜，更加坚定了自己御驾亲征的决心。

不久，刘知远从汴梁出发，前簇后拥的将士不下万人。由于军情紧急，行色匆匆，刘知远也无暇访察民情，而是一路直奔魏州行营。

高行周首先来迎，向刘知远哭诉军情。刘知远认为这件事错在慕容彦超，便责骂了慕容彦超，然后派给事中陈观去见杜重威，劝他投降。杜重威闭城谢客，陈观进不了城，只得返回。刘知远大怒，下令攻城。慕容彦超踊跃向前，领兵先行，高行周不便违抗，也只得派兵接应。

刘知远登高遥望，只见城上的矢石如雨点般飞向城下，攻城部队虽然争相前进，无奈矢石无情，一旦碰到了就非死即伤。队伍从早晨杀到中午，垣堞依然，仍然没有进展。刘知远只得下令鸣金收兵。之后检点士卒，结果受伤一万余人，丧命千余人。众人这才知道高行周有先见之明，而好勇多疑的慕容彦超也觉得很是惭愧。

高行周入帐献计，说他来此地时间较长，听说虽然城中的粮食将尽，但军心却不曾动摇，更有辽将张琏助守，所以难攻。他建议招降张琏，如果张琏肯投降，杜重威就独木难支了。刘知远依计而行,派人招降张琏,说只要他投降,便饶他不死。偏偏张琏不肯听从。如此拖延了20余天后,城中渐渐觉得吃不消了。内殿直韩训献上攻城的器具请求攻城,刘知远却说:"守城全靠人心,人心一离,城就不保,还要什么攻城器具呢?"

杜重威死守几个月,城内的粮食快吃光了,他原指望契丹人能帮忙,谁知契丹人也自顾不暇。杜重威只得派出自己的夫人,即宋国公主来到刘知远的大帐中做说客。见到宋国公主,刘知远问道:"朕很信任杜重威,杜重威却不肯相信朕。朕多次派人招降,他为何拒人于千里之外呢?"

宋国公主装出很无奈的样子说:"不是杜重威要抗命,而是他遭到辽将监军张琏挟制,他也是身不由己呀!"

"难道辽将不怕死吗?"

"辽将正因为怕死,所以才阻挠他出城投降。"

"朕一视同仁,既然赦免了杜重威,张琏也一并赦免。"刘知远对宋国公主说,"请你进城传话,只要是真心投降,不论何人,一律赦免!"宋国公主千恩万谢地离去。

杜重威听了公主的传话,转告给张琏。张琏心中仍有疑惑,还是不肯随杜重威一起投降。于是,杜重威只得再派儿子杜弘琏前去,求得朝廷一纸赦书。之后杜重威派判官王敏先出城献上谢罪表,接着他自己穿着素服,出城迎接刘知远。

对于杜重威,刘知远说话算数,不但没有要他的命,而且还封他为检校太师、太傅、中书令;又命人将杜重威的家产及其僚属的家产,全部没收充公,将其作为犒赏将士的资金。杜重威是一个爱钱如命的人,大半辈子搜刮来的钱财,顷刻之间化为乌有,他痛心疾首,却又毫无办法,只能与妻子儿女相对流泪了。

郭威一战展神威

辽太宗耶律德光占据中原部分地区后,依然任由士兵四处打草谷,不断扰民,使得各地纷纷起兵抗暴。在此情形之下,辽太宗疲于对付叛乱,便借口南方溽热,带着文武官员回老家北方"避暑"去了。

耶律德光走后,刘知远乘虚而入,夺取洛阳,占据大梁,建立了属于自己的朝代。刘知远自命为汉高祖刘邦的后代,改国号为汉,刘知远即为后汉高祖。

刘知远手下有一员大将,名叫郭威(904—954)。郭威年幼时,父母双亡,由其姨母韩氏抚养长大。他身材魁梧,喜欢舞刀弄棒。成年后,郭威应募到兵旅。有一次,郭威到上党市游玩,遇到一个屠夫,这个屠夫力大无穷,称霸一方。郭威年轻气盛,有意要惩治这个无赖屠夫,便乘着酒兴来到屠夫的肉案旁,一会儿要肥肉,一会儿要瘦肉,弄得屠夫一肚子气。屠夫把菜刀一搁,挺着光秃秃的大肚皮对着郭威吼:"你敢不敢刺我?"郭威一声不吭,抽出刀对着屠夫刺去……郭威犯了刑法,被扭送至官府。官吏怜惜郭威是个人才,便推荐他加入后唐庄宗旗下。年岁渐长后,郭威性格逐渐沉稳,他潜下心来研习兵法。后来,郭威不愿随大将杨光远北征,要求留在刘知远营中。众人觉得奇怪,郭威解释说:"杨公有奸诈才,无英雄气,留我何用?能用我者,刘公也。"刘知远也把郭威当心腹,称帝之后,更加重用郭威。

刘知远称帝不满一年,因病去世,其子刘承祐即位,是为后汉隐帝。护国节度使李守贞自以为是前朝上将,战功显赫,又自认为人慷慨,深得人心,于是欺负隐帝年幼,准备起兵造反。一天,李守贞与将士们举行宴会,他指着中堂里的一幅舔掌卧虎图,对大家说:"我若有非常之福,就一箭射中这老虎的舌头。"结果,一发中之,大家都拍手叫好。李守贞得意扬扬,越发觉得自己有帝王之命。

李守贞造反后,隐帝命郭威前去平叛。郭威带的兵,原来是李守贞的班底。所以李守贞一心以为他可坐而待之,不费一兵一卒,便能轻易等待后汉军一块儿到同州投降。然而，郭威勤读兵书，对带兵打仗很有心得，且能与士卒同甘共苦，因此将领们都对郭威心服口服。于是，这批士卒早已把李守贞的旧恩抛到脑后。到了城下，士兵们扬旗伐鼓，气势汹汹。李守贞看呆了，自言自语道："为何如此？为何如此？"他命人赶紧把城门关上，不与后汉军交战。郭威方面并不猛攻，而是偃旗息鼓，只沿着护城河布哨，把同州四周围得水泄不通。

李守贞慌了阵脚，屡次想突围都不成功；把求救信藏在蜡丸之中，命人带出去求援，也总是被巡逻兵逮住。城中粮食快吃光了，李守贞忧形于色，于是求助于身边的一位"活神仙"——僧人总伦。总伦竟然对李守贞说："大王当为天子，人不能夺，不过如今命中有灾。等到灾难一退，只剩下一人一骑之时，那就是大王鹊起之时。"如此荒唐的话，李守贞听了竟然信以为真，心头一阵狂喜。可惜乐了没有多久，郭威就入了城，李守贞与妻儿自焚而死。

李守贞之乱平定后，按理说后汉应走上发展建设之路。奈何隐帝日渐骄纵，朝中几个大臣又彼此不和。契丹又在蠢动，朝廷便派郭威守边，朝中原本不和的将相，此时更加尖锐地对立起来。

郭威仁爱厚德建后周

郭威幼时家境贫寒，由姨母韩氏抚养长大。成年后的郭威在潞州（治今山西长治）投军，后被收编进了后唐军队，加入了李存勖的亲军"从马直"。

刘知远任后晋侍卫亲军都虞侯时，郭威主动归隶其下，并深受器重。不论刘知远调任何处，郭威都跟随左右，故而成其心腹。在契丹灭后晋时，郭威又和苏逢吉、杨邠、史弘肇等人力劝刘知远称帝，而成为后汉的开国功臣。刘知远临终前，封郭威与杨邠、史弘肇等人为顾命大臣，要他们辅佐年仅18岁的儿子刘承祐（即后汉隐帝）。刘承祐继位后，郭威任枢密使，掌握军政大权。

后来，郭威成功地平定了河中（镇河中府，治今山西永济）节度使李守贞、永兴（镇京兆府，治今陕西西安）节度使赵思绾、凤翔（镇凤翔府，今属陕西）节度使王景崇的三镇之乱。在战斗中,郭威亲临前线,身先士卒,与士兵同甘共苦;他赏罚严明,士兵立功,即与厚赏,作战负伤,则亲自慰问;不管谁提建议,他都能和颜悦色地接待;即使有人得罪了他,他也不介意,因此深得部下爱戴。

平叛之后,当隐帝要给他重赏时,他却毫不贪功,而是向隐帝诉说众人的功劳。于是朝中安定朝廷、供给军需的将相都得到了重赏,大臣们与各地驻军将领和州县官吏也都被论功行赏。郭威这种推恩及人的做法,大大提高了自己的威望。

乾祐三年(950年),郭威出任邺都(今河北大名县北)留守、天雄军(镇邺都)节度使,且以枢密使名义节制河北各州军事。

郭威离开朝廷赴任后不久,后汉朝廷内部就发生了重大变化。刘承祐不愿再受顾命大臣的控制,便与舅父李业等谋划,先杀掉在京的史弘肇、杨邠、王章等顾命元老,再派人到邺都去杀郭威。

郭威在得知此事后,采用亲信魏仁浦的计谋,伪造了一份诏书颁布于众,诏书上说隐帝要他诛杀众将,以激起众将的愤慨。诏书颁布后,众将果然大怒,痛骂朝廷,且纷纷表示愿意听命于郭威。郭威就以"清君侧、杀李业"为名,在邺都起兵,率军渡河南下。刘承祐一面派兵抵御,一面杀掉郭威在京的全部家属。隐帝不听母亲李太后让其与郭威和好的劝告,贸然领兵出征,结果被乱兵杀死。

郭威入城后没有立刻称帝,而是让李太后下令立刘知远的侄子刘赟(yūn)为嗣,以稳定局面。待局势稳定后,郭威使人谎报契丹大军再次南侵,自己则率大军出征北上。在大军行至澶州(治今河南濮阳)时,诸将士扯裂黄旗披在郭威身上。随后,大军迅速南返汴京,将刘赟杀死。于是,郭威在"不得已"的情况下受诏监国。

第二年,郭威建立后周王朝,改元广顺,正式即帝位,这就是后周太祖。

幼年孤贫的郭威深知民间疾苦,即位后便立刻下令减轻赋税和刑罚,废止了荒谬的牛租,改革了牛皮和盐税的征收办法,取消了营田务,解放了农奴,减免了历朝所收的斗余、称耗、羡余等额外税收,极大地减轻了农民的负担。

在生活方面,郭威非常勤俭,他即位后就下令:乘舆和服饰不得过分华丽,宫中物品力求朴素,并禁止各地贡献珍巧奢华的物品及各种珍禽异兽。临终时,他下诏要求薄葬:不得差配百姓,陵寝不用石柱,不用石人、石兽。墓前只立一块石碑,镌字云:"大周天子临晏驾,与嗣帝约,缘平生好俭素,只令著瓦棺纸衣葬。若违此言,阴灵不相助。"

正是郭威这种身体力行的榜样精神,激励着其继位者——后周世宗柴荣,使得后周这个历经三代、为期不满十年的朝代,成为五代十国时期一颗璀璨的明星。

刘崇为儿报仇反被打

郭威造反后,怕人心不服,决定暂时不登帝位。此时,刘知远的弟弟刘崇(生卒年不详)正占据太原,手里有不少兵马。郭威害怕刘崇出兵讨伐,于是私下里与李太后商量,决定暂时立刘崇的儿子刘赟为新皇帝。这样,一来可以稳住刘崇,不让他发兵;二来可趁此机会,表现自己的无私与宽容,为自己赢得更多支持,让老百姓接受自己。

为了彻底稳住刘崇,郭威还对刘崇的使者说:"我出身贫贱,脖子上还有文身,怎么能做皇帝呢?"刘崇本想出兵,可看到郭威立自己的儿子为帝,心想:"我儿子成了皇帝,那我不就是太上皇了?还需要打什么仗呢?"于是下令收兵。刘崇的手下李骧站出来提醒他:"郭威发兵犯上,他是不会甘心做臣子的,更不可能让刘姓人做皇帝。我们应该马上出兵,等刘赟登基后,再撤兵回来。"如此正确的建议,刘崇不但不听,反而命人将李骧推出门外斩首。等到刘赟被杀,郭威顺利地登基称帝后,刘崇念及李骧的话,才后悔莫及,然而为时已晚。

刘崇发誓要报杀子之仇,无奈晋阳地盘太小,只有区区十二个州,难以抵抗后周。如果真的开战,无异于拿鸡蛋碰石头,自取灭亡,怎么办呢?刘崇左右为难,思来想去,便决定效仿石敬瑭,借助契丹的力量来报杀子之仇。但他又觉得,如果像石敬瑭那样,管契丹君主叫爹太有损颜面,不如就叫叔叔吧。于是,刘崇派使者来到契丹,向契丹君主说明来意。契丹君主白白捡了个侄儿,当然高兴,于是双方结成了同盟。

951年,契丹答应出兵五万,帮助刘崇一起攻打后周。刘崇信心倍增,率领联军一路狂攻,一直打到晋州城下。然而,由于守晋州的王万敢与史彦超用兵有道,联军攻打了两个月,也没攻下来。

刘崇报仇心切,逼将士们加紧攻城。可这时天公不作美,接连下了十几天大雪。联军没有防备,风雪之中,士兵们伤的伤,死的死,一时士气大挫。契丹军本来就没多大诚意,一看现在这种情况,认为天不佑刘崇,自己也没有必要陪着送死,于是,竟然连夜撤军回去了。

眼看晋州就快攻下来了,刘崇舍不得走,还在做最后的挣扎。然而不幸的是,自己的援军走了,后周的援军却赶到了。北汉军将士因为大多被冻伤,战斗力下降,哪里挨得过后周援军的追打,于是纷纷溃散逃走。

刘崇将兵败的原因归结为郭威领兵厉害,自己不是他的对手。954年,一个令刘崇喜出望外的消息传来,后周皇帝郭威去世了!于是,刘崇准备再次出兵。这次出兵前,刘崇做足了准备。他打听到,后周新登基的皇帝柴荣要御驾亲征。他欺负柴荣领兵打仗经验不足,且是新君,根基不稳,觉得自己可趁此机会消灭后周。于是,他不顾自己59岁高龄,硬是要亲自领兵出征。

这次,契丹君主又给侄儿派了不少兵马,刘崇亲自率领四万大军,浩浩荡荡地朝潞州(在今山西一带)扑来。柴荣也亲自率兵增援。

刘崇听说后周援军来了,决定先战援军,免得两路人马汇合。两军在高平相遇,一阵厮杀乱砍。由于柴荣亲自挥刀杀敌,再加上有赵匡胤(927—976)等猛将冲锋陷阵,很快,胜利的天平偏向了后周。

契丹军队一瞧形势不好,便故伎重演,很快又带着军队撤走了。看到契丹撤兵,后周士气大增,他们一路狂杀,所向披靡,北汉军队兵败如山倒。到最后,刘崇只带着百余名骑兵,狼狈地逃回了晋阳。回去后,刘崇病重,不久就一命呜呼了。

柴荣身先士卒成大业

刘知远死后,刘承祐继位,这就是后汉隐帝。

有一次,杨邠与王章谈论政事,年轻的刘承祐嘱咐说:"行事不要使民众有怨言!"不料,杨邠突然说:"陛下不要多管,有臣在。"在场的人无不胆战心惊,刘承祐当时虽没有任何气愤的表现,但心中着实不悦。不久,李太后的弟弟李业要求当宣徽使,刘承祐和李太后私下问杨邠,杨邠认为不可;刘承祐想立自己宠爱的妃子耿夫人为后,杨邠又认为不可;耿夫人去世后,刘承祐想用皇后的礼节安葬她,杨邠还是认为不可。几次三番之后,隐帝大怒,加上左右近臣又进谗言诬陷杨邠,刘承祐便将杨邠与史弘肇等人一同诛杀了。

此后,刘承祐又派使者到魏州去诛杀郭威。郭威被逼无奈,起兵反叛。刘承祐将郭威在都城的家属全部杀死。郭威率军抵达汴京城下,刘承祐到城外刘子坡观战,后汉军大败,刘承祐便带了苏逢吉、聂文进和郭允明等人向西北奔逃。到赵村时,忽见后面尘埃大起,刘承祐以为是追兵,便仓皇下马,打算躲入村民屋中。郭允明见形势危急,便想以刘承祐作为见面礼投降追兵,就猛然赶上几步,狠命一刀,将刘承祐刺死了。然而后面并不是追兵,而是刘承祐的亲兵赶来护驾。郭允明见自己弄巧成拙,便横刀自刎而死。

951年,郭威在将士们的拥戴下登上皇帝宝座,都城仍设在汴京,国号周,史称后周,郭威就是后周太祖。

郭威出身贫苦,当了皇帝后,依然保持节俭的生活作风,并注重减轻百姓负担,废除了一些苛捐杂税,并鼓励百姓积极生产,使社会得到安定和发展。他还聚集了不少人才,遇事都能虚心听取他们的意见。

然而,后周太祖在位仅三年就病逝了,死后,其养子柴荣(921—959)继位。柴荣本是郭威的内侄,自小便过继给郭威。当时郭威家境并不富裕,柴荣为贴补家用,就外出经商,做茶货生意,往返于江陵等地。其间他学习骑射,练就了一身武艺,还读了大量史书。他自小便胸怀大志,且性格沉着坚定,因此深受郭威喜爱。

柴荣即位之时,国家内忧外患深重。因为柴荣年轻且并非郭威的亲生儿子,所以当时后周的大臣们并不信服柴荣。当时外部的形势也非常严峻,除了要面对辽国外,还要处理好和邻国的关系,特别是新立的北汉,是刘知远的弟弟刘崇所建,他对替后汉而立的后周恨之入骨,想灭之而后快。

探听到柴荣年轻且不为众臣所信服,刘崇认为灭后周的时机到了,于是暗中勾结辽兵,集结自己的三万人马,以及辽军骑兵一万人,向后周发动了声势浩大的进攻。

刘崇犯境的消息传到汴京,柴荣迅速召集大臣们商议。柴荣心中十分清楚,此仗如若取胜,则可以服众,坐稳江山;如若失败,则会失去民心,甚至有亡国的危险。面对严峻的形势,年轻的后周世宗柴荣迎难而上,表现出过人的胆识和勇气,他提出要御驾亲征。

此言一出,大臣们纷纷劝谏道:"皇上刚刚即位,局势不稳,人心易动,不宜带兵亲征,还是派个将军去吧!"柴荣说:"刘崇趁我刚遭父丧,又欺我年轻,想吞并中原。既然他亲自来,我也要亲自去打败他。"

柴荣亲率大军来到高平,跟北汉的兵马狭路相逢。刘崇看到后周军兵力薄弱,扬扬自得,对左右近臣说:"早知这样,我又何必向契丹借兵呢!这一战,我不但要打败后周军,而且还要让契丹人看看我的厉害!"刘崇指挥北汉军猛攻后周军。因对方人多势众,后周军一时抵挡不住,纷纷败下阵来。看到情况危急,柴荣打马上前,不顾乱箭纷飞,奋力迎战。

后周士兵看到皇帝亲自上阵,且以一当十,便大受鼓舞,都争先恐后地冲向敌阵。很快,北汉兵就像山崩一样败了下来。随后赶来的一万辽军骑兵看到北汉军队失败,竟然悄悄地把兵撤走了。此时的北汉军前有追兵,后无救兵,于是节节败退。最后,刘崇仅带着百余名骑兵,狼狈不堪地逃回晋阳。

高平一战大捷,众臣对柴荣刮目相看,柴荣的声望大大提高。他回到汴京后,着手整顿军队,减轻百姓负担,发展农业,休养生息。两年后,柴荣又亲自出征,讨伐南唐,攻下了长江以北的十四个州。接着,他又下令北伐,带领水陆两路大军,收复了北方大片失地。

959年,励精图治、勇于进取的后周世宗因病抱憾去世。柴荣虽然未能实现为君三十年、扫平天下的愿望,但他在位期间的文治武功,已经决定了他必将成为结束百余年以来割据动荡局面的关键人物。

周世宗下诏改造旧城

因为连年征战,百业凋敝,所以周世宗柴荣刚即位时,都城汴京是一片衰败之相。当时都城的大街最宽不过二十几步(相当于如今的 1.65 米左右),皇帝的车辇都过不去;路两旁的房屋东倒西歪,很是难看。

看到这种情况,周世宗想:"都城这个样子,实在是有失国家体面,我要领导官员们对都城进行改造,让人们生活在一座宜居的城市中。"于是,回宫后,他便召集官员们商议如何改造旧城。大家各抒己见,周世宗命有关官员记下大家提出的建议,将各种改建要求归纳起来,制成了一份计划书,分发给各级官员,让大家分头行事。

于是,一场轰轰烈烈的旧城改造工程开始了。

然而,当时的人们经过多年战乱,普遍不富裕,所以对房屋看得非常重要,现在朝廷竟然要拆房毁屋,老百姓怎么会配合呢?大街上哭喊声一片,很多人家为了保住自己的房屋,甚至拿起武器和官府发生了正面冲突。官员们也十分无奈,上有朝廷的压力,下有百姓的抗拒,他们的拆迁工作进行得十分艰难。

这种情况被反映到了周世宗那里。周世宗经过认真思考,颁布了一道诏书,上面说:"……都城因旧,制度未恢,街衢(音 qú,大路)湫隘(低湿狭小。湫,音 jiǎo)……入夏有暑湿之苦,冬居常多烟火之忧,将便公私,须广都邑。"向百姓阐述了改建、扩建的重要性,说明于公于私改建、扩建都是必要之举。该诏书同时阐明了扩大城市用地的打算,做好了人员和时间安排,并且给了百姓很大的自由——等新城规划好了,各类公共设施都选址完了,百姓就可以在剩下来的地上自己建造了;朝廷甚至还允许百姓在河边种植绿树,建设标志性建筑。

这道诏书下达后,百姓明白了君王要为大家建造一座新都城的决心,同时,又为君王周到、细致的考虑所感动,于是大家开始打点行装,暂时租借房屋,为新城的改造而积极准备。

不久后，一座道路宽敞、房屋整齐、绿化美丽的新都城呈现在世人面前，汴京在周世宗手下奏响了辉煌的前奏。

一代英主后周世宗

作为一位有理想、有闯劲的年轻君主，后周世宗柴荣看到朝廷上下贪官污吏横行的乱象，即任后首先着手去做的就是整顿官吏。

为使吏治清明，后周世宗打破常规，破格任用有才干的人，以充实政府主要部门，提高其办事效率。然后，他又命人修订了弊病较多、不足以选拔人才的科举制度，以便有真才实学的人能进入政府机构发挥作用。最重要的是，后周世宗惩处贪官污吏毫不手软。

主持税收事务的孟汉卿由于私自加派税额被揭发出来，后周世宗将他赐死。负责查处此案的人说法律没有要将他处死的相关条文，后周世宗说："朕知道，这样做只是为了威慑众人！"在重修永福殿时，后周世宗亲自视察工地，发现内供奉官孙延常克扣工食，虐待役夫，导致有些役夫甚至用瓦盛饭吃，他不禁大怒，当场将孙延常斩首。

然而，后周世宗并非残暴之君。他下令修订五代时期以严酷出名的法律，废除随意判死刑的条款，废除凌迟之类的酷刑。他采用人道措施来对待犯人，命人打扫肮脏的监狱，清洗枷铐，给犯人充足的饭食，有病的允许探视，并规定无主的病人由官府负责治疗，严禁出现犯人无故死亡的现象。

在后周世宗的治理下，后周的吏治得到了全面的改善。接着，后周世宗便开始着手整顿佛教。

佛教从印度传入中国，到唐玄宗时已被广泛宣扬，至五代时，更是无限制地发展：到处都大兴土木，建佛寺，塑佛像。许多人看到僧侣可免受赋税、徭役、兵役之苦，认为有利可图，便纷纷抛弃田产，跑进庙里做起和尚来。如此一来，国家没了兵源，国库也逐渐空虚。看到这种情况，后周世宗在担忧之余决心抑制佛教之风蔓延。

后周世宗限制佛教发展的想法刚一提出,便遭到许多大臣的反对,有人说:"佛是圣人,对佛不敬就要招来无穷的祸患!"还有人说:"僧侣是佛的信徒。限制佛教寺院的兴建,会使许多僧侣无处可住。"后周世宗对众臣说:"人生来应该有孝心和忠心。但佛从小就离开父母,遁入空门,这是不孝;他们抛弃国家,愚弄百姓,使人们舍本逐末,这是不忠。不忠不孝的人,我们为什么还要为其烧香、磕头,整日将其供奉起来呢?"这番话义正词严,说得那些持反对意见的大臣们都哑口无言。

于是,后周世宗柴荣下令裁减僧侣数量,仅955年一年,便在全国废除了三千多所寺庙,还俗的僧尼更是不计其数。

整顿钱币是后周世宗整顿经济秩序的一项重要措施,为此他大胆地毁掉了铜佛像来铸钱币,以促进商业的发展。镇州有座尼姑庵,里面供了一尊观音菩萨的铜像。庵里的尼姑们听说皇上要拆掉铜像时,便四下里传播谣言,说如果拆去铜像,观音娘娘便会降罪,就要流行一场大的瘟疫。后周世宗听说后亲自来到庵中命令侍卫砍去铜像。铜像被砍后,镇州地区什么事也没有发生,于是谣言不攻自破。

后周世宗对众人说:"佛主张施善于民,只要是做好事就是奉佛。而铜像怎么能是佛呢?况且我还听说佛以利民为先,就算牺牲自己也要施舍众人。假如朕的身体可以救济百姓,我也不会吝惜的。"这些话说得合情合理,让人叹服。于是,人们便大胆动手去拆除寺庙和佛像,佛教盛行之风终于得到了控制。这些举措为国家节省了许多财力、物力,人民的负担也减轻了许多。

作为一位大胆改革的君主,后周世宗为百姓做了许多实在的好事,赢得了百姓的广泛赞誉。他本人被史家称为"五代第一明君",堪称照耀黑暗时代的一颗璀璨明星。

王建乱世称霸

巴蜀之地,因其富庶,古称"天府之国";又因其地势险要,历来为兵家必争之地。在隋唐三百余年间,蜀中未曾遭受过大的战争破坏,但时光流转,世事变迁,至唐朝末年,唐天子两次到蜀地避难,这无形中为割据势力的发展提供了机遇。许州人王建(847—918)借机入川,经过多次征战,最终独霸一方,建蜀国,自立为王。

王建出生于一个小手工业者家庭,其父辈以卖烧饼为主。王建小时候经常跟随父亲卖烧饼,有时也做一些屠牛、贩卖私盐的勾当。

后来,王建因犯偷盗罪被关进了监狱。但他善于钻营,在狱中买通了狱卒,得以逃进武当山。山寺中有个叫处洪的和尚觉得王建相貌奇伟,是可塑之才,于是诚恳地劝告王建说:"你有大富大贵之相,何以冒着生命危险干这种偷鸡摸狗的事?不如前去投军,在沙场上一刀一枪,做出一番事业来。"

经历了一些人世沧桑的王建觉得处洪和尚的话有道理,于是便辞别武当山,投在忠武(府治许州,即今河南许昌)节度使的军中,在左军将鹿晏弘部下当军卒。忠武节度使杜审权见他胆识非凡、武艺超群,就颇为欣赏他,不久便提拔他做了列校。成了一名军人且受到赏识的王建一改过去的游手好闲,变得积极上进,在征讨王仙芝农民起义军的战斗中,王建立下战功,被提拔为下级军官。

中和元年(881年),黄巢起义军攻陷长安,唐僖宗李儇仓促逃往蜀地,左军将鹿晏弘率领部队归顺黄巢的义军。然而,身为下级军官的王建却颇有主见,他与自己的军中好友韩建、张造、晋晖、李师泰等四人商量后,觉得黄巢的起义军虽然此时人多势众、声势浩大,然而却不过是一帮乌合之众,难成大事,于是他们五人与大军背道而驰,率领自己的部下投奔在蜀地避难的唐僖宗李儇。

危难见真情!偏安一隅、惶恐不安的唐僖宗李儇见王建等五人率部队前来投奔,欣喜异常,当即命这五人归十军观军容使田令孜统领。田令孜拜五人为将军,赐钱几十万。王建等五人统领禁军,侍卫李唐天子,蜀中号为"随驾五都"。不久后,黄巢起义军被镇压,唐僖宗回到长安,王建等五人自然就成为保卫皇帝安全的神策军将。

光启元年(885年),因晋兵李克用率兵进攻长安,唐僖宗李儇被迫再次出逃凤翔,第二年逃到兴元,接着又逃往蜀地。出逃路上,王建率领自己的部下不畏辛苦,为唐僖宗清理道路,他们仗剑先行,逢山开路,遇水搭桥,令唐僖宗十分感动。

光启三年(887年),晋兵被打退,唐僖宗离开成都,返回长安。当时,王建在成都之外的地方做官,未能同归,就留在了蜀地。部将张虔裕、綦(qí)毋谏劝告王建说:"现在天子势单力薄,因此无法顾及那些据地跋扈的军将。一旦天子恢复大业,这些军将和他们亲族的脑袋就都保不住了。今日之计,最好爱护百姓,赢得民心,关心部下,发展实力,向天子表示自己的忠心。假借天子的名义去办事,没有不成功的。"

王建采纳了两人的建议,他招募平民以及境内彝族部落八千人组建成一支军容整齐、作战能力强的队伍,并开始有意识地扩展地盘。王建首先占据了阆州(治今四川阆中)刺史杨茂实的地盘,接着与东川节度使顾彦朗结成联盟,以加强自己的实力。因为训练有素、作战勇猛,王建的队伍迅速在蜀地成为一股强大的军事力量,不容小觑。

西川节度使的弟弟陈敬瑄担心王建危及自己的利益,便与同父异母的兄长田令孜商议。田令孜此时还是王建的义父,他在陈敬瑄的授意下写信给王建,令他前来依附陈敬瑄,与之共建大业。王建接信大喜,当即挑选精兵两千,高高兴兴地向成都进发。然而,陈敬瑄听了西川节度使参谋李义的话,临时改变了主意,他不愿与王建共建大业,于是派使者前去阻拦,同时命部下在成都及王建必经之路加强防备。

王建的部队被阻在了今四川东北的鹿头关,他得到消息后大怒,立即命手下攻关,一直打到了汉州(治今四川广汉),围攻成都。田令孜登上城楼劝慰王建。王建见自己的义父出来,立即与诸将下马,跪拜在地,说:"现在我既然无处可去,只有辞别了父亲,四海流浪,到处做贼,寻找一个安身立命的所在,这样才能对得起跟随我的弟兄!"之后,王建将邻近成都的十二州抢掠一空,使成都陷于困顿之中。

王建的名声越来越大，不少地方豪绅都来投奔他，他的兵力因此更加强大了。

唐昭宗即位时，王建向朝廷揭发陈敬瑄等人的罪状，请求由他去征讨陈敬瑄，同时他还派人去东川，请顾彦朗配合行动。唐昭宗准奏，命重臣韦昭度代陈敬瑄为西川节度使，调陈敬瑄为龙武统军。陈敬瑄仗着自己有僖宗的"免其十死"铁券，拒不受命。

唐昭宗闻奏大怒，令韦昭度和山南西道节度使杨守亮分别为正、副行营招讨使，顾彦朗为行军司马，又割邓、蜀、黎、雅四州置永平军，拜王建为节度使，使这四镇联合讨伐陈敬瑄。陈敬瑄全力抵御，韦昭度征讨了三年，未能取胜。王建为了独得大功，就逼着韦昭度回去了。从此之后，王建就成了招讨使，西川便在他的控制之下了。

成都被围日久，城内的田令孜为了活命，把节度使的印偷偷给了王建，投降了。王建入城之后，立即以西川留守的名义发表布告，安抚百姓。陈氏的部下，凡有才干的，王建也都予以录用。

大顺二年（891年），唐朝廷命王建为西川节度使，废永平军，邓、蜀、黎、雅四州仍归属西川节度使。此后，王建又打下了彭州和附近的绵山、阆州、蓬州、梁州等地，于903年被封为蜀王。

天祐四年（907年），王建仿效朱全忠，扫清了所有"障碍"，在蜀称帝，创建蜀国。之后，王建声势更壮，他一举发兵攻下了东川。无力西顾的唐朝廷只得做个顺水人情，这是五代十国时期的第一个"国"。王建沿用天复年号，对有功人员，也都一一封官晋爵。

孟知祥镇守西川

孟知祥（874—934）出身于军人家庭，他的父亲孟道是李克用的得力部将。孟知祥从小便跟随父亲征战南北，立下了无数战功。李克用看他年轻有为，是一员不可多得的将才，便把自己的侄女许配给他，并提拔他为左教练使。

后梁开平二年(908年),李克用病逝,李存勖继位,任命孟知祥为中门使。当时任中门使的人常因得罪权贵而被杀,孟知祥便请求更换职务。李存勖于是任命孟知祥为马步军都虞侯,并要求他推荐可以担任中门使的人。孟知祥推荐了郭崇韬,郭崇韬因此很感激他。

后唐同光元年(923年),晋王李存勖称帝,建立后唐,将太原府升格为北京,任命孟知祥为太原尹、北京留守。此时,被孟知祥推荐为中门使的郭崇韬平步青云,担任了宰相之职,然而也遭到了一些人的猜疑和忌恨。为了避祸,郭崇韬向李存勖请求离京伐蜀。为了报答孟知祥的荐举之恩,他对李存勖说:"臣等平蜀之日,陛下择帅镇守西川,诸将中孟知祥是最合适的人选!"

不久,前蜀灭亡,李存勖任命孟知祥为成都尹、剑南西川节度副大使,行使节度使职权,让其镇守西川。孟知祥到洛阳辞行,李存勖设盛宴款待。宴席之上,李存勖对孟知祥说:"我听说郭崇韬有异心,你到成都后,就杀了他。"孟知祥心头一震,为郭崇韬辩解道:"郭崇韬是有功之臣,杀伐之事,应慎重对待。待我到成都细加观察,若其真有二心,一定为陛下消除心头之患,若其无二心,我便派人送他回来。"李存勖当时没再多说什么。然而,当孟知祥到达成都时,郭崇韬已被冤杀了。

同光四年(926年)四月,李存勖被杀,李嗣源入主洛阳,史称后唐明宗。李嗣源一面加封孟知祥为太尉兼侍中,册封平原公,一面任命赵季良为三川都制置转运使,督促他把郭崇韬在平蜀时犒劳士兵余下的两百万缗钱运往洛阳,同时征收三川的赋税,按年上交朝廷。这个措施触及了孟知祥的根本利益,他闻讯后勃然大怒,恼恨于李嗣源的两面三刀。盛怒之下,他扣留了前来为李嗣源办差的赵季良,委他以重要的官职,让他为自己效力。李嗣源手下的重臣安重诲不放心孟知祥,特地委派李严为西川监军,监视他。这又大大刺激了孟知祥,他干脆把李严给杀了,以泄心头之愤。这两件事情使李嗣源对孟知祥有所忌惮,于是他改变策略,准备以恩信结好孟知祥。孟知祥便改派赵季良为西川节度副使,让他参与决断大小事务。

此时,已有所防范的孟知祥并不买李嗣源的账,他对皇命阳奉阴违。被拒绝后的李嗣源也不再客气,随即向蜀中派兵,意欲攻打孟知祥。东川节度使董璋主动和孟知祥联合起来,起兵造反。孟知祥巧妙周旋,一方面向洛阳表示自己不愿造反，另一方面却命令部队攻夺遂州，同时另派队伍与董璋一起攻打阆州。

李嗣源派石敬瑭出兵东川，杀掉了董璋在洛阳的家人，又任命已举兵反叛的孟知祥为西南面供馈使，以期瓦解孟、董二人的联合。石敬瑭带兵攻占了董璋防守的剑门，孟知祥积极地调兵遣将，在剑门四周布防，双方在剑门附近展开激烈的争夺战。石敬瑭一败再败，向李嗣源提出退兵的请求。李嗣源无可奈何，只得同意。

后唐军队北撤，三川境内就成了孟知祥、董璋的天下，然而一山不容二虎，曾经联手抗击后唐军队的东、西川首领，即将兵戎相见。

孟知祥吞并东川成蜀王

董璋（生卒年不详）和孟知祥二人分据东川、西川。为了对付后唐军，两人联手作战，但二人貌合神离已久，后唐军刚从三川地区撤兵，他俩就开始互相打对方的主意，都想吞掉对方。

孟知祥的谋臣力主征讨董璋，孟知祥棋高一着，他决定先让董璋挑战，自己也可师出有名。于是，他提出东、西川一同向李嗣源谢罪的建议，董璋不知是计，大怒道："孟公家属健在，但我的子孙都已被杀，我为什么还要去谢罪？"

长兴三年（932年）三月，孟知祥再派掌书记李昊到梓州去见董璋，说即使合两川之力，也敌不过朝廷，劝说董璋与孟和祥共同上表向朝廷谢罪。董璋将李昊臭骂了一顿，将他撵出了梓州。李昊回到成都后，添油加醋地说董璋根本就不容商量，并且还有袭取西川之意。因此，他建议孟知祥早做防备，以防万一。

于是，孟知祥在西川东川的交界处增兵设防，陈兵以待。

同年四月，董璋果然召集众将商议，准备袭击成都。前陵州刺史王晖说，剑南乃万里之地，而成都为大郡，现在又正值盛夏，师出无名，一定不会成功。这是一条十分有远见的建议，但董璋始终不听。

董璋出兵西川，攻占了汉州（今四川广汉）的白杨林镇，活捉了守将武弘礼。

孟知祥急召众将商议对策,西川节度副使赵季良献计说,董璋不过有匹夫之勇,难服三军。他的优势是据险固险。如今,他离开巢穴,前来打野战,就是舍长用短。他还分析说,董璋用兵,精锐之师都在前面,西川如果以弱兵诱敌,然后出强兵猛攻,必能获胜。闻听此言,孟知祥大喜,立即决定让赵廷隐领三万兵马去迎战董璋。

就在赵廷隐部署好部队,准备向孟知祥辞行的时候,有人送来董璋的一篇檄文和两封信,檄文的主要内容是指责孟知祥悔婚败盟。信则是写给赵廷隐和李肇的,大意是同他们商量里应外合的事。

董璋认为孟知祥出卖了自己,于是亲自率兵偷袭成都。同时使出离间计,分别派人送信给孟知祥的三位大将赵季良、赵廷隐和李肇,他在信中做出与三位大将早有联络的意思,故意让孟知祥把这些信件截获。然而,老谋深算的孟知祥看到信后,大笑不止,他将信递给赵廷隐说:"董璋真是幼稚,竟然在我面前玩起了离间计。"赵廷隐将信丢在地上,与孟知祥击掌为誓:"众志成城,一定会大功告成!"孟知祥仍然重用这三人,同时自己率领大军前往江州,迎击董璋的"偷袭"。

五月初,骄阳当头,燥热难耐,两军在鸡距桥摆开了战场,准备展开决战。董璋见西川兵势浩大,心生怯意,于是自动把部队收缩到武侯庙下,董璋手下的将士见状大嚷,纷纷谴责董璋。原本要"偷袭"的董璋无奈,只得正面出战。两军刚交锋,董璋右厢马步指挥使张守进便投降了孟知祥,他告诉孟知祥,董璋全部兵马都在这里,没有后援,应该快速出击。

孟知祥登上高处督战,战况果然如赵季良所料,交战不久,赵廷隐的部下指挥使毛重威、李瑭相继阵亡,赵廷隐拼死作战,三进三退,依然抵不住东川兵猛烈的攻势。都指挥副使侯弘实见赵廷隐不能取胜,便让部队后退。

孟知祥看到战场上局势紧张,于是马鞭一指,命后阵的张公铎率第二梯队上前救援。这时,东川兵已杀得精疲力竭,没有防备,一支生力军突然杀过来,东川兵顿时大乱。赵廷隐和侯弘实又乘势回头杀过去,东川兵马溃不成军,指挥使元积、董光裕等八十余人被生擒。董璋带着几名骑兵落荒而逃。剩下的七千人,全部投降了孟知祥。赵廷隐一直追到赤水,收降了数千东川的散兵游勇。

留守梓州的守城将领王晖问逃到此处的董璋:"太尉全军而出,为何今日回来不到十人?"董璋道:"孟军势大,我军难以抵敌,故此逃回。"王晖再问:"如此困守孤城,又如何是好?"董璋道:"现在的情势,只有守得一时算一时了。"王晖无言退出,想起了当初劝董璋不要出兵却遭到拒绝的情景。于是他回到指挥使潘稠府中,和潘稠商量:"前线战况已明了,如今败势显现,如若困守孤城,早晚城破人亡,累及池鱼。我们何苦为别人陪葬?"当晚,王晖和潘稠率领三百名士兵,冲进府衙,砍了董璋的脑袋,一起投降了赵廷隐。

此次灭东川之战,赵廷隐的功劳最大,遂州的李仁罕很嫉妒。二人在言语上发生了冲突。

孟知祥在梓州犒军后,准备回成都,而东川重地,必须找心腹驻守。李仁罕和赵廷隐对孟知祥都是绝对的忠诚,孟知祥想在二人当中选一个,但二人关系此时已势同水火,孟知祥一时也拿不定主意。思来想去,还是决定留下赵廷隐,让李昊主管梓州,让李仁罕回遂州。

李仁罕的自尊心受到严重打击,他给孟知祥一连写了七封信,大意是东川重地,不宜轻授他人,孟知祥应该亲领东川,不然,众将会不服。赵廷隐也来信自辩,说他本不敢奢望留守东川,都是李仁罕逼出来的。

孟知祥权衡再三,只好自己兼任东川节度使,调赵廷隐为何宁军留后,命李仁罕镇守遂州,二人这才各自归镇。

山南西道节度使王思同向朝廷上奏,说董璋已经死了,孟知祥占据了两川。李嗣源召集辅臣商议此事,枢密使范延光说,孟知祥虽然占据全蜀,但他的士兵们都背井离乡,孟知祥怕他们思归叛变,也想依赖朝廷的威望震慑他的兵众,因此,他建议李嗣源不妨委婉地安抚孟知祥。李嗣源便派供奉官李存瑰到四川宣慰孟知祥。李存瑰向孟知祥宣读诏书,传达李嗣源旨意,孟知祥跪读诏书,哭拜受命。

十月,李嗣源再次派李存瑰西行,祭奠已故的琼华长公主,赠绢三千匹,封还孟知祥官爵,赐玉带,并将剑南节度使、刺史以下的官员任免权交给孟知祥,允许孟知祥只就任免事宜向朝廷报告即可,朝廷不再另行委任他人。

此时,四川已经成了独立王国,孟知祥成了真正的蜀王。

杨行密夺权称霸

杨行密(852—905)幼时丧父,家境贫寒。他生得高大有力,能举起上百斤重物,能一日行走三百里路。唐乾符年间,江淮人群起造反,杨行密因参与造反而被抓,幸有刺史郑棨见他相貌奇特,将他解绑放走。后来,他应募为州兵,戍守朔方(治今宁夏灵武),因表现突出,被提拔为队长。一年戍边期满而还。按当时规定,士卒应轮流去北地戍守,杨行密刚刚期满归来,不应再去,但军吏讨厌他,又让他去戍边。杨行密准备起程,路过军吏的住处,军吏假装说好话,问杨行密要去干什么。杨行密大声说:"只取你的头!"当即斩下了军吏的首级,携带而出。接着他又出其不意地杀掉了几个平时苛刻待下的将领。

杀了酷吏,庐州的军卒无不拍手称快,杨行密的周围立刻聚集了上千拥护他的士卒。杨行密众望所归,不失时机地自称八营都知兵马使。庐州刺史郎幼复见自己无法控制混乱的局面,也担心成为下一个牺牲品,于是请求淮南节度使高骈,让杨行密代替自己。高骈派人调查后,认为杨行密是一块带兵打仗的好料,便同意了,任命杨行密为淮南牙将,负责庐州的军政事务。同时,高骈又向朝廷上表,请求委任杨行密刺史一职。不久,唐廷同意高骈的奏请,拜杨行密为庐州刺史。

光启三年(887年),淮南左厢都知兵马使毕师铎以讨伐高骈宠臣吕用之的名义,带兵造反,攻占了扬州,并囚禁了高骈。得到密报的吕用之早已逃亡在外,因而幸免一难。此时,吕用之见形势危急,便假称奉高骈将令,命杨行密为行军司马,驰援扬州。杨行密接到吕用之的书信后,感到自己兵微将寡,出师扬州胜算不大,但若不出兵,又有愧于恩人高骈,一时犹豫不决。

其部将袁袭劝他说:"这是天赐良机,上天要把淮南送给你,我们应该快点前往才对呀!"杨行密闭目盘算了一会儿,觉得袁袭的话不无道理,随即命庐州兵马全数进发,再赴扬州。经过和州时,杨行密又集合了和州刺史孙端的兵马,共计三千八百人左右。

队伍行至天长时，吕用之和海陵镇遏使高霸等率兵前来会合。毕师铎的部将张神剑因与毕氏有矛盾，也率众投奔，此时各路兵马归于杨行密麾下，已达一万八千人。毕师铎囚禁高骈，并召宣州秦彦进入扬州。杨行密久攻扬州不下，便暂时将军队驻扎在蜀冈，分八寨围困扬州。毕师铎和秦彦率众出城厮杀，杨行密拍马迎敌，令众将士振奋，首战告捷。毕、秦的兵卒死伤过半，匆忙退回城中，坚守不出。

杨行密围城日久，扬州城内开始缺粮少柴，秦彦不得已，再次派毕师铎及郑汉章率一万两千人出城西，列阵数里准备交战。杨行密派人打探到城中情况，认定毕师铎此行意在劫掠粮草，便巧设计策，命人把米麦、金银堆在大帐内，只留少数老弱病残看守，看似唾手可得，实际他已在营帐四周埋伏了上万的精兵强将。

秦彦军逼近，杨行密仅率千人迎战，故意战败，装出一副不得已弃营败走的样子。秦彦的士卒冲入杨行密大营，看见帐内米麦金银，便不顾性命，互相抢夺。这时，杨行密挥师反击，伏兵齐发。秦彦的士卒措手不及，被俘斩殆尽，积尸十余里，只有毕师铎、郑汉章两人逃入扬州城中。毕师铎进城后为泄愤，命人杀死高骈。杨行密听说高骈已死，便令全军穿白色丧服向城哭三天。之后，杨行密命张审威带领300名士兵，趁着夜色，隐伏在扬州西门外，乘守城军士换班的机会，悄悄登上城楼，把握时机大开城门，放杨行密的大队人马入城。被围困多日的扬州城守军饥困交加，斗志尽失，看到杨行密大军进城，竟然不战而逃。秦彦、毕师铎出奔东塘（今江苏扬州东）。杨行密入城后，自称淮南留后。

蔡州（治今河南汝南县）的秦宗权派他的弟弟秦衡奔袭扬州，妄图夺取扬州，前期刚打了败仗的毕师铎、秦彦趁机回师。面对新的挑战，杨行密认真分析局势后，决定暂时闭门坚守，等待时机。

与此同时，吴兴郡王朱全忠见秦宗权的主力在扬州，便派兵去争夺蔡州。蔡州是秦宗权的根据地，自然不能丢失，秦宗权决定放弃扬州，率师回援。秦宗权回师时，其副将孙儒想借机图谋扬州，装病不肯回去。于是秦宗权的部队分裂了，有的北归，有的跟着孙儒，而骑兵安仁义则投降了杨行密。

孙儒、秦彦、毕师铎攻扬州不下，转而偷袭高邮的张神剑部。张神剑没有防备，大败而归，杨行密责怪张神剑懈怠，一怒之下命人杀死了张神剑。杨行密担心高霸和吕用之功高盖主,对自己存有二心,于是又设计杀害了高霸和吕用之,将兵权牢牢地掌握在自己手中。

光启三年(887年),唐廷命吴兴郡王朱全忠兼淮南节度使。朱全忠为了顺利占有淮南,先拜杨行密为淮南节度副使,接着又派部属李瑶为淮南留后,企图架空杨行密,继而换掉他。杨行密表面服从,暗中却派部队阻拦李瑶,让李瑶怏怏而返。

唐文德元年(888年)四月,孙儒攻陷扬州后,杨行密被迫撤出扬州,转而渡江南下,奔袭宣州。宣州刺史赵锽到任不久,防备不及,在杨行密的猛烈攻势下大败。池州刺史赵乾之带兵救援宣州,也被杨行密的部将陶雅击败。池州、宣州先后落入杨行密之手。杨行密向唐天子报告自己的胜利,名存实亡的唐朝廷,不得不任命杨行密为宣歙(shè)观察使。

龙纪元年(889年)十一月,杨行密终于偷袭常州得手,增加了一个属州。同年十二月,孙儒从他的手中夺取了润州和常州。大顺元年(890年)正月,朱全忠和孙儒大战于天长、高邮。杨行密趁机从孙儒手中夺回常州、润州和苏州。

此后,杨行密不断用兵,终于夺得了淮南、宣歙两镇节度使的大权,拥有了扬、宣、歙、和、滁、润、常、楚、庐、舒等州的大片土地,为他日后扩大地盘打下了基础。后来,即便是朱温,也要忌惮他三分。902年,唐昭宗为拉拢杨行密,下诏封他为吴王。从此,杨行密成为一方霸主。

两大霸主交战急

一步一步稳扎稳打,杨行密的军事实力愈加强大,其势力范围也越来越大,后来终于打到了当时最大的军事集团朱全忠(852—912)的地盘上。"卧榻之侧,岂容他人鼾睡",当时最大的军阀朱全忠坐拥雄兵,自然不会放任杨行密日益强大,于是他调集兵马,严阵以待,一场大战一触即发。

乾宁元年(894年),黄州刺史和泗州刺史投降了杨行密,朱全忠连失两州,因而借机挑起事端,向杨行密用兵。杨行密深信自己实力雄厚,因此并不怯战。他积极备战,于第二年春天,配合河东的李克用,蜀室的王处直及兖、郓的朱瑾、朱瑄兄弟联兵讨伐朱全忠。

杨行密引兵北上,一路长驱直入,一举攻下濠州、寿州,和朱全忠在寿州展开了激战,没想到朱全忠大败,杨行密继续东进,攻取涟水。恰在这时,唐廷又册封杨行密为弘农郡王,并给他宰相的虚衔,这使得杨行密更加肆无忌惮了。

朱全忠则表现得十分慎重。身为当时最大军事集团的首领,为了增加战斗的胜算,朱全忠放下身段,主动联合杭州的钱镠(liú)、洪州的钟传等,共同对付淮南。

不得不说,杨行密的确是位杰出的军事将领。双方交战初期,他巧妙地采用避实击虚的策略,转兵西进,顺利夺取了光州、蕲(qí)州。乾宁四年(897年),兖州的朱瑾经不住朱全忠的攻击,前来投降杨行密。与此同时,河东李克用的部将史俨、李承嗣也带兵同来投降。如此一来,杨行密的力量更加强大了。

但汴军并不甘休,朱友恭的南下部队攻下黄州后,一路高歌猛进,逼迫至武昌寨。庞师古所率的七万主力,则直奔扬州;葛从周率兖、郓、曾、濮等州士兵,稳步向寿州进军;聂金出击泗州;朱全忠则坐镇宿州指挥。

双方在楚州对峙,杨行密派大将朱瑾、偏将侯赞带五千骑兵偷渡淮河,并命他们穿上北军服装,打着汴军的旗帜,从北面进攻汴军。汴军误以为是自己的部队,丝毫没有防备,被打了个措手不及。淮南军乘胜追击,又打开淮河上游的堤坝,汹涌的淮水澎湃而来,汴军死伤无数,庞师古此次出战所率的军卒无一生还。

汴军败退途中,天降大雪,汴军又饥又冷,军中的伤员因失血怕冷,多半被冻死。经此一战,庞师古惨败,他出战时率领的七万大军,返回时仅剩了一千余人。

朱全忠两次进攻均以失利告终,大军惨败而归,从此再也不敢主动南下。直至光化二年(899年),杨行密主动出击,攻夺徐州。朱全忠被迫应战,亲自带领大军赶来。杨行密看到对方声势浩大且由朱全忠亲自领兵,自知不是对手,急忙退兵。朱全忠乘胜追击,直追到下邳(治今江苏睢宁县北),击杀淮南兵一千多人。天复二年(902年),杨行密受唐廷册封为吴王,以东南面行营都统的名义,再次讨伐朱全忠,但在宿州受挫,无功而退。

第二年,汴兵攻击平龙节度使王师范。王师范向淮南求援,杨行密派王茂章率步骑七千驰援,又派别将率师数万,伺机夺取宿州。汴军康怀贞引兵数万,出援宿州,进攻宿州的淮南兵见无机可乘,便主动退兵。平龙方面的争夺战已经白热化了,汴将朱友宁率军进抵青州城下,又派偏将同时进攻登州和莱州。杨行密也不示弱,立即出兵攻占了兖州,命张训为密州刺史,负责防务。王茂章与王师范的登、莱兵合在一处,背城分为登、莱两栅。朱友宁仗着自己兵多,连夜进攻。

面对接连不断的告急战报,王茂章却安卧帐中,按兵不动。黎明时分,登州栅被攻破,王茂章估计汴军攻了一夜,定然疲劳不堪,便决定率莱州兵突击。汴军人数虽多,但经过一夜的厮杀,大军已疲惫至极,因此他们没能抵挡住这支生力军的左冲右杀,很快败下阵去。淮南军士的马快,他们迫近正在败逃中的朱友宁,一刀割了他的首级,向杨行密告捷。

当时朱全忠正带兵攻夺郓州,听到自己爱将朱友宁战死的消息,就马上带了二十万大军,日夜兼程,来到青州城下。面对比自己多几十倍的敌军,王茂章内心镇定自如,但表面上却装作害怕的样子,闭垒不出,只命士兵严加防范。等到汴兵松懈之时,王茂章出其不意地推倒栅栏,多路突击。汴军猝然受惊,赶紧调整部署,四面合击。眼看汴军合围过来,王茂章立即下令让部下退回栅内,闭守不出。他自己故意与部将在大帐中饮酒奏乐,以激怒汴军。等汴军再次松懈的时候,王茂章的军队又破栅而出,与汴兵交战。如是三番,汴军疲于防范,困倦不堪,死伤人数远远超过淮南兵。

朱全忠登高瞭望,见淮南兵如此作战,惊叹不已,他询问被俘的兵卒:"坐在营中喝酒的是什么人?"兵卒答道:"此乃王茂章。"朱全忠为之动容,叹息说:"假如我能得到这样的大将,还怕天下不太平吗?"

几番较量后,王茂章清醒地认识到自己的七千人始终不是朱全忠二十万大军的对手,于是决定退兵。朱全忠不肯善罢甘休,派杨师厚率兵在王茂章后面紧追不舍。眼看大军追到了眼前,王茂章干脆不走了,他卸下马鞍,架起行军床,在朱全忠的眼皮底下睡起觉来。其部卒见主将殿后,且临阵不乱,便也秩序井然地后退。朱全忠接报,亲自跃马前来观看,见王茂章果然安卧在床,不由得怀疑王茂章已布好伏兵,急命部下退兵。这样,王茂章的七千人马以及青、登、莱三州的将士,大多安全返回了淮南。

密州守将张训听说王茂章退兵后,感到自己独木难支,也决定退兵。他命士卒在城头插上各种番号的旗帜,在全城的仓库上贴上封条,让老弱病残为副队,自己率精兵作为后队,有条不紊地向淮南境内撤退。汴军将领王檀来到密州城下,只见城头彩旗招展,城中寂然无声,他不明虚实,不敢冒进,就这样错失了追击的战机。

王茂章和张训退兵后,战争暂时告一段落。此后,杨行密和朱全忠之间,依然交战不断,地盘互有得失;但二者分淮河而治之的状态,保持了较长一段时间。

杨行密妙计息叛乱

杨行密(852—905)征战多年,打过无数胜仗,这和他手下有田頵、安仁义、朱延寿三员骁勇善战的大将分不开。

田頵与杨行密既是同乡又是同日从军的"结拜兄弟",关系非同一般。在杨行密据庐州、攻宣州、杀赵军的屡次恶战中,田頵身先士卒,总是一马当先冲入敌阵,以勇猛名冠全军。安仁义原本是秦宗权的一名手下,因孙儒诱杀秦宗权而归降淮南。他与田頵一起攻下常州,俘获钱镠的刺史杜陵,还在打败孙儒的战斗中多次立下战功。朱延寿是杨行密的内弟,在大小战争中也立下过无数战功。

这三个人无论从出身,还是从战功来说,都堪称是杨行密的得力助手,为何最后都反叛了他呢?故事要从头说起。

天复三年(903年),田頵率兵力战多日,终于打败了升州刺史冯弘铎的部队,本以为会得到杨行密的赞赏,然而杨行密却劝降了冯弘铎,已升为淮南节度副使的田頵听到自己的手下败将即将变成自己的顶头上司,自然不高兴。然而不高兴归不高兴,他还是不失原则——去扬州向杨行密报告攻城经过时,仍然把攻城所得的部分金银珠宝献给杨行密。

正所谓"阎王好见,小鬼难缠",杨行密的左右亲信见田頵夺得升州,觉得他发了大财,不要白不要,于是纷纷前来勒索。田頵心中很是气愤,对自己身边的朋友诉苦说:"我拼死拼活夺得了升州,这些人却理直气壮地向我勒索!连狱吏也不放过我,真是欺人太甚!"

其实,田頵向杨行密呈献金银珠宝的真正目的,是希望杨行密同意他兼领池州、歙州的州务,但杨行密收了金银珠宝却不办事,让田頵大为不满。从吴王府出来,田頵指着扬州的南门说:"我发誓不会再入此门,向你杨行密低声下气地乞求!"

同年,吴越右都指挥使趁钱镠出巡外地的机会,拥兵作乱,他与田頵联络,请求支援。田頵一反常态,没有向杨行密奏请,而是自作主张地出兵抗击。钱镠调头向杨行密请求支援,杨行密便下令田頵立即撤兵。但是,田頵迟迟不肯执行命令。杨行密十分恼火,于是下了一道死命令:"你再不撤兵回来,我马上就派别人代替你去宣州接管防务!"田頵这才心不甘情不愿地回到宣州。他人虽然回来了,但心中的反叛念头却日益强烈。他暗地里招兵买马,扩充自己的实力。杨行密发觉了田頵的企图,及时用反间计除去了田頵的得力大将康儒。

康儒被杀后,田頵明确感到杨行密绝不会放过他,就暗中派人与安仁义、朱延寿结成联盟,约定共同反叛,同时又与梁王朱全忠联系,请求支援。

在得到三方面的肯定答复后,自认为万无一失的田頵再次出兵攻取了升州。当时升州刺史李神福正与刘存一同进攻鄂州,李神福奉命回师,计划夺回升州。田頵命部将王檀迎击,并派李皋送信给李神福,信中说:"你的妻儿尽数在我手中,你如果顺从我,我愿意与李公分土为王!"

面对这封威胁气息浓厚的书信,李神福勃然大怒,他把信撕得粉碎,并命人杀了李皋。他说:"我只知道奉命讨叛,不问其他,难道我为了妻儿,就会改变自己的志向吗?"这话传到军中,众将士听到主将为了讨叛,连妻儿性命都不顾,奋勇向前,拼命杀敌。在此情形下,李神福一举打败了田頵的部队。面对败局,田頵亲自领兵前来阻击。李神福一面命部下弃船登岸,依山筑栅,坚守不战,一面向杨行密求援。杨行密得到消息后,便派精锐部队切断了田頵部队的后路。

面对险恶的局势,田頵命郭行琮率步骑两万与王坛、汪建合兵,驻守芜湖,防备李神福东下。他亲率大军回升州,迎战台濛。两军相遇于广德,台濛巧施计谋,当众公示了杨行密讨伐田頵的命令。田頵的部将大多是杨行密的老部下,见了吴王手谕,立时军心大乱。台濛趁机命令部下进攻,田頵的将士毫无斗志,一击即溃。田頵见苗头不好,赶紧向宣州逃跑,到达宣州后,身边只剩下了几个人,着实狼狈。

台濛的兵马随即赶来,包围了宣州城,田頵急令驻守芜湖的郭行琮、王坛及汪建回师解困,但未能成功。困境中,田頵振奋精神,组织"敢死队",成功杀出宣州城。不料,刚刚杀出重围便中了台濛的埋伏,被台濛杀死。台濛命偏将挑了田頵的头,大呼小叫,在宣州城外来回奔跑。城内城外的田家军,看见主帅已经毙命,即刻大乱,作鸟兽散。宣州重新回到了杨行密的手中。

安仁义原本在润州响应田頵,他听到田頵挫败的消息后,心中很清楚,事已至此,即使投降也不能免除一死,要想存活,唯有死守。抱着这样的决心,安仁义坚守润州城而不出。杨行密派王茂章进攻润州,却久攻不下;他又派徐温率兵驰援,安仁义仍然坚守不战。王茂章一面命偏将天天佯攻,一面利用树林做掩护,挖地道直通城内。不久,大队人马突然攻入润州城。安仁义看大势已去,便将家人托付给王茂章的部将李德诚,自己引颈而死。

早在田頵谋叛之时,朱延寿就因不满姐夫杨行密得势后的所作所为,就暗中派人与田頵联络,商议共成大事。如今虽然田頵、安仁义已死,但朱延寿骁勇善战,善于以寡敌众,军中闻之胆寒,且他驻兵在寿州,靠近朱全忠的疆域。杨行密担心稍有风吹草动,朱延寿便会投奔朱全忠,自己则落个人地两空,因此不敢轻易出兵讨伐,而他又不甘心让反叛自己的人领兵在外。

冥思苦想之后,杨行密心生一计。他假装自己患上了眼病,且在朱延寿的姐姐面前,大赞朱延寿,希望他能到扬州辅政。朱氏心中高兴,便每天好几次都提起朱延寿的话头,想促使杨行密早下决心,调朱延寿回来。杨行密顺水推舟,便派人召朱延寿回扬州商议大事。

朱延寿为人谨慎,不肯贸然前来,悄悄派人向自己的姐姐打听虚实。朱氏受杨行密蒙骗,哪里知道事情的凶险?她极力劝说朱延寿回来。朱延寿信以为真,断然不疑,连夜赶回了扬州。朱延寿刚到扬州,就被杨行密处死了,朱氏此时才明白,是杨行密用计骗了她。朱延寿的妻子王氏得到消息,自知难逃一死,便当机立断,将家中的私财分发给身边的家丁仆人,命他们赶快逃命,自己则与儿子自焚而死。

田頵、安仁义、朱延寿相继丧命,叛乱就此平息了。

徐温步步为营掌大权

海州朐山（今江苏连云港市海州区）人徐温（862—927），年轻时以贩盐为业，偶尔也会去当当强盗。杨行密在合肥起兵时，徐温加入了其麾下。

天复二年（902年）六月，杨行密发兵讨伐朱全忠，军吏想要用大船运送军粮，时任都知兵马使的徐温说："水路很久没有通行，芦苇堵塞，请用小艇，也许容易通行。"军队到达宿州时，遭遇连日大雨，载重的大船不能前进，士兵面有饥色，只有小艇先到。杨行密因此认为徐温才能出众，开始与他商议军事。

天祐元年（904年），宣州观察使台濛去世，杨行密任命其子杨渥为宣州观察使。杨渥临行前，徐温对杨渥说："吴王卧病，而令嫡子出藩，这一定是奸臣的阴谋。他日若有令召您回来，如不是我派遣的使者或者吴王的令书，您千万不要立即回来！"杨渥哭着道谢上路了。

天祐二年（905年），杨行密病逝，由杨渥接任淮南节度使，晋封为弘农郡王。徐温因为策立有功，与张颢一起被拜左、右牙都指挥使，执掌禁军。

杨渥即位后，生活骄奢，终日饮酒作乐，身为牙指挥使的张颢、徐温常给他提意见，这让杨渥很不满。有一次，杨渥勃然大怒，对张、徐两人说："你们认为我不适合做郡王，为什么不杀了我，你们自己来做这个淮南节度使呢？"

张、徐二人见杨渥如此喜怒无常，担心有朝一日会被砍头，便密谋要杀害杨渥。借着一次机会，徐温诱使杨渥把牙城内数千亲军迁居城外，并命人把亲军的营房夷为平地，作为球场，供杨渥玩乐。然而，杨渥也并非糊涂虫，他洞悉了徐温举动背后的用意，便暗中命亲信在扬州等地，挑选武艺超群之人，组成新的禁军，作为保卫自己安全的力量。同时，他又急召宣州的部属——指挥使朱思勍（qíng）、范思仁、陈璠三人率三千亲兵前来扬州保驾。

徐温、张颢闻讯大惊，意识到杨渥正在调兵遣将，谋夺自己的军权。于是，他们迅速利用自己手中的权力，假传杨渥的命令，命驻兵洪州的秦裴诛杀了朱、范、陈三人。消息传来,杨渥明知自己的三名故将被杀,和徐、张二人脱不了干系,他纵然有心除去徐、张二人,但因此刻自己手中兵微将寡,只能无奈叹息。

杀掉朱、范、陈三人后,张、徐自知杨渥不会放过他们,与其将来被杀,不如此刻放手一搏。于是,他们带兵两百,手拿刀枪,深入王府大堂,把杨渥的多名亲信,当着杨渥的面,用铁锤一一打死了。杨渥见到此情此景,吓得浑身如筛糠一般颤抖不止,说:"你们……心目中……还有……还有我……这位郡王吗?"面对满堂尸首,徐、张二人坦然自若地笑着说:"我们这样做是为了郡王的将来!"说完便扬长而去。

此后,郡王府中的诸将但凡有与徐、张意见不合的,徐、张二人就以代杨渥铲除乱政之人的名义,一一解除他们的兵权,然后派人将其暗中刺死。淮南节度府的大权,就这样慢慢落到了徐、张二人手中。

这种担惊受怕的日子让杨渥忍无可忍,他派人暗中刺杀徐、张二人,不料,刺客却向张颢告了密。张颢和徐温商议,决定先发制人,立即刺杀杨渥。张颢怕徐温独自杀了杨渥,一人独立大功,于是就带了亲兵和刺客抢先赶到王府杀了杨渥。杨渥死时,年仅22岁。

张颢杀了杨渥,立即命人通知所有在扬州的文官将佐前来王府议事。众将、吏来到王府门前,只见王府门前兵将林立,如临大敌。不一会儿,里面传出命令,说只让参加议事的诸将和文官入内,其他侍卫一律留在门外。

只见张颢站在大堂之上,神色严峻。面对众人,他大声说:"昨夜有一群盗匪进入王府,杀了郡王。现在淮南四面临敌,不可一日无主。今天请大家来商量一下,谁可以主持淮南的军政事务。"

因为事情太过突然,众人面对这样的问题,感到措手不及,无从回答,连在战场上纵横驰骋、无所畏惧的大将朱瑾也默不作声。此时,从众人中走出一位名叫严可求的文弱书生,他缓步上前,来到张颢面前,低声但坚定地说:"军政大事,自然是非您主持不可!"闻听此言,张颢面露喜色。严可求停顿了一下,又接着说:"不过,您现在接管军政大事,为时过早。"

张颢一听此话,大为不满,厉声问道:"为什么?"

严可求道:"刘威、陶雅、李遇、李简都是先王器重的大将,现在又带兵在外。你今天胁公自立,这些人能心悦诚服地拥护你吗?"看到张颢沉默不语,严可求知道张颢内心害怕,又接着说道,"依我之见,不如另立先王的后人,你与诸公执掌军政大权辅佐,再慢慢从长计议。"

张颢尽管手段狠辣,但还是中了严可求的圈套。他听严可求分析得头头是道,便渐渐地神色沮丧起来。严可求趁机从袖中掏出一张文书,向众人说明是太夫人史氏的旨意。

众官立刻跪拜听宣:"吾渥儿不幸,中途归天。众将百官都是先夫故人,愿众人立次子隆演为主,同心协力,共奉杨家基业。"张颢茫然失措,但又无可奈何,只好听从众人之意,按太夫人史氏的意见,立杨隆演为淮南节度使、弘农郡王。

此时,主角徐温才粉墨登场。原来是他设计先让张颢杀了杨渥,又让严可求假传太夫人史氏的旨意,挫败了张颢自立为淮南节度使的阴谋。接着,他亲自带着左监门卫将军钟泰章等人再入张颢之堂,借口议事,乘张颢不备,命钟泰章刺杀了张颢和他身边的几名亲信。最后,他抓住刺杀杨渥的人,逼他们供出张颢杀害杨渥的经过,把谋害杨渥的罪过,一股脑地推到了张颢一人身上。

就这样,徐温步步为营,得到了杨隆演和诸将的信任,一人独掌了左、右牙都指挥使的兵权。

徐温强振吴国

天祐六年(909年),抚州刺史危全讽自称镇南节度使,领抚、信、袁、吉之兵,进攻淮南府管辖的洪州。楚王马殷派兵围高安,声援危全讽。镇南节度使刘威告急于扬州,徐温命周本出师。双方在象牙潭展开激战,危全讽战败被俘,袁、吉、信、饶等州将士纷纷归降。

徐温考虑到危全讽在杨行密攻战宣州的时候曾给予过帮助,不仅马上释放了他,而且还赠送给他一大批私物。徐温宽厚待人,声名远播,对邻邦产生了不小的影响。后来,虔州刺史卢光稠,湖州刺史钱传瓘及将领高澧等纷纷归附。在这种情况下,江西全境以及吴越的个别州郡,都成了徐温淮南府的辖地。

天祐九年（912年），宣州观察使李遇、镇南节度使刘威、歙州刺使陶雅、常州刺史李简在一块儿商议事情，众人因不满徐温篡国自立的行为，就你一言我一语地嘲笑道："徐温是什么时候冒出来的？""我跟随先王几十年，还没有看到他立有尺寸之功，怎么突然就掌握了朝政大权，可笑，可笑！"

徐温得讯，震惊之余也不敢掉以轻心，但他也知道对众人的议论如果坐视不理，势必愈演愈烈；如果打击面过大，又会激起事变，威胁自己的地位。因此他在认真思考后，决定实行"杀鸡儆猴"的策略。很不幸，李遇成了第一个牺牲品，徐温借助一个很小的事由，诛杀了李遇及其全族。

李遇被灭了全族后，诸将心中十分不安。刘威的幕僚劝他前去拜见徐温，说明情况，以免除灾祸。刘威听从劝说，与陶雅一起前往扬州，拜见了徐温，诚恳地表明了自己绝无异心，徐温乐得顺水推舟，当面向大家表示友好，不久即让他们返回洪州和歙州。李简虽然没有前来扬州，但徐温也表示了宽容。不仅没有讨伐他、罢免他，反而重用他，让他担武昌军节度使，承担镇守边镇的重任。这样，一场正在酝酿中的叛乱，由于徐温恩威并用，处置得当，终于平息。

大将朱瑾原来驻守在兖、郓二州，被朱全忠打败后投奔杨行密。朱瑾是杨行密身边战功赫赫的老臣，其担当要职，地位在徐温的儿子——徐知训之上。然而，每次到次王府议事，朱瑾都会遭到徐知训的嘲讽或捉弄。天长日久，朱瑾非常恼火，然而，慑于徐温的威严，朱瑾一忍再忍没有发作。不久，徐知训竟然假借杨隆演的名义，把朱瑾排挤出府，让他任淮宁军封淮节度使。这样一来，朱瑾觉得已经"是可忍，孰不可忍"了，便借徐知训假惺惺前来送行之际，趁其不备，杀了他，然后自刎了。徐温得到消息后，大为恼火，于是立刻下令诛杀了朱瑾全家。

后梁贞明五年（919年）七月，吴越兵进攻常州，徐温率诸将前往救援，又命右雄武统军陈璋率水师从海门东下，从东面迂回包抄常州，双方在无锡展开激战。当时无锡久旱无雨，风物干燥，于是陈璋借机放火。风助火势，大火迅速蔓延，吴越军没有防备，惊慌之中，都四散奔逃。混乱之中，吴越军的副将何逢、吴建被陈璋手下的牙将杀死了。

吴越军败退到晋湾时被陈璋截住，双方又激战一番，吴越军损失了不少兵马，他们好不容易摆脱敌兵，仓皇向苏州逃去。看到这种情况，徐温的义子徐知诰请求率领步卒两千，全部穿上吴越军的服装，跟随吴越败军，偷袭苏州。不等徐温表态,诸将就纷纷表示赞同。还有将领补充徐知诰的理由:"吴越的优势在于水师。现在久旱无雨,河道干枯,他们的水军无法发挥作用,应该趁天赐的机会,一举灭掉吴越!"甚至还有不少将领请求和徐知诰一起去执行这个任务,大家说得群情激奋。没有料到的是,徐温根本不同意徐知诰的建议。

面对众人的不解,徐温解释道:"你们所献的计策固然好,但我们目前最要紧的是息兵停战,所以没有工夫来实行你们的计策。"看着众人迷惑的眼神,徐温进一步解释道:"天下离乱日久,纷争不息。将士甲不离身,马未卸鞍,百姓连年为征战所困,生活既贫穷,又不安定,停战息兵,乃天下众望所归。"听到这里,众将连连点头称是。

于是,徐温军营上下意见一致,将士们立即退兵。徐温还派出使节欧阳红出使吴越,表示修好,同时还送还无锡战役中俘获的吴越兵将。钱镠看到徐温主动停战修好,深受感动,于是也派出使者,请求和好。

此后二十多年内,徐温、钱镠友好相处,淮南与吴越再也没有发生过战争纠纷,百姓得以休养生息,淮南的经济实力逐步增强,北方的梁军也不敢轻易挑衅。

天祐十六年(919年),严可求劝徐温称帝,徐温不同意,他决定立杨隆演为吴王,宣布建立吴国。徐温自己被拜为大丞相,兼任镇海军节度使、东海郡王等官职。

此后,徐温一人独掌左、右牙都指挥使的兵权,他居安思危,执政英明,在百姓中推行较为宽松的政策,以求淮南境内的平安。

首先,徐温借杨隆演继位的机会,大赦天下,取得了人民的拥护。接着,他又采取远交近攻的谋略,派出多位使者,出使晋、岐等国,向邻镇报告杨隆演继位的消息,表示和好的愿望。同时,对于邻邦的将吏,徐温实行了笼络人心的策略,以图后用。

次年,吴王杨隆演在当了十二年傀儡后,在郁郁寡欢中死去,年仅23岁。徐温越位议立新王。此刻,严可求再次搬出刘备托孤时"如果我儿刘禅不足守大业,请丞相取而代之"的话,请徐温自立为王。面对严可求的劝说,徐温严肃地说:"假如我有意取代杨氏,应该是在谋杀张颢之时,还需等到今日?我们是杨氏的部将,理应不负杨氏,当立杨氏宗嗣为王。"随后,徐温拥立杨隆演的弟弟杨溥继位。

李昪改齐为唐

吴国重臣徐温死后,手中的大权理应由儿子接替,然而,其长子徐知训为人骄横恣肆,早已被朱瑾斩杀。于是,剩下的徐知询等几个儿子,包括义子徐知诰(888—943)在内,便展开了激烈的争夺战。

徐知诰反应最快,抢先接管了徐知训的所有职权,并在扬州假借辅政的名义,挟杨溥而号令吴境,把握了实权。不久,徐知诰归居金陵,遥控朝政,并让自己的儿子徐景通以宰相的身份留在扬州辅政。

这样的日子没过多久,徐知诰又有了更高的追求——废掉睿帝杨溥,自己称王。于是,他在金陵城内悄悄地大兴土木,将自己的住宅修建得坚固而豪华,如同宫殿一般。当时的傀儡皇帝杨溥虽然平庸,但是徐知诰如此肆无忌惮,杨溥心里清楚徐知诰是想要取代自己,但是他并不愿意在此时退位。

为了保住自己的帝位,杨溥加封徐知诰为大丞相、尚父、嗣齐王,赐给他九锡(古代帝王尊礼大臣所给予的九种器物,如衣服、车马、弓矢等),把人臣应有的最高殊荣全部给了徐知诰。杨溥这样做,意思很明显——你现在的官职再高,权力再大,也不过是一位臣子。若能安守臣子本分,该给你的我都会给你的。

对于杨溥的厚赏,徐知诰坚决推辞,不肯接受。他这样做也是在表明自己的态度——所有封赏我一概不稀罕,我想要的是你的位子。为了使自己的意思表达得更为清楚,徐知诰让自己的另一个儿子徐景迁代替徐景通为左右军都指挥使,留在扬州辅政。而他召回徐景通代替自己为镇海、宁国节度副使,这就等于明明白白地告诉杨溥:我连自己原有的官职都准备让给儿子了,我要的是什么,你不会不清楚吧!

然而,杨溥不但丝毫不提起让位的事,还在一年以后,又加封徐知诰为尚父、太师、大丞相、天下兵马元帅,进封齐王,以升、润、宣、池、歙、韦、江、饶、信、海十州为齐国。杨溥这次以吴国江南的大片土地加上淮河以北的海州为代价,其目的明确——希望徐知诰不要再闹腾,让自己安安稳稳地做几年皇帝。但徐知诰的态度仍然不变,他不动声色地接受了齐王的称号,并毫不客气地把十州的军政大权据为己有,却退回了其他虚衔,进一步表明自己逼杨溥退位的决心。

就这样,徐知诰和杨溥,一个步步紧逼,一个苦苦周旋,事情一度陷入了僵局。

为了打破僵局,尽快达到自己的目的,徐知诰又煞费苦心地动用邻国的力量,让他们也来劝进,为自己称帝大造舆论。对于徐知诰的呼吁,首先响应的是小国南平,936年,高从诲劝徐知诰即帝位。第二年初,闽、吴越又相继派出自己的使者,劝徐知诰登帝位。可怜杨溥只有一个虚衔,手中没有能与徐知诰相抗衡的实力,无奈之下,只好再让一步,下诏让齐王置百官,定金陵为西都,让徐知诰用皇帝的各种仪式行使职权。此时的杨溥已被逼到了绝路上,他为了保持自己皇帝的名分,情愿与徐知诰以长江为界,一个江南,一个江北,以金陵、扬州为都城,以两个皇帝并存的形式,共掌吴国大政。

然而,徐知诰仍不甘心,他又授意吴国的两位老臣——镇南节度使李德诚和德胜节度使周本出面,带领同僚劝进。对于这样的安排,周本打心里不愿意,他私下里对自己的儿子们说:"我受先王的大恩,见杨家天下岌岌可危,正恨自己无力回天,怎么能忍心做此等对不住杨家的缺德事呢?"

周本的小儿子周弘祚颇善于投机钻营,他见父亲如此"不识时务",便劝说道:"当今吴国天下,早已为徐家所有。陛下让位徐家,这是早晚的事。劝进只是个形式,劝不劝进,齐王都要当皇帝。而且,你不带头劝进,自有别人来办这件事。到那时,我们周家就不会有人活着了!"周本听了,虽然觉得儿子说的是事实,但要他背叛先主,承受千载恶名,他坚决不肯。两难之下,周本便称病不上朝,躲在家中长吁短叹,以为这样能躲过这一劫。不料周弘祚早已在徐知诰派人送来的劝进表上代父亲签了名,事后才向他父亲禀报。周本听了,十分生气,连声说:"我被逆子出卖了!我被逆子出卖了!"

于是,周本与李德诚一起,在徐知诰的导演下,演了一出劝进的戏:他们两人先率领诸将及有关大臣到扬州,陈述徐知诰的功绩,向杨溥表明自己的态度,施加压力。接着,他们又到金陵劝说徐知诰登帝位,以表明自己的忠心。在这场劝进的闹剧中,原是徐知诰谋臣、很得徐知诰赏识重用的宋齐丘却表现得颇有骨气。看到周本劝进的行为,他正义凛然地对周本的儿子们说:"令尊乃太祖的老臣,今天带头劝进,令他原有的威望都扫地了。我真没有想到哇!"

此外,为了更快达到自己的目的,徐知诰甚至不惜借力于"鬼神"。他暗中命令杨溥宫内的侍从们,在月黑风高之夜发出呜呜咽咽的声音,如同鬼哭一般令人毛骨悚然,这声音搅得杨溥日夜不安,他禁不住也疑神疑鬼起来:"天天如此,莫非真是鬼神显灵,吴国的命运快要完了吗?"被徐知诰买通的左右侍从看到杨溥惶恐不安,便乘机鼓吹道:"鬼神之事,从来是天意,非人力可挽回!"

天祚三年(937年)八月,深感回天无力的杨溥被迫下诏,让位于齐王徐知诰,并派李德诚前往西都劝进。劝进表理应由左右丞相签字,但宋齐丘死也不肯署上自己的名字,仅徐玠一人签了字。同年十月,徐知诰派徐玠前往扬州,称杨溥为"让皇帝",他自称"受禅老臣",接受了杨溥的禅让。

让位半年后的一天,杨溥在自己的囚所诵读佛经,突然看到有人手持兵器出现在他面前。杨溥心中暗叫不好,情急之下,他随手拿起身边的铜香炉,向凶手掷去,对方侧身躲过后迅速出击。杨溥最终没能逃脱噩运,死时年仅38岁。

徐知诰称帝后恢复自己原来的李姓,改名为昪,与徐家彻底脱离了关系。李昪把原来的大齐国改称唐,史称南唐。李昪即南唐烈祖。

钱镠受父亲告诫尽敛锋芒

据说钱镠(852—932)出生时,正逢敌军兵临城下,听到外面战马的嘶鸣声,钱父认为这十分不吉利,便想将他丢进井里淹死。在外婆的极力劝阻下,他才保住一条小命,因此钱镠被人们称为"婆留儿"。

小时候就差点儿惨遭厄运的钱镠成长历程并不顺利。他曾做过贩卖私盐的营生,当时,盐属于战略物资,严禁私人买卖,因此,钱镠常过着东躲西藏的日子。天长日久,钱镠对这样的日子深感厌倦,便弃商从戎,投到军队中做了一名小卒。由于钱镠武艺高强,所以他在军队中很快就受到了上级重用。在平定黄巢的战役中,钱镠凭借自己的聪明才智,使杭州城免遭战火,因此得到了朝廷的赏识。

唐僖宗任命钱镠为杭州刺使。钱镠一边用武力拓展地盘,一边不断地招揽人才。893年,已经拥有强大武装力量的钱镠被封为镇海军节度使。895年,钱镠奉朝廷命令,去讨伐在越州称帝的董昌。

钱镠和董昌是故交,到达越州后,钱镠派人劝董昌不要有逆反之心,却被董昌一口拒绝。无奈之下,钱镠使了一招"离间计",故意离间董昌和部下。董昌不知是计,果然上当,没多久就被钱镠击败。董昌被消灭后,唐廷任钱镠为镇海东西军节度使。907年,后梁太祖朱温封钱镠为吴越王,钱镠继续控制着两浙之地。

此时的钱镠位高权重,住的是豪华宫殿,乘的是良驹宝马,他每次出行都有大队士兵前呼后拥,相当威风。然而,钱镠的父亲一听说儿子要回故乡临安(今属浙江),每次都会有意避开。钱镠郁闷之余问父亲为何如此。钱父回答道:"我们家世代都以种庄稼为生,如今你富贵了,我自然高兴。只是你的周围都是些争权夺位、虎视眈眈的人,我怕有一天家族会因你遭受灾难。"

钱镠觉得父亲的话很对,自己锋芒太露,迟早会引来祸患,于是开始小心行事,稳扎稳打地治理以杭州为中心的地盘。相比生活在北方,饱受战乱饥荒之苦的老百姓而言,他治理区域内的老百姓就过得较为太平安稳。

钱镠获封吴越王

钱镠是杭州临安人,父亲钱宽,母亲水丘氏。钱镠自幼学武,擅长射箭,又稍通谶(chèn)纬之学(谶,秦汉间巫师、方士编造的预示吉凶的隐语;纬,汉代神学迷信附会儒家经义的一类书)。

乾符二年(875年),浙西镇遏使王郢拥兵作乱,石镜镇将董昌到处招募乡兵平叛。钱镠应召入伍,因其擅长射箭,被董昌任命为石镜镇都知兵马使,随军平定王郢。

乾符六年(879年),二十万黄巢起义军在转战途中经过杭州。当时石镜镇属董昌、钱镠的驻兵,只有三百人。探明情况后,钱镠向董昌献计说:"敌众我寡,形势危急,然而敌人数十万人马行进在山谷间,路狭山险,如果我们派出一支奇兵袭击他们,应该可以取得胜利!"董昌同意了钱镠的意见。

钱镠从军中挑选出了二十名精兵,埋伏在黄巢起义军的必经之路。待黄巢大军过来,他们便瞄准队伍中的一名将军,数箭齐发,结果那名将军翻身落马。义军万万没想到董昌的军队胆敢偷袭,现在又看到将军落马,军中顿时大乱。钱镠立即率二十名精兵乘势冲出,砍杀一通。义军乱过一阵后,看清前来袭击他们的只有几十个人,于是迅速整顿队伍,包围上来。钱镠仗着对地形熟悉,很快又退回到隐蔽之地。义军怕这些人是引诱他们误入埋伏的"鱼饵",不敢再追,只得整顿好队伍,继续赶路。

钱镠一行人躲在一个村子旁边的小树林里休息。钱镠与部下商议:"刚才我们虽然用突然袭击的办法打了胜仗,但对他们影响不大,当下我们要做的是阻止他们前往杭州。"大家说:"可是我们只有二十个人,怎能阻止得了敌人的大部队呢?"众人正在商议,钱镠看到从村中走出一位老太太,正坐在树林边上纳鞋底,于是他计上心来。

他命令部下整队,远远地从老太太面前走过。然后又从村外绕回来,再在老太太面前通过。就这样来来回回,不停地重复,老太太年老眼花,只看到穿着盔甲的士兵来来往往,根本没有看出来是二十个人在兜圈子。兜兜转转了好久后,钱镠走上前去,与老太太搭话,临走时嘱咐老太太说:"如果后面有部队打听我们的去向,请老人家告诉他们,杭州的兵驻扎在八百里。"老太太点点头,说:"八百里,就是离这里三里远的那个村庄,如有人问,我转告就是。"

钱镠他们离开后,黄巢义军的先头部队果然向老太太打听杭州兵的驻防情况。老太太便告诉他们:"屯兵八百里。"黄巢义军不知道八百里是地名,还以为临安兵马扎下了八百里的营地,于是心里暗想:"刚才就十几个人我们都打不过,何况现在有八百里的兵马。"因此众军很庆幸地说:"刚才的十几个人,果然是引诱我们上钩的鱼饵,幸好我们没有上当。现在我们赶紧绕过杭州走别的路线吧!"

就这样,钱镠巧妙地迷惑了义军,使杭州免遭一劫。淮南节度使高骈听说了这件事,对钱镠大为赞扬。他进而向唐廷建议,授董昌为杭州刺史,钱镠为都知兵马使,担负守卫杭州的责任。

光启三年(887年),淮南境内发生暴乱,节度使高骈为左厢都知兵马使毕师铎所杀。趁着暴乱,钱镠派部将率兵夺取了常州。此后几年中,钱镠又先后攻下了润州(治今江苏镇江)、苏州,地盘逐步扩大。随着实力的加强,钱镠的官也越做越大,他被封为镇海军节度使、润州刺史,后封开国公,可以私立门戟(私第门前陈列的戟,用以表示威仪),可谓荣宠无比。

乾宁二年(895年)二月,威胜军节度使、陇西郡王董昌自称为罗平国帝,改元顺天。董昌对钱镠印象深刻,知道他骁勇善战,便封他为两浙都指挥使。

接到董昌的任命后,钱镠立即召集宾客商议。待众人落座后,钱镠开门见山,表明自己的态度:"董昌过去是我的同乡,现在是我的邻道。他有今天的高官厚禄,也有我的一份功劳在内。他现在听从妖言,甘心叛乱做贼,我是朝廷的重臣,理当发兵讨伐!"部下见钱镠如此识大体,都很赞同。钱镠先礼后兵,先写了一封书信派人送给董昌,信中说:"我劝您与其以自己的九族、越州百姓的生命为代价关起门来做天子,不如大开州门,放心大胆地做您的威胜军节度使、陇西郡王!"

此刻的董昌刚登帝位,哪里肯听劝告。钱镠便亲自带兵,前去征讨。董昌见钱镠兵临城下,十分慌张,连忙拿出两百万缗犒劳远道而来的杭州兵,同时又把劝他为帝的"妖人"——应智捆绑起来扭送到钱镠帐下。

钱镠念及旧恩,觉得没必要对董昌赶尽杀绝,于是便将此种情况上表唐廷,希望能班师回杭州。然而,唐廷却不愿意放过作乱称帝的董昌,旋即命钱镠以浙江东道招讨使的身份,出兵讨伐。

养精蓄锐多日的杨行密此刻乘机派台濛、安仁义、田颢围困苏州等地。董昌的盟友、湖州刺史李师悦发兵围困嘉兴等地,以解救董昌。钱镠将其余一切置之度外,拼尽全力,夺下了越州。

越州之战结束后,钱镠不顾鞍马劳顿,立即挥师向西,解救嘉兴之围,收复苏州,进逼无锡。又攻占常熟、华亭,驻军昆山,拥有浙江东、西道的大部分地区。

外患刚平,内乱又起。天复元年(901年)七月,钱镠率部下徐绾等一千人马巡视故里临安。走到中途,徐绾假称有病,请求先回杭州,钱镠丝毫没有防备,一口应允。不料,等第二天钱镠赶到杭州时,徐绾已联合武勇都左都指挥使许再思等举兵叛变,不准钱镠入城。

遭此兵变,钱镠临危不乱,他改换便服,借夜色掩护,混进城去。入城后找来顾全武等亲信将领,安排他们把守杭州城各座城门,反拒徐绾。顾全武建议钱镠与杨行密结秦晋之好。钱镠赞同,当即决定由第六子钱元璙前去淮南求婚。

钱元璙打扮成仆人模样,跟着顾全武前往扬州。途经润州时,他们被润州刺史安仁义认出。安仁义暗中命军将在驿馆四周巡逻,不许两人逃走。夜里,顾全武以二十两黄金,买通了值夜打更的更夫,顾全武与钱元璙两人便翻越润州城墙,逃到江边雇了船,连夜奔赴扬州。到扬州后,钱元璙向杨行密陈说情况,杨行密被说服了。于是一日三令,命令已在吴越境内攻城夺地的田頵还军,并且以撤销他的宣歙留后职务相威胁。田頵无奈,只好敲诈了钱镠一大笔犒军费,带着叛乱头目徐绾、许再思,退回宣州。

天祐元年(904年),钱镠被唐昭宗册封为吴王。唐朝灭亡后,后梁朱全忠又册封钱镠为吴越王。此后,钱镠便成了名副其实的"吴越王"了。

钱元瓘因火受惊而亡

中国古代建筑多为土木结构,因此宫廷中时有火灾发生。在五千多年的历史长河中,有记载的宫殿火灾就有一二百余起,伤亡现象也层见叠出。我国古代正史《二十五史》中的《五行志·灾火》,就对古代火灾案例记录颇为精确,尤其以宫殿火灾记载最为详细。

钱元瓘(生卒年不详)是五代十国时期的吴越国第二任君主,史称"文穆王"。身为一国君主,钱元瓘居然是因宫殿失火受惊而死的,这种死法,发生在一个万人敬仰的一国之君身上,听起来多少让人觉得可笑。而这在中国历史长河中也是绝无仅有的。

钱元瓘未即位时曾历任盐铁发运巡官、尚书金部郎中、检校尚书左仆射、内牙将指挥使,在讨伐叛乱、抗击贼寇的斗争中立有大功。贞明四年(918年),钱元瓘的父亲武肃王钱镠(852—932)任命他为水战各军都指挥使,讨伐吴国,并大败吴军,迫使吴国与吴越讲和,他也因功任镇海军节度副使、检校司徒,后又历任检校太傅、同平章事、中书令等。钱元瓘的父亲非常欣赏钱元瓘,对他委以重任,最终又将君主之位传于他。

钱元瓘在位十年,执政期间遵循其父武肃王钱镠的治国策略,勤于政事。然而,生活方面也比较奢侈,他大兴土木,营建府署,劳民伤财,徭役繁重。百姓恨他,故纵火泄愤,一把火烧到了宫殿,钱元瓘也因此受惊吓病倒,不治身亡。

据《资治通鉴·后晋纪三》记载,天福六年(941年)七月,钱元瓘府署着火,宫室府库几乎烧光。钱元瓘惊惧,得了病,不治身亡,时年55岁,庙号世宗,谥号文穆王,葬于今浙江萧山。

钱元瓘虽然算不上一代明君,但也算得上一位称职的君主,毕竟他曾为吴越国的繁荣昌盛作出过贡献。可是命运却跟他开了一个玩笑,偏偏让他目睹了宫殿失火的一幕,留下了一代国君受大火惊吓而死的笑闻。

钱氏父子贤明治国

钱镠是平民出身,因此他能洞悉百姓的困苦、世道的艰难。做了吴越王后,他的住所依然十分简陋,所穿衣履也极为平常。某年合家团聚,儿孙们请来艺人鼓琴伴唱,刚唱了几支曲子,钱镠便马上制止儿孙:"让外面的百姓听见,会以为我忘了国忧民困,作长夜之饮。此举极为不妥,让他们散了吧!"

钱镠颇能礼贤下士。为广纳贤才,他命人在淞江口设立了一个专门的机构,办事人员称"鸾手校尉",专事招徕北方士人。胡岳刚渡江,钱镠就已得消息,于是立时召见他并加以留用。罗隐喜好讥评,历事湖南、淮南诸镇,但多不被重用。后来进谒,他惧怕钱镠不留,于是先呈上一首诗,其中两句是:"一个祢衡容不得,思量黄祖漫英雄。"

钱镠见诗大笑,回信说:"仲宣远托娄荆州,都缘乱世;夫子辟为鲁司寇,只为故乡。"意思是:才子远投他方,都是乱世的缘故;但孔夫子尚且眷恋故乡,何况我们的罗夫子。

罗隐见信,感动地说:"如此知人知礼,看来我别无选择,只有留下了。"

对名士的劝谏,钱镠也很重视。他曾规定西湖渔民每人每天得交纳湖鱼数斤,称作"使宅鱼",以供王宫食用。渔民有时捕不到鱼,只得去集市上买了来交税,百姓因此怨声载道。有一天,任钱塘县令的罗隐进宫朝见,钱镠叫他根据壁上所挂的《磻溪垂钓图》作一首诗。罗隐当即吟道:

吕望当年展庙谟,直钩钓国更何如?

若叫生在西湖上,也是须供"使宅鱼"!

这显然是在讽谏钱镠的,钱镠听后称赞罗隐敢于直言。于是,他便下令取消了"使宅鱼"。

钱镠不仅能听取士人的谏言,而且还能做到赏罚分明。

有一次,钱镠着便服探访民情,回城过晚,城门门吏不肯开门。钱镠不愿暴露身份,便谎称有要事要晋见钱镠。谁知门吏告诉他:"城门按时关闭,这是大王亲自下的旨意,别说您有事要见大王,就是大王自己亲自前来,我也不能破这个规矩。"结果钱镠在城门洞里等到了天亮。回府后,他立即命人找来城门门吏。

钱镠对门吏说:"请你抬头看看,你还认得昨晚叩门之人吗?"门吏抬头,看到大殿上坐的钱镠正是昨夜被关在城门外的人,他惶恐不安,心想自己今天轻则被革职,重则被杀头。于是,他斗胆为自己辩解:"城门过时不开,这是大王您亲自下的命令……"

钱镠听了,哈哈大笑,说:"这些道理,你昨夜已经讲过。我今天是请你来领赏的。"说完,便让侍者捧出一盘银子,送给他作为奖赏。

钱镠宠爱一位郑姓的妃子,郑妃的父亲犯法,罪当斩首。但大臣们忌惮他是大王的亲戚,因此不敢贸然执行,于是前来请示。钱镠听后,眉头紧锁深思了半天,之后声色俱厉地说:"自古王子犯法,与庶民同罪。我岂能因为一个妇人,就乱了我自定的法律!"于是下令让相关部门按法办事,将郑妃的父亲推出斩首。虽有郑妃在一旁苦苦求情,但钱镠也不为所动,他命人将郑妃送出宫外,并立即让属下执行。

当时,后梁朱全忠、西川王建、广陵杨氏、南汉刘龑、闽地王羲、燕地刘守光、岐地李茂贞都先后称帝。他们中的一些人,也送来龙袍、王册,劝钱镠称帝。大臣中有人觉得钱镠称帝,自己便可升官,于是也竭力劝说。

钱镠审时度势,认为称帝以后,树大招风,必遭他国攻击,不利于国,也无益于民。他笑着对大臣们说:"王建等人自己坐在火炉之中,还不自知自觉,倒反来劝我也与他们一起坐进火炉中去。我可没有那么傻。"从此,吴越国内劝钱镠称帝之事再也无人提起。钱镠自始至终没有称帝。临终之时,他还谆谆告诫儿孙不要妄自称帝,应该善事中原王朝。这一点足见钱镠的深谋远虑,这也正是吴越虽为小国,但却历时最长的一个重要原因。

钱镠儿子众多,在史书上有记载的是三十五个,在挑选继位者的问题上,钱镠更是表现出难得的智慧。钱镠选择继位者的标准,既不以长幼,也不以宠爱,而是唯才唯德。

钱镠第七子钱元瓘在徐绾、许再思的武勇都叛乱中,挺身而出,冒着一去不复返的风险,主动请求到田頵军中做人质,成功解除了吴越的危机,正是因为这一点,钱镠决意立他为继位者。

历史证明钱镠看人的眼光很准,钱元瓘不仅是为国之难勇敢献身的人,而且也是在吴越历史上作出重要贡献的人物。后梁乾化三年(913年),淮南大将李涛率兵二万,出千秋岭,偷袭钱镠的出生地临安(今属浙江)。吴越方面事先并无准备,钱元瓘仓促应战,率少数兵将与淮南兵周旋。形势十分不利,但钱元瓘无所畏惧,一马当先冲击敌阵。

后梁贞明五年(919年),朱瑱下诏,命钱元瓘出兵攻讨淮南。钱元瓘奉命率水师五百艘战舰,从常州东洲(今江苏启东市北吕四港镇一带)进入长江,逆流而上,主动出击。同年四月,双方水师相遇于狼山江。临战前,钱元瓘对指挥使张从宝说:"我们逆流而上,他们顺水而下,对我们十分不利。我们应当改变这种不利于我方的状况,出奇才能制胜。"他向张从宝交代了具体的战斗设想和步骤,并做了周密的部署。

第二天,淮南水师出现在狼山江上,战舰全部既大又高。而吴越水师的船只都比较小。双方战舰相遇,吴越水军个个都装作害怕的样子,突然向两边逃窜。淮南水师没有防备这一招,只是顺水顺风直冲而下。这时"逃窜"到两旁的吴越水军船只占据了上游的优势。淮南水师仗着船大人多,毫无畏惧,一番折腾后,他们逆流而上,迎击吴越水军。

两军船只相遇,吴越军将事先准备好的草木灰和石灰,还有大豆撒向对方。

淮南水师的士卒,大多迷了眼睛,纷纷找地方躲避。慌乱之中,又踩着脚下的大豆滑倒在地,跌跌爬爬,乱成一团。吴越水师抓住有利时机,第二队吴越船队又冲了过来。这些吴越兵靠近淮南水师的船只,每人手持一个火把、一瓶火油,一起往淮南水师船上抛掷。瞬间,火借风势,油助火燃,淮南水师的船队立刻成了一片火海。此次战役,吴越军在不利的情况面前,成功逆袭,大获全胜。

钱元瓘不仅有军事才能,而且有政治眼光。

钱元瓘继位不久,内乱便已开始萌生。当时,钱镠的灵柩才安葬刚刚完毕,众将就开始发难,有人奏请诛杀原钱镠身边执掌禁军的内牙指挥使刘仁杞、陆仁章。钱元瓘果断地做出决定,让自己的侄子钱仁俊向众将宣谕:"任何人不得公报私仇!"此令一出,诸将虽然表面上不敢轻举妄动,但内心仍然愤愤不平。为了平息众愤,钱元瓘任命刘仁杞为湖州刺史,陆仁章为衢州刺史,等于解除了他们执掌的禁军兵权。这样,既平息了众怨,又铲除了作乱的潜在因素,还比较妥善地安置了钱镠的旧臣。一场内乱被钱元瓘以四两拨千斤的手段化为乌有。

不久,又发生了第二次内乱,当时钱元瓘的两个弟弟,一个为扶南侯,一个为淮阴侯。扶南侯钱元球时为土客马步都指挥使,淮阴侯钱元珦时为顺化军节度使。他们自恃是王弟,又立有军功,就常常对钱元瓘冷嘲热讽。对此,钱元瓘表现得非常大度,对于两个弟弟的不恭不敬,他一笑置之,然而两个弟弟却得寸进尺,竟然私自招兵买马,图谋不轨。

钱元瓘见他们反叛的迹象已经很明显了,便毫不迟疑地将他们推出去斩首。事毕之后,钱元瓘告诉手下:"按照王公的礼仪安葬他们,其他从犯,一概不问。"

钱元瓘病重之时,对内都监章德安说:"我的儿子弘佐年纪太小,实难继位。请你从先王子孙中选择有德有才的人继承王位。"章德安慌忙跪下回答:"少主弘佐虽然年幼,但大臣诸将都佩服他的机敏,定会齐心拥戴。"

钱元瓘留下遗命,魂归西天。但他和父亲钱镠开创的基业,并没有在继位的钱弘佐手上得以发展,反而日趋衰落。978年,钱元瓘的儿子钱弘俶将吴越国的土地全部奉献给宋太宗赵光义,至此,吴越的统治宣告结束。

钱氏父子的"吴越国"自光启年间入主杭州,先后经历了钱镠、钱元瓘、钱弘佐、钱弘倧、钱弘俶共三世五主,时及百年,无论是五代,还是十国,它都是立国最久的地方割据政权。

家宴之上，兄弟相残

钱镠（852—932）当上杭州刺史后，手下趁他衣锦还乡时，起了异心，在杭州城发动叛乱。钱镠马上率兵平叛，叛军头领跑去向杨行密求援。钱镠对杨行密的野心一直洞若观火，不愿让杨行密搅进这场战事，于是，他在无奈之下，将儿子钱元瓘送去当人质，保证跟南吴和平相处，永不发生战争。

后来，钱元瓘安然无恙地被放了回来。钱镠一来愧疚，二来有感于儿子的孝心和忠心，对他是疼爱有加。

钱镠把所有儿子叫过来，对他们说："我打算在你们中间选一位继承者，你们各自说说自己的功劳，功劳最大的就当吴越王。"儿子们都知道，钱镠有心偏向钱元瓘，于是也懂得分寸，纷纷说钱元瓘功劳最大，最适合继承吴越国王位。

钱镠听了儿子们的话，会心一笑："这可是你们自己挑选的，到时兄弟间不能因嫉妒而互相残杀。"大家纷纷许诺父亲，一定不会互相残杀。

然而，当钱元瓘当上吴越王后，马上就有钱元球和钱元珦两个兄弟表示不服。钱元球性情狂傲，认为钱元瓘没什么大本事，只是仗着父亲的偏爱才当上了吴越王。于是，他私下里招募军队，并和钱元珦约好，找个机会就造反。

不料，这件事很快传到了钱元瓘的耳朵里。937 年，钱元瓘以商讨军机大事为由，召钱元球、钱元珦来杭州。

钱元球接到命令后，在袖子里藏了一把刀子，准备趁机除掉钱元瓘。宴会上，酒菜丰盛，钱元瓘一声大喝："左右何在？"于是，藏在屋外的武士就瞬间冲了出来，杀了钱元球、钱元珦。

之后，钱元瓘打算大开杀戒，杀光二人身边的亲信及家仆。其侄子钱仁俊知书达理，深知大开杀戒的后果，于是急忙劝说："皇上，有罪之人已经受到惩罚，如今朝政不稳，如若伤及无辜，很可能会引起内乱哪！"

钱元瓘听后，思忖良久，认为有理，就收手了。钱仁俊一句话救下了许多无辜的生命,也为钱元瓘赢得了宽厚仁德的美名,可谓立了大功!

王氏家族为王位骨肉相残

唐朝末年,兵荒马乱,民不聊生,农民纷纷起义,其中以王仙芝、黄巢领导的起义军声势最大。寿州(治今安徽寿县)屠户王绪和妹夫刘行全聚集了五百人,攻打寿州,一时响应者达万余人。王潮(?—898)与弟弟王审邽、王审知被乡邻称为"三龙",他们兄弟三人也参加了王绪的队伍。

王绪率众南奔江州(今江西九江一带),准备沿赣水南行,攻陷汀州(治今福建长汀县)及漳州属地。行军途中,王绪担心军旅累赘,便下令全军:"凡随军的老人孩子,斩无赦!"王潮三兄弟的老母亲也跟随儿子在军中。

听说要杀掉自己的母亲,王潮说:"人人有父母,你怎么可以让我们兄弟三人丢下自己的生身母亲,只顾自己逃命呢?"王绪闻言大怒,喝令手下将王潮三兄弟的母亲推出去斩首。王氏三兄弟跪拜在地,抗议说:"我们对母亲和你都是一个态度,从无二话。如果你斩杀了我们的母亲,以后你也就不用指望我们兄弟再为你卖命了。"军中其他人对王绪不准带家属的规定也早有不满,都纷纷帮着王氏三兄弟求情。王绪看到这种情况,担心引起众怒,便免去了王母的死罪,只是训斥了王潮三兄弟。

屠夫出身的王绪平时就心胸狭隘,将士只要勇谋才略超过自己或者身材魁梧、气概非凡的,都会被他借故杀掉。王潮兄弟三人体型魁伟,才艺过人,早已成为王绪防范的对象,对此,王潮三兄弟也有所察觉。

现在又出现了老母亲差点儿被杀的事情,于是,王潮三兄弟决定采取行动。他们暗中约请平日相好的朋友来到自己的住所商议。大家暗中相约,埋伏在竹林里,等王绪路过时便动手。他们依计杀了王绪。军中将士一致推举王潮为主帅,之后继续南行。

泉州刺史廖彦若贪婪残暴,百姓不堪忍受。泉州人张延鲁率领乡绅,携带牛酒跪在路上,要求王潮驱逐泉州刺史廖彦若。王潮立即挥师围攻泉州,廖彦若坚守抵抗,双方相持了一年多。最后,王潮终于占领泉州,打下了自己军旅生涯中的第一块"根据地"。

景福二年(893年),王潮三兄弟带兵攻下福州,建州刺史徐归范、汀州刺史钟全慕等纷纷归降王潮。活跃在福州附近的二十多支小股武装力量,也先后前来归顺。唐廷拜王潮为福建观察使。至此,王潮在福建站稳了脚跟。

乾宁三年(896年),王潮升为威武军节度使,同年病重。临终时,王潮授命三弟王审知执军府大权。不久,唐廷拜王审知为威武军节度使,册封他为琅琊王,允许他任免三品以下的官职。朱全忠灭唐称帝后,又封王审知为闽王。王审知在位十六年,于925年病故。王审知去世后,其儿子王延翰继位,自称威武留后。

自后唐庄宗遇害后,中原地区多有变故。王延翰见中原已乱,便于天成元年(926年)十一月自称大闽国王。王延翰称王后,骄奢淫逸,不理政事。他命人在福州城西的湖水水面上,修建了连绵十多里的房屋,美其名曰"水晶宫"。又从皇宫的小城里修筑一条复道,直通水晶宫,复道的两旁夹以高墙,专供他一人使用。同时,他还好色贪婪。他派出大量的"采花使"来到民间,看到哪位女子长得漂亮,便强迫其入宫。

后唐天成元年,对哥哥王延翰的行为忍无可忍的王延禀与王延钧合谋,联手攻夺王宫。王延翰从梦中惊醒,逃进厕所,但很快被抓了出来。王延禀在紫宸门外斩杀了王延翰。

王延禀因为自己不是王审知的亲生儿子,便主动推举王延钧继位。然而,王延禀没过多久便后悔了。后唐长兴二年(931年),王延禀趁着王延钧有病,命次子王继昇留守建州,自己则与长子王继雄兵分两路,攻打福州的西门和东门。福州楼船指挥使王仁达见敌我双方力量悬殊,力战取胜无望,便将计就计,在船上竖起了白旗,假意向王继雄投降。

王继雄看到城楼上的白旗后,高高兴兴地登船受降。谁知刚登上王仁达的楼船,便被王仁达抓了起来,一顿乱打。之后,王仁达割下王继雄的头,用竹竿挑起竖在城门上。王延禀在城门看到儿子的头颅,五脏俱焚,痛哭不已。此时,王仁达分兵出东门和西门,攻击建州兵。主帅只顾痛哭,部下也毫无斗志,纷纷掉转船头逃命。奔逃途中,王延禀被捉。被捆绑着的王延禀看见王延钧身体好好的,知道这是中了他的计策,便对王延钧痛骂不止。王延钧命人将王延禀推到刑场。

王延钧的侄子王仁达居功自傲,所以王延钧很厌恶他。王延钧的心腹了解他的心思,便代王延钧寻了王仁达的一个过失,将他全家杀光了。

后唐长兴四年(933年),王延钧决定断绝与后唐的君臣关系,自立为帝,国号闽,建元龙启,改名鏻。称帝的第三年,王延钧身患重病,瘫痪在床。其皇后陈氏与近幸(帝王宠爱的人)归守明、百工院使李可殷私通。李可殷又与皇城使李倣为谋取私利而长久不和。李倣便命壮士闯入李可殷家,一顿乱棒,当场把李可殷打死了。王延钧听信皇后的哭诉,听说臣下随便杀人,不胜其怒。他撑着有病的身体上朝,查问李可殷的死状和死因,李倣见苗头不好,偷偷溜出宫外,然后伙同王继鹏一起带着自己的亲信部队冲入宫内。

王延钧听到兵变的消息,吓得钻到九龙帐中。乱兵追来,没有目标地乱刺。王延钧身上虽多处被刺中,但都没有伤及要害部位。等乱兵走后,原本就重病在身的王延钧浑身疼痛不已,他不住地大声哀号:"快给我补一刀!快给我补一刀!"宫人们怕王延钧的呼叫声重新招来乱兵,祸及自身,便刺杀了疼得满床打滚的王延钧。

此后,王继鹏假称是奉母后遗命,登上皇位,这就是闽国史上的康宗。趁皇宫失火之际,朱文进、连重遇两人随即迎立为躲避王继鹏无故诛杀而在家中装疯的王延羲为帝,同时挥兵急攻"宸卫都"(闽康宗建立的亲军)。"宸卫都"刚成立不久,训练不到位,根本顶不住两都将士拼死进攻,很快就败下阵来。王继鹏及李倣慌慌张张地逃出福州北关,逃奔到了梧桐岭。

王延羲命自己的侄子王继业率兵追赶。王继鹏看自己逃不掉了,便据岭死守。他的箭术十分精湛,于是接连发箭射杀追兵。没一会儿,箭就被用完了,追兵云集。王继业的部下冲上山岭,俘获了王继鹏以及李倣,还有其兄弟王继恭。当天,王继鹏等人全部被杀死了。

然而,被拥立为帝的王延羲也是一个昏君,他常常滥杀大臣,弄得朝廷上下人心浮动。皇后李氏为立儿子王亚澄做皇帝,联络拱宸都指挥使朱文进、阁门使连重遇共同商讨废除王延羲。944年三月的一天,皇后李氏让自己的父亲李真装病,趁王延羲前往问候时,朱、连派出的杀手——王延羲的随从钱达突然给了王延羲一刀,将他杀死。

大闽于战火中亡国

王延羲死后,连重遇在朝堂上召集百官,对众人说:"陛下在探视李国丈病情的途中为盗贼所杀。国不可一日无主,诸君以为谁当继承大统?"百官闻言大惊失色,一位胆大的官员上前答话:"陛下遇害,理应立他的后人为帝。"连重遇看着这位官员,面无表情地说:"陛下的后人及其族人,同时遇害。"

众人听到这里,心中已经明白了大半,于是都沉默不语。见此情形,连重遇便扶着朱文进(生卒年不详)走出来,命左右给朱文进穿上龙袍,戴上皇冠,然后喝令群臣三呼"万岁"。朱文进理所当然地接受大家的跪拜,自称闽国皇帝。连重遇因拥立有功,总领六军。

称帝后的朱文进派使者到南唐通报,南唐皇帝大怒,命人囚禁了使者,而且对朱文进的帝号不予承认。朱文进只好取消帝号,改称威武军留后,向后晋称臣,后晋石重贵正式册封他为闽王。

泉州散指挥使留从效与其好友王忠顺、董思安、苏光海商议说:"朱文进屠杀王氏后人,称帝不成,又在闽地称王。我们几世受太祖之恩,现在却要我等臣服于朱文进,揖手事贼。假如有朝一日在建州的富沙王攻下了福州,成为闽地的君主,那时我们有何面目再见先王于地下!"对朱文进无故诛杀王氏后人、自行称帝的行为,大家早就不满,于是纷纷响应留从效。说干就干,他们当夜便开始行动,翻城墙进入泉州,然后分成三队,直入黄绍颇的刺史府,砍了黄绍颇的人头前去报功。

泉州平定后,众人迎立在泉州的王审知之孙王继勋,请他主持军府事宜。留从效等人派陈洪进拿着黄绍颇的人头,前往建州王延羲的弟弟王延政处报功。王延政坐镇建州,从没想到还有人打着他的旗号平叛并效忠于他,自然十分高兴,当即拜王继勋为泉州刺史,拜留从效、陈洪进等四人为都指挥使。

平定泉州的消息传至漳州,漳州部将程谟发动兵变,杀了刺史程天纬,迎立王氏后人王继勋暂时代为管理州事。汀州刺史许文稹见苗头不对,便派人送来降表,向王延政投降。至此,朱文进连失三州,他怎会甘心!于是他派统军使林守谅、内客省使李延锷率兵攻夺泉州。留从效出城与朱文进的部队接战,建州的王延政也派出大将杜进前来助战。三方在泉州城下厮杀,眼见征尘滚滚,耳听杀声阵阵,战鼓声传至数十里之外。在泉州、建州两支部队的夹击下,朱文进所率福州兵终于败下阵去。

朱文进陷入绝境,无奈之中,竟然以自己的弟弟为人质,向吴越求救。但他没有等来吴越的援助,却得到了南唐出兵闽地、攻城略地的消息。在福州前线攻城的吴成义,利用南唐军队入侵的消息,欺骗福州城内的守军:"南唐军帮助我们征讨逆臣贼兵,大部队已到达建州了!"朱文进恐慌万分,派宰相李光到建州交献传国玉玺,乞求对方退兵。南唐承旨林仁翰趁机刺杀了乱首连重遇。消息传开,众将又刺杀了朱文进,之后把两颗人头传送至建州。

福州之乱平定之后,已到达建州城下的南唐军队并不罢休,他们不断增兵,意欲攻下建州。驻守建州的王延政命福州方面出兵一万五千,开赴建州参加对南唐军的作战。

天德三年(945年)三月,福州又发生了李仁达之乱。原来,王延羲在位时,李仁达就从福州叛逃到建州,投靠了王延政。朱文进在福州称帝后,他又从建州叛奔到福州,向朱文进陈述攻夺建州的计划。朱文进讨厌李仁达这个反复无常的小人,因此没有采用他的建议,王延政当然也不会理他。

李仁达感到自己不得志,便想谋反以夺取天下。于是,他勾结著作郎陈继殉、镇遏使黄仁讽去擒杀王继昌。李仁达本想自立为帝,可又怕众人不服,只好先抬出神光寺的和尚卓岩明,向大家说:"此公长相乃天子贵相,愿大家拥卓公为主!"众人乃北向而拜,拥卓岩明为帝,向晋称藩。

王延政听闻消息后,立刻派人诛杀了黄仁讽全家,又命张汉真率水师五千,会同留从效的漳、泉之兵,一起征讨卓岩明。黄仁讽听说全家三十多口被杀,心痛不已。悲痛之余,他命将士开门力战,大败建州兵。张汉真逃命不成,反被抓住斩首。

而被拥立为帝的卓岩明,面对建州兵的进攻,他别无良策,只知在殿上作法,喷水撒豆,召鬼神御敌。李仁达看他实在没有用处,便暗中唆使军士拔剑将他刺死了。卓岩明一死,李仁达就自立为威武军留后。

闽人内乱,百姓不满。南唐将军边镐率军乘虚而入,向建州发动总攻。建州很快被攻破,王延政投降。汀州、泉州、漳州先后向南唐边镐投降。南唐在建州设置永安军,将王氏后人迁往金陵安置。据守福州的李仁达见南唐军队席卷闽地,围攻福州,自知不是南唐的对手,便派使者向吴越称臣讨兵。吴越国主钱弘佐召集诸将议事后,派统军使张筠、赵承泰率兵三万,分水陆两路救援福州。吴越军队很快到达城下,他们趁着夜色潜入福州,与李仁达会合。南唐挥兵围住福州,内外隔绝,城中的形势十分严峻。

城内城外两军僵持不下,时间长达三个多月,吴越再派余安从海路救援福州。余安军士一登岸,就勇猛冲杀,打得南唐军队节节后退。福州城内的守兵又乘势冲出,两面夹击,南唐军队大败,死伤无数。福州终于为吴越夺得,历史上的闽国,就这样被南唐和吴越分别吞并,不复存在。

马殷骁勇善战建楚国

马殷(852—930)是许州鄢陵(今属河南)人,早年是个木匠,自称是汉代伏波将军马援之后。

唐代中和年间,秦宗权据蔡州(治今河南汝南县)叛乱,马殷应募从军,成为忠武决胜指挥使孙儒的部下,以骁勇善战闻名于军中。

光启年间,秦宗权派孙儒攻击杨行密,掠夺淮地。孙儒久攻宣州不下,于是派刘建锋、马殷到附近州县自筹军粮。不料,刘、马二人离开后,孙儒在宣州城下战死,其部众大多被俘。刘、马二人筹粮归来,无所适从,便召集孙儒残部败卒七千人,以刘建锋为帅,马殷为先锋,张佶为行军司马,流窜江西,沿途收众十万,势力大增。由于他们人员众多,又无地盘,在江西境内无法安身,便转向湖南。

乾宁元年(894年),刘、马、张三人率领部众到达醴陵(今属湖南)。醴陵是武安节度使邓处讷的领地。邓处讷担心刘、马、张的到来会严重影响自己的势力,便派部将蒋勋、邓继崇扼守龙回关,意图阻截刘、马、张前来湖南。不料,蒋勋、邓继崇带兵来到龙回关，他们远远望见刘建锋的十万大军浩浩荡荡而来，估计自己不是他们的对手，于是二人商议后，不但没发一兵一卒，反而以牛酒犒劳刘、马、张的部队。刘建锋、马殷趁机劝说两人归顺自己，蒋、邓当即应允。之后，刘建锋、马殷让自己的部队穿上蒋勋、邓继崇部队的服装，打着他们的旗号，由蒋、邓为向导，以突然袭击的方式，挺进潭州。东门守军以为是防守龙回关的部队回来了，于是大开城门，放他们进入了潭州。

就这样，刘建锋不费吹灰之力，便夺得潭州。蒋勋原是邵州主将，见潭州改姓刘，便要求仍回邵州去当刺史。刘建锋、马殷只有潭、邵两州，还要安排自己的十万部下，自然不肯让蒋勋、邓继崇再拥有邵州。蒋勋深感愤怒，便带兵围攻邵州。

邵州之战还没有结束，潭州节度府里又出了大乱子。刘建锋夺得潭州后，生活放荡。一次，他借酒装疯，追逐一个长相美丽的女子，不料该女子的丈夫拿起铁锤，击杀了刘建锋。刘建锋死后，在潭州的诸将推马殷为主帅。马殷到潭州后，很快攻下了邵州。

光化元年（898年），唐廷正式拜马殷为武安军节度使。马殷命李琼、秦彦晖为岭北七州游奕使，率偏将张图英、李唐攻下衡州、永州。之后，李唐又率兵夺下了道州。

连得三州后，马殷命李琼从衡州出发，向南攻占郴州和连州。李琼不负众望，捷报频传。于是，马殷在不足一年的时间内，连得七州，完全控制了武安军的辖区，实力大增。他开始把目光转移到静江（府治桂州，今广西）节度使刘士政的地盘上。刘士政得到这个消息后，积极备战，他派自己的副手陈可璠率兵戍守天险全义岭。全义岭地势险要，不说是"一夫当关，万夫莫开"，但强攻肯定要吃亏。

马殷审时度势，决定采取外交攻势。他派出使者，前往桂州谈判。陈可璠看出了马殷的用心，根本不让使者通过。马殷得报，命秦彦晖率士兵七千人，佯攻正面。另派李琼在侧面寻找过岭之路，准备偷渡过去。全义岭守将陈可璠因为王建武率增援部队到来，便命手下四处抢夺百姓的耕牛，以便招待王建武军。老百姓的耕牛被杀，也就等于丢了身家性命。他们愤愤不平，主动来到秦彦晖军前，表示愿领马家军从小路过岭。这样的好事对于李琼等人来说，无异于瞌睡之时得到了枕头一样，李琼迅速挑选出能独立作战的精兵三百多人，在当地百姓的带领下，他们悄无声息地从小路越过全义岭，奔袭王建武的秦城营寨。

王建武的将士在睡梦中被打得落花流水,王建武被斩杀。与此同时,李琼、秦彦晖的部队也很快围住了静江节度府——桂州。刘士政见自己的两员猛将已经丧命,士卒大半逃散,只好出城向李琼投降。刘士政归降后,其他的宣、岩、柳、象四州也望风而降。此后,还有岳州刺史邓进忠归附,吉州刺史彭玕来降。

马殷用一年多的时间,连得14州,战功赫赫,很快在湖南站稳了脚跟。唐廷承认马殷占领湖南的既成事实,给他加上"同平章事"的头衔。天祐四年(907年),朱全忠灭唐建梁称帝。为了取得马殷对自己的支持,就拜马殷为侍中,兼中书令,并封他为楚王。

开平二年(908年),秦彦晖奉命北伐,攻夺朗州(治今湖南常德)。朗州守将雷彦恭命人引沅水入护城河,以阻止秦彦晖接近城门。这一招确实令秦彦晖攻城受挫,屡攻不下。一日,秦彦晖正在帐中闷坐,偏将曹德昌夜入大帐,向秦彦晖献计:"这几天我察看了朗州城外的地势,我认为我们可以从城内通向护城河的地下暗沟中入城,来个里应外合,攻下朗州指日可待。"秦彦晖闻言大喜,依计而行。

当天晚上,秦彦晖亲自领兵攻城,摆出一副全力进攻的架势。城上守军见攻势转猛,不敢怠慢,万弩齐发。城外士卒冲到护城河边,大多中箭倒下。但秦彦晖好像发了疯,仍然命令部队攻城。趁城上守军全神贯注对付攻城的将士之时,那些倒地的士卒又"活"了过来,并慢慢地"掉"进了护城河里。他们从水底摸到对岸,紧贴对岸隐蔽起来。接着又一个个钻进暗沟,偷偷地进入到朗州城内。

半夜三更,约定的时刻到了,只见城内到处火光冲天。守城士兵都是本地人,有妻儿老小在城内。他们看见起了火,便无心恋战,都忙着回家救火去了。混乱之际,东城门突然被打开,吊桥也被放下。正在护城河边佯攻的马家军,这时蜂拥而来,抢过吊桥,进入城内。守将雷彦恭见苗头不对,赶忙从马厩里牵出自己的战马,丢下老婆孩子和手下的士卒,独自一人向洞庭湖边逃去。在湖边,他找了一条小船,过湖到扬州投奔杨行密去了。

同年,马殷又派原淮南大将吕师周率兵进击岭南,与南汉的刘隐争夺辖地。前后十余战,吕师周夺得六个州。马殷实力大增,附近的澧州、辰州、溆州等六州也望风归附。如此一来,马殷所辖有二十多个州,相当于今天湖南全境、广西大部和贵州、广东的小部分,势力可谓广泛。

有了实力,马殷虽仍向中原称臣,但这时已提出了更高的要求。他向后梁末帝朱友贞要求,加给自己天策上将军的封号,并在境内分置武平、静江等节度府。慑于马殷人多势众,且考虑到这些虚衔并不侵犯后梁的实际利益,于是朱友贞一一准许。

后梁被灭之后,后唐明宗李嗣源在天成二年(927年)封马殷为楚国王,马殷即于同年建国,这就是五代时期十国中的又一个国。

高季兴险地绝生

高季兴(858—928),原名高季昌。他原是汴州富户李让的家奴。唐中和三年(883年),朱温被任命为宣武节度使。李让因献出大量钱财,被朱温收为养子,改名为朱友让。朱全忠发现高季兴是个人才,就命朱友让认高季兴为养子,高季兴改姓朱。这么一来,高季兴就成了朱全忠的孙辈。高季兴最开始做的是朱全忠帐下的亲兵,因其骁勇善战,立下了许多战功,很快便被升为牙将。后来又因为献奇计打败了李茂贞,得到朱全忠赏识,累迁至颖州(治今安徽阜阳)防御使,又复原姓高。

开平元年(907年),朱全忠称帝,任命高季兴为荆南节度使。荆南原本统辖八州,但高季兴到荆南任职之时,除江陵府城外,荆南所有州县都在他人之手。而且江陵府城多年战乱,民生凋敝,高季兴搜遍全城,只找到几十个当地产的橘子,就派人送往开封,孝敬朱全忠。这大约是朱全忠称帝以后得到的最不值钱的贡物吧!

高季兴到任后,立足未稳,武贞节度使雷彦恭、淮南将李原、楚将许德勋、梁叛将李洪等先后来攻打荆南。高季兴在城内战备物资严重匮乏的情况下,使出浑身解数,将来犯的敌人一一击退。

开平四年(910年),高季兴在油口大败楚军,斩首五千余级,并追击败兵至白田。这一仗,使高季兴看清了邻道的虚实,看到了自己的力量,便萌动了割据荆南的想法。于是,他组织百姓修复江陵内城,并新建了江陵外城,而且还在城里城外添设了军事设施。为此,自高季兴以下,不分士卒将校,也不问宾客朋友,都一齐出动,背土负砖,很快,两座高大的城楼——望江楼、雄楚楼拔地而起。内城外城高大坚固,江陵成了高季兴军事割据的坚固堡垒。不久,他又建造战舰五百艘,打造兵器五万件。

后梁王朝虽然对他的这些做法不满,但忙于应付北方战事,无暇顾及荆南,便对他采取优容政策。乾化三年(913年),后梁末帝册封高季兴为渤海王。第二年,高季兴借夔、万、忠、涪四州原为荆南节度府所辖的名义,带兵攻打夔州。

夔州刺史王成先仓促应战,初次交手之后,双方相持不下。不久蜀将张武率援军赶到,设下妙计以铁链锁江,令高季兴的水师无法西上。同时,张武的士兵在两岸的高山峻岭上抛掷、推滚山石,高季兴的不少战舰被滚下的巨石击沉。高季兴所乘的战舰也被巨石击中,差点儿丢了性命。这次西上,高季兴大败而归,五千名士兵也在长江中丢了性命。

龙德三年(923年),李存勖灭后梁称帝,国号唐,史称后唐。对于这个新成立的国家,高季兴君臣就要不要前往恭贺一事有了不同的意见。大臣梁震竭力反对:"各道留意荆南,已非一日。后唐帝与后梁帝是世仇,主公前去祝贺,怕会成为战国时的楚怀王,去得回不得!"高季兴觉得自己不去,后唐人南攻就有了借口。于是把自己当时的姓名高季昌改为高季兴,以避李存勖祖父李国昌之讳。他命两个儿子留守荆南,自己则率骑兵前往洛阳祝贺新主登位。

果然不出梁震所料,后唐主李存勖见高季兴入贺,表面上盛情招待,实际上却暗中准备扣留高季兴。枢密使郭崇韬劝说李存勖:"大唐灭梁新得天下,正应该借高季兴向世人表示我们的信义。现在四方的诸侯相继入贺,但所派的不过是他们的子弟和将吏。只有高季兴亲自前来,为其他诸侯做出了榜样。正因为如此,臣认为应该厚加恩礼,以示四方,使他国诸侯起而仿效。这比夺得荆南弹丸之地要有用得多,陛下切不可因小失大。"李存勖接受了郭崇韬的建议,决定放高季兴返回荆南。

临行前,李存勖设宴为高季兴饯行。酒酣之时,李存勖对高季兴说:"朕称帝天下,四方臣服,只有吴、蜀不来朝贡。朕想教训他们,但蜀国地险山峻,进出唯有秦地蜀道。而吴国与我仅隔一水,朕想先攻吴国,卿以为如何?"高季兴听后献计说:"蜀地富饶,江南穷困。比较起来,还是应该以伐蜀为先。如陛下伐蜀,臣请以本道之兵为陛下前驱,从水路西上!"李存勖听了,十分感动,以手抚高氏之背,高兴地说:"有卿一言,胜兵十万!"高季兴回到驿馆,便立即命人把李存勖抚自己背时的手印绣在背上,以此表示自己对唐主的尊崇。

高季兴的举动传到了唐主李存勖的耳朵里,李存勖更坚定了放高季兴回去的决心。骗得唐主李存勖放行后,高季兴日夜兼程,急奔向南。到了许州(治今河南许昌),他松了一口气,对左右随从说:"这一次北上之行,是我的失误;唐主放我回去,是他的失误。"

高季兴南行十天后,李存勖又后悔自己不该听了郭崇韬的话放高季兴回去,于是他赶忙派出多名飞骑,急命山南东道节度使刘训扣留高季兴,不放他南行。高季兴来到襄州,李存勖的诏令还没有到达,但他预感到就要有不幸的事发生。他在驿馆对自己的随从说:"梁先辈的话果然不错,唐主确实不怀好意。我担心他会后悔,命人沿途拦截扣留我。与其活着住在这里,不如冒死逃走!"于是,他让随从把笨重的行李全部丢在驿馆里,造成一种高季兴本人没有离开的假象,然后,他与手下连夜启程,向南狂奔。

赶了一天一夜的路,到了凤林关,天已黑了,关门已闭。高季兴命随从叩门,守门的关吏回答:"时已午夜,关门已闭,明早请行!"高季兴装作着急的样子,高声命令:"我们要递送火急军情,快快开关放行!耽误了军情,岂是你我所能担当得起的?"听到他煞有介事的话语,关吏走下关隘来检验军情急件。高季兴的随从手起刀落,斩杀了关吏,夺了钥匙,启关而出。关上军将骑马追赶,被一一射退,军将们只好返身向襄州报告。

凤林关的报告和李存勖的诏令几乎同时到达襄州。节度使刘训得知高季兴已逃出凤林关,他计算行程,估计高季兴已回到了南平境内,只好作罢。

回到荆南,高季兴对梁震说:"先生所虑深远,我因没有听你的话,误入虎口,差点儿回不来!"接着,他话锋一转,"不过,这次前往洛阳,收获也颇多。我看唐主对自己的成功沾沾自喜,几次都说是凭自己的双手得到了天下,御下功臣多有不满之色。唐主游猎无度,不问国家大事。我看他如此,必无力南攻,我们可以放心了。"

不久后,高季兴为进一步发展,借后梁朝旧部士兵大多流散在外、无所依从的现状，广招幕僚，热情接纳散兵。几年之内，荆南的军事实力较前大增。李存勖无力南顾，只好笼络高季兴，于924年封高氏为南平王。但高季兴不为所动，而是对梁震说："唐主担心我与蜀国联手，所以才给我这点儿甜头。"

小国生存亦有道

同光三年（925年），李存勖拜高季兴为西川东南面行营招讨使，令他带兵征讨夔、忠、万、归、峡五州，并许诺若能攻下，就将这五州归南平所有。

高季兴早就对三峡垂涎不已，但因实力不够，不敢轻举妄动。因此，这次高季兴明知李存勖在利用自己，却还是非常爽快地接受了任务，因为他想利用唐兵攻夺西川的好机会，乘机夺取三峡。于是，高季兴让其子高从诲暂时管理南平府的有关事宜，自己率领水师西上，首先夺取施州。

蜀将张武奉命守护蜀州。张武采用铁链锁江的方法，切断高氏西上的水路。针对张武的防守，高季兴选精兵组成"敢死队"，派队员驾轻舟小船，逆流而上，用利斧砍断铁链。可不巧的是江中大风突起，把高氏的小船刮到一边。小船大多被挂在铁链上，动弹不得。张武乘机发动进攻，两岸山石如雨落下，水上箭弩似蝗齐发。高季兴损兵折将，只好狼狈退兵。不久，李存勖又派大将率兵对前蜀发动了更为猛烈的攻势。前蜀敌不住后唐北路的凌厉攻势，最终兵败亡国。

后唐灭蜀的消息传来，正在吃饭的高季兴惊得筷子掉落在地，半晌才捶胸顿足地说："这是我的过错！我不应该建议唐主伐蜀，放弃了由自己夺取蜀地的大好机会。现在唐主得蜀，实力更强，对我更加不利。奈何，奈何！"梁震见高季兴如此懊悔，便安慰他道："主公勿忧！唐主得蜀更会忘乎所以，福兮祸之所伏，形势发展也许对我们有利！"

同光四年（926年），高季兴见后唐朝政江河日下，便上表向唐主请求将夔、万、忠三州及云安监由自己管辖。李存勖见他的要求也算合情合理，准备答应下来，只是还没来得及下诏。但不巧这时李存勖意外被杀，李嗣源即位。

李嗣源继位后,后唐内政混乱,高季兴瞅准机会,旧事重提,再次请求夔、万、忠三州的统辖权。李嗣源将高季兴的请求拿到朝堂上与众臣商议,大臣们认为高季兴伐蜀,毫无战功,不能平白给他三个州的统辖权。但李嗣源想到自己新登帝位,各种矛盾错综复杂,就违心地应允了这一请求。

高季兴得寸进尺,又请求夔、忠、万三州刺史由他的子弟担任。此时的李嗣源经过一年的磨炼,已将政事梳理清楚,便坚决不允高氏所请。碰壁后的高季兴乘夔州刺史潘炕罢官,郡守之位空缺之机,突然派兵攻入城内。唐廷因新帝继位不久,不想过多和高季兴纠缠,这件事竟不了了之。接着高季兴又挥军向西,奔袭涪州,但这次李嗣源下了狠手,派兵阻挡高季兴,高氏的部队很快被唐兵赶了回来。

看到高季兴如此贪婪成性、无理取闹,李嗣源非常生气。他旧事重提,派使者查问两年前李继岌破蜀以后,命韩珙护送前蜀珍宝金帛40万,顺江而下,路经荆南而失踪之事。当时这批货物被高氏截夺,同时把船上的将士、水手杀得一个不剩,40万珍宝,自然是搬卸下船,进了南平高府。

后唐使者的诘问触到了高季兴的痛处,他霎时恼羞成怒,回应道:"韩珙等人顺水东下,穿越三峡险阻,陛下想要知道船沉没的原因和经过,自然应该去审问水神才对。"面对高季兴的无赖嘴脸,李嗣源勃然大怒,下令削去高季兴的所有官爵,命山南东道节度使刘训从北面、东川节度使董璋和新任夔州刺史西方邺从西面、楚国的马殷从南面出兵,三面围攻南平。

然而,李嗣源的命令下达后,董璋不听调遣,并没有出兵。马殷也只派都指挥使许德勋率水师屯守岳州(治今湖南岳阳),作壁上观。只有刘训一人听从命令,出兵作战。面对刘训的进攻,高季兴坚守江陵府,始终不肯出战,同时发书向吴国求救。吴国徐温积极响应,接到高季兴的求援书后,立即派出自己的水师,逆流西上。李嗣源的三面围攻之策,转眼之间变成了高季兴、徐温联手对付刘训这一队人马。恰巧这时的江陵正值雨季,久雨不晴的天气,对北方的士卒极为不利,不少将士生病,刘训也一病不起。

李嗣源见南平久攻不下,刘训病得不能起床,便又派枢密使孔循前来指挥。孔循起先千方百计攻城,但高季兴打定主意,只是坚壁自守。孔循见硬攻不能奏效,于是与众位副将商议后,觉得应该智取,便派使者进城,游说高季兴对唐廷谢罪。此时的高季兴怎会轻易中了圈套,他将使者大骂一通,赶出城外。

为了鼓励攻打南平的前线将士的士气,李嗣源派专人将夏衣送往南平城外。又另派特使,带着鞍马玉带,赐给马殷,命马殷及时把粮草送到孔循营中。马殷毫不客气地收下了玉带和鞍马,但却扣压了大部分粮草,送到南平城外军营中的只是极少的一部分。

整个唐廷派出的将领中,只有西方邺尽心尽力做事,他利用有利的时机、有利的地势,夺回了夔、万、忠三州。只是这三州对于收复庞大的失地而言,无异于杯水车薪。面对这样尴尬的局面,李嗣源眼看回天乏力,只好下令退兵。

在这之后,南平四面战事仍然不断,然而对南平的影响都不大。如有一年楚王马殷派出自己的水师,在刘朗洑大败高家军,逼近了江陵府城。且夕之间南平城就要被攻破,高季兴连忙乞怜求和。结果楚国主将王环非常痛快地答允了他。王环回到长沙府,楚王马殷责备他:"为什么不乘胜进攻,夺取江陵?"

王环回答:"江陵府北有唐,西有蜀,东有吴,南有我们,是四面受敌之地。消灭了它,我们就与唐国相邻,与李嗣源的战事就会接连不断。不如留着南平,作为我们北方的屏障。"马殷觉得王环说得有理,就默认了这件事。

王环的看法在当时很有代表性。这也许就是南平作为一个小国,处在四面受敌的位置上,却能存在五十多年的一个原因吧!

后唐天成三年(928年),高季兴病故,其长子高从诲继位。宋乾德元年(963年),赵匡胤命部将平定湖南。宋兵进驻江陵府,南平府名实俱亡。

南汉惨遭亡国

上蔡人刘隐(874—911)因平定士民谋乱有功,承袭其父封州刺史刘谦之职,被岭南节度使刘崇龟拜为封州(治今广东封开县)刺史。

乾宁三年(896年),清海节度使刘崇龟去世,嗣薛王李知柔前往广州,赴任清海节度使。李知柔行至湖南时,广州牙将卢琚、谭弘玘(一作章玘)作乱,据守广州抗拒李知柔入境,谭弘玘固守端州(治今广东肇庆),李知柔因此不敢入境。

谭弘玘知道刘隐是乱世中的英雄,便派使者送信给刘隐,说自己愿把女儿许配给他。刘隐欣然答应,还特意商定了迎亲的日子。迎亲的日子到了,新郎刘隐带了十多条迎亲船前去迎亲。谭弘玘府上听说迎亲船队到来,众多侍从便来到岸边招待。不料,迎亲船队刚一靠岸,新郎就一声呼哨,船舱里钻出不少身穿铠甲的壮士,他们拿着刀枪,对着众人又砍又刺。顿时,端州城里城外,火光冲天,杀声撼地。端州城就这样落入了刘隐之手。

与此同时,一支打着"谭弘玘"旗号的送粮队已乘船出发,前往广州。这队粮船刚靠岸,押送的军官就发出一声呼喊,从粮袋后面就跳出来许多壮汉,他们上岸后直奔府衙并四处放火。不多时,广州城内浓烟滚滚,乱作一团。刘隐趁乱杀死了牙将卢琚。

广州之乱平息后,刘隐随即派人前往湖南,迎接李知柔前来广州上任。李知柔到任后的第一件事就是宣布刘隐为清海军行军司马,负责管理节度府的军政事务。

天复元年(901年)冬,节度使徐彦若病重而卧床不起。徐彦若临终前向唐廷上遗表,请求立刘隐为留后。被立为留后的刘隐认清形势,积极劝进,深受朱全忠赏识,于天祐二年(905年)被封为清海军节度使。刘隐经过十四年的不懈努力,终于得以执掌清海、静海两节度府的军政大权,成为拥有实权的"岭南王"了。

乾化元年(911年),刘隐身患重病,不久就去世了。刘隐临终上表梁廷,请求由他的嫡弟刘龑(yǎn)袭位。贞明年间,刘龑上书梁末帝朱友贞,要求册封自己为南越王,都统岭南军事。朱友贞不许。刘龑十分气愤,当年即自称皇帝,国号大越。后来考虑到自己姓刘,便于称帝后第二年改国号为汉,表示自己所继承的是刘邦开创的事业,史称南汉。

刘龑前后在位共二十五年。在关于继承人的问题上,刘龑颇动了一番心思,他考虑到长子、次子幼年夭折,三子弘度、四子弘熙骄横无才,因此选中了五子越王弘昌继位。可惜的是,刘龑还没来得及命人写遗书,就命归黄泉了。因为没有遗书明确指定由谁来继承帝位,朝中大臣便按照依次而立的成规,由三子刘弘度继位。

刘弘度,即刘玢,南汉史上被称作殇帝。刘龑还没有入土为安,刘玢便招来一班歌妓,不分昼夜,饮酒作乐;有时他还扮作民间士人,出入酒楼娼馆,毫无廉耻之心。对于大臣们的劝阻,他处理得干脆利落:轻者罢官,重者赐死。

对于刘玢的这种作为,其五弟刘弘昌态度诚恳、言辞委婉地多次对他进行劝说,但刘玢既不听也不阻止。与老五的做法相反,老四刘弘熙则投其所好,派人四处搜寻绝色女子献给哥哥,使他日夜不得空闲。

糊涂的刘玢觉得老四对自己最好,有什么话也愿意对他说。刘弘熙便趁机挑拨是非,一次次向刘玢谎报弟弟们密谋作乱的情报。刘玢信以为真,让刘弘熙选几个得力的心腹,日夜紧随左右,以防万一。刘思潮便是其中的一个。刘玢的弟弟们入宫奏事,先得由这几个心腹搜身,之后方可进见。然而正是刘思潮这几个心腹,受刘弘熙之托,乘刘玢喝得不省人事之际,用汗巾把他勒死了。

刘玢一死,按照依次而立的原则,刘弘熙入宫继位,改名晟,南汉史上被称为中宗。中宗刘晟以阴谋诡计入主南汉,以己之心,度人之腹,在他看来,所有的弟弟都在暗中准备,阴谋夺权篡位。一次,循王刘弘杲进宫密奏说:"外边议论纷纷,说三哥死得不明不白。依我之见,不如杀了刘思潮等人,以息民议。"刘晟听后心中颇多猜疑,心想:"你只是想先除去我的心腹,然后再来谋我性命吧。"于是,刘弘杲刚出去,刘晟就把刘思潮等人找来,把刘弘杲的话原原本本地告诉了他们,问他们该怎么办。

刘思潮见刘弘杲要拿他们当替罪羊,又见刘晟糊涂好欺骗,便"扑通"一声跪下来,哭诉道:"我等正要向陛下呈报,循王利用兵马副元帅的职权,暗中调兵遣将,图谋陛下。他先杀我们,这是图谋陛下的第一步。"

刘晟本来就疑心自己的弟弟,听了这话,不问青红皂白,就立即派兵包围了兵马副元帅刘弘杲的家,并命令刘弘杲立即入宫。刘弘杲从来人声色俱厉的表现上,知道哥哥已受了小人挑唆而怀疑自己。他恳求来人稍等,容许自己沐浴后觐见。得到允许后,他走入内室,上香拜佛说:"因为一念之差,投胎王室,今天落得被杀的下场。以后如还能投胎人世,一定降生在普通百姓之家,以免被人无故杀害!"

杀死刘弘杲后,刘晟的疑心更重了。一次韶王刘弘雅进见刘晟,提到了弟弟弘杲的死。他忍不住说了一句:"其实杲弟不见得有反叛谋篡之心,我想是外人离间之言!"

一句话便使得刘晟大为不满,于是发话说:"朕看你年纪不大,但人已糊涂。你还是回家养病去吧!"就这样,因为一句话刘弘雅便被勒令退休了。

和刘弘雅感情较好的老六刘弘弼向刘晟求情:"七弟年幼无知,说话不知轻重。还望圣上赦免了他……"刘弘弼的话还没说完,只听刘晟对左右侍从大吼道:"我看他一定是发疯了!立即把他关起来!"

不久,据称一对凤凰出现在邕州,在封建社会里,凤凰被看作是吉祥如意、天下太平的象征。邕州的建武节度使刘弘泽马上派人向刘晟报告喜讯。刘弘泽没想到自己的马屁拍错了地方,刘晟听说邕州出现了凤凰,猜测这是天降旨意,让刘弘泽取代自己。刘晟立刻派人送去贺喜的御酒。刘弘泽不知是计,当着使者的面打开,邀请各位将领共领皇上恩泽。不想酒刚进肚,好几个人已滚翻在地。刘弘泽临死时,拼尽全身气力,向使者责问:"这到底是为什么?"

南汉乾和三年(945年)八月发生日食。这种极常见的自然现象,在封建社会虽然会使统治者不快,但很少有人借机杀戮。刘晟与别人不同,见有日食,便命人请来巫师,占卜测祸福。

巫师按照事先授意,胡言乱语道:"太阳是天子的象征。今天的日食,是老天暗示有人要阴谋夺位。"刘晟又让巫师指出是何人谋叛,巫师只好乱舞一通,用手指随便一指。巫师所指的方向,正好是被强令回家养病的刘弘雅的家。刘晟一个眼色,便立即有人前往,将刘弘雅杀死了。

五弟刘弘昌照旧入宫劝说,虽然话说得不轻不重,但刘晟心中有气,便派人假扮强盗,乘刘弘昌拜谒刘隐陵园的时候,将他杀死了。

杀了刘弘昌后,刘晟更加肆无忌惮了。不需要任何理由,借庆贺重阳节的机会,他在酒宴上连杀了自己的八个弟弟。然后,又派人前往各兄弟家中,杀尽所有的侄儿,并将侄女统统送往后宫,充作自己的宫女、妃子。刘晟直到病重时,还派人杀了最后两个弟弟:在邕州和祯州执掌兵权的刘弘貌、刘弘政,可谓毫无人性。

刘晟死后,由他的长子刘铩继位,南汉史上称为后王。刘铩信任宦官陈延寿,听信他"先帝之所以能把江山传位给陛下,主要是因为他杀尽自己的弟弟们,才有江山可传"的"经验之谈",于是也仿照父亲的做法,杀害自己的弟弟,以及南汉朝的功臣名将。如果说有什么不同的话,那就是他杀人的唯一武器是毒酒。

赵匡胤建宋后,宋将潘美奉命讨伐南汉。第二年,南汉亡国,刘𬬮北上开封。一次宫中设宴,百官未来,刘𬬮先到。宋太祖赵匡胤赐刘𬬮一杯酒,刘𬬮联想到自己杀人的办法,疑是毒酒,便吓得跪下,哭着向赵匡胤请求:"臣愿为汴京普通百姓,享太平盛世之福。臣实在不敢,也不愿饮此有毒之酒!"

赵匡胤听了,哈哈大笑,对刘𬬮说:"我以仁义取信天下,怎能做这种贻笑天下的事情?你不必以己之心,度人之腹!"说完,便拿过刘𬬮的酒杯,一饮而尽。刘𬬮见赵匡胤一点事儿没有,惭愧不已。

"真命天子"张遇贤

刘龑即位后,不仅生活奢侈,而且手段残忍。百姓们不堪忍受昏君的残暴统治,纷纷揭竿而起,三个一伙,五个一群,袭击官府,抗命逃亡。但因为人数少,彼此之间又缺乏联系,不等形成"气候",就被刘龑镇压下去了。

南汉大有十五年(942年),刘龑病死。他的儿子刘玢继位,刘玢狡诈不及其父,但残暴的却过之而无不及。

老百姓每天在刀山火海中过日子,唯一的出路就是造反。看到小规模的造反不成气候,祯州博罗(今属广东)人张遇贤(?—943)便把反抗者都联合到一起,准备发动一次大的武装起义。

张遇贤是博罗的一个小吏,他识文断字,平时看到官吏盘剥百姓,心中颇为不满,于是便想着组织百姓进行一次大规模的反抗。思谋良久后,张遇贤找到县内刻杉镇的一位巫师,请求巫师帮忙。

这个巫师平时给人看病去灾很"灵验",周围的百姓遇到大小事情,往往先来巫师这里卜问凶吉。博罗的黄伯雄因与官府相抗,杀了前来逮捕他的兵丁,他聚齐了20多人,准备上山起事。

临出发前,他们前往巫师家中问凶吉。巫师趁机告诉他们:"你们这次起事要想成功,必须找到你们的真命天子才行!"

黄伯雄等人问："谁是我们的真命天子？如上仙能指明,我辈当奉他为主。"

巫师假装沉吟了一会儿,然后神秘地说："本县县吏张遇贤是五百罗汉中的第十六位菩萨。他就是你们要寻找的真命天子。"

众人听了上仙的指示,便前往博罗,请张遇贤与他们一同起事。张遇贤明知就里,却装作不知的样子,他半推半就,最后才答应共同起事。

一传十,十传百,"真命天子"出世的消息,很快就传遍了祯州以及附近的循州、潮州等地。各地大大小小的义军也纷纷前来,共推张遇贤为"中天八国王"。

结果,不到10天工夫,张遇贤就已聚起了十多万人马,一举攻下了循州(治今广东龙川县),杀掉南汉刺史刘传,接着又拿下了潮州(治今广东潮州市潮安区)、祯州。捷报连连,众人纷纷劝张遇贤称王,张遇贤便在循州称帝,设衙门,置百官。因为义军内部不分尊卑老幼,一律身穿紫红色的衣服,百姓便称他们为"绛衣军"。

刚登帝位的刘玢连失两州,十分恼火,现在又眼看张遇贤的"绛衣军"要打到自己的京都兴王府(即广州),他再也坐不住了,立即召集亲王大臣们来商议。商议之后,刘玢决定命越王刘弘昌、循王刘弘杲带三万禁军前往镇压"绛衣军"。

然而,他太低估张遇贤了,派出的军队还没赶到循州,就在半路上中了埋伏,被围在锦帛馆。绛衣军据守高处,只放箭,不出战。三万禁军左冲右突,却无济于事,眼看手下部众死的死、伤的伤,刘弘昌、刘弘杲又气又急,觉得与其落入敌人手中受辱,不如自杀干净。正在危急关头,刘玢的第二批禁军赶到。禁军将领万景忻、陈道庠拼命杀出重围,救出了正想自杀的刘弘昌、刘弘杲。

大获全胜的张遇贤命部下继续向西,攻夺兴王府。这时南汉朝廷调集了更多的部队,一面从陆路阻击,一面派水师从海上包抄"绛衣军"的后路。农民义军虽勇气可嘉,但没有足够的作战经验,现在腹背受敌,只好向北败退。败退途中,义军的各位将领意见不一,有的主张继续进攻,有的主张散伙不干。情急之下,张遇贤率领众将一起向巫师请示,得到的回答是："过岭北进,夺取虔州,可成尔等大事！"

张遇贤用巫师的话统一了众人的意见,并依言而行。他们自循州出发,向南唐的领地——百胜节度府管辖的州县进发。他们越过大庾岭,首先攻占南康。南唐南境好久没打过仗了,州兵多日未训练,形同虚设。绛衣军长驱直入,很快便拿下了南康。节度使贾匡浩听说南康被攻破,急忙派快马日夜兼程向金陵报告军情。接到败报后,李璟大吃一惊,急调洪州营屯都虞侯严恩及通事舍人边镐率附近扶、袁等州州兵前往。

张遇贤初战告捷,信心大增,便想进一步占据虔州,以求发展。他决定在虔州山上的白云洞建造宫室,构筑工事,准备继续向北发展。

南唐的主将边镐是一个有勇有谋的将领,他看准张遇贤从岭南入境,与当地百姓语言不通,且不熟悉地理形势的弱点,反其道而行之,起用虔州土人白昌裕。白昌裕派虔州籍军士回自己的老家,散布"岭南人要夺他们的田地,而且他们会见一个人就杀一个,见两个就杀一双"的谣言。张遇贤义军与当地百姓语言不通,又没有及时做好宣传解释工作,因而无法阻止谣言,义军们所遇到的抵抗空前强烈。同时,白昌裕又联络了一批当地的土豪,由他们牵头组织村里的青壮年成立民团自卫。于是,张遇贤的义军就像瞎子和聋子一样,到处乱闯,到处挨打。

无奈的张遇贤再次向巫师请示机宜。但此时的义军已经陷入绝境,他们北有大军阻挡,北进无望;南有南汉把守关口,南归也无望。因此巫师也拿不出好主意。义军众将见上仙不再降旨,便觉得部队前途无望,于是纷纷离队而去。跟在张遇贤身边的心腹将领李台,以前一直认为张遇贤真是什么第十六位罗汉,是下凡来拯救百姓的"真命天子",所以对他毕恭毕敬、忠心耿耿。这时见上仙也不肯说话帮忙,隐约明白所谓"真命天子"的传言是张遇贤玩的把戏。为此,他十分恼恨张遇贤的欺骗,眼见败局已定,再加上为求得自己的生存,他便趁张遇贤不备,与自己手下的拜把子兄弟一起动手,捆住了张遇贤,把他送往虔州城中。

边镐见状大喜,果然饶了李台的性命,而且还让他担任南康的县尉。然而李台还没有来得及上任,就在半路上被人割了头。边镐奉旨将张遇贤等人押往刑场,凌迟处死。

这一次农民起义,是当时各地农民反抗官府斗争的集中反映。他们来势汹涌,攻州夺县,在一定程度上打击了南汉、南唐政权。但由于缺乏具备政治、军事才干的杰出领袖人物,也没有提出有号召力的口号,所以历时三年的农民起义,最终以失败收场。

第13章 北宋、南宋

宋朝是中国历史上上承五代十国、下启元朝的朝代,根据其都城及疆域的变迁,可分为北宋和南宋两个时期。960年,赵匡胤代后周称帝,国号宋,定都开封(今河南开封),史称北宋。宋朝开国之初,为了避免出现唐朝末期藩镇割据和宦官乱政的局面,采取重文轻武的施政方针,造成了军事上的积弱局面。1127年,徽、钦二帝被金人掳去,宋室被迫南迁,史称此后为南宋。1279年,宋朝灭亡。两宋共历十六帝,三百一十七年。期间,经济、文化教育等领域发展繁荣。

文武双全赵匡胤

赵匡胤(927—976)出身于军人家庭,涿州(今属河北)人,其父赵弘殷为后唐禁军中级军官。赵弘殷为次子起名匡胤,匡者,匡扶、保佑也;胤者,后代也。赵匡胤自小骨骼清奇,与众不同。长大后的赵匡胤更是容貌威武,气度豁达,学习骑马射箭,总是在其他人之上。

后汉初年,赵匡胤游历到一处没有客栈的地方,便在襄阳城的一座寺庙里住下。庙里有一个老和尚善于看相,看到他之后说:"我把我所有的积蓄都拿出来资助你,你往北去定会有奇遇。"赵匡胤往北去以后,于乾祐元年(948年),投奔到后汉枢密使郭威帐下征讨李守贞,屡立战功。

广顺元年(951年),郭威被部下拥立为帝,是为后周太祖。时年24岁的赵匡胤因作战勇猛、忠心护主而深受郭威赏识。

三年后,郭威病逝,其义子柴荣继位,也就是后周世宗。后周世宗看赵匡胤精明能干,便命他掌管禁军。手握兵权的赵匡胤从此如虎添翼,大展才华,屡建战功。

世宗称帝之初,刘崇率领北汉三万兵马和辽一万骑兵前来进犯后周。世宗御驾亲征,双方于高平交战。北汉首战告捷。后周右军统帅樊爱能率军南逃,致使前方将士中谣言纷传,人心惶惶。正当危急之时,赵匡胤挺身而出。他召集军队,动员部下说:"我辈受皇室厚恩,如今形势危急,我辈武人效命之时到了。"说罢,他大喊一声,一马当先,冲向敌阵。赵匡胤气宇轩昂、武功高强,所到之处,敌人死伤无数,这大大鼓舞了后周士气,最终于劣势之中取得了高平战役的胜利。高平战役结束后,他更得世宗宠信,被提升为殿前都虞侯。

显德二年(955年),世宗决定对成、凤、秦、阶四州用兵。然而,出征之后,却屡遭险阻,久攻不克,劳师无功。不少大臣互相埋怨,纷纷要求撤兵。世宗进退两难。此时,赵匡胤主动请战,他用计调开敌军主力,又用伏兵打击敌人薄弱环节,最终取得了胜利。

显德三年(956年),世宗出兵攻打南唐。南唐名将刘仁赡英勇善战,致使后周军队在寿州受阻,而南唐的两路援军已分别到达寿州西南的来远镇和寿州东面的滁州(今属安徽)。世宗派赵匡胤去滁州攻打南唐东路援军皇甫晖部。滁州四面环山,易守难攻。赵匡胤一面养精蓄锐,一面微服走访附近村民。他屈驾茅舍,不耻下问,得到了一位赵姓老学者指点,他便神不知鬼不觉地直抵滁州。他先是用一百人做诱饵,取得了五千人战胜敌军两万人的辉煌战绩。然后,又率领这五千人攻下了易守难攻的滁州,斩杀了沙场名将皇甫晖。一时之间,赵匡胤名声大噪。

打退南唐东路援军后,世宗又命令赵匡胤进攻寿州。赵匡胤跃马横刀,打得寿州守军鬼哭狼嚎,最后打开城门投降。寿州富庶,被攻克后,后周的很多将领大肆抢夺金银财宝。凯旋时,每个将领后面的战车上都拉着搜刮来的财物。世宗非常生气,许多将领都因为搜刮钱财而受到了处罚。一位孙姓将军揭发赵匡胤搜刮的钱财最多。震怒的世宗亲自去查看,发现确实如孙姓将军所说,赵匡胤身后跟了三辆车,每辆车上都有二十来个大箱子。世宗命人立即打开箱子,谁知箱子里面全是书。赵匡胤跪在世宗面前说:"我深受您的器重,但自己才疏学浅,唯恐不能胜任这么重要的职务,我只有发奋读书开阔眼界,把最好的智慧献给您,才能助您完成大业。"世宗大为感动,回去后立即提拔赵匡胤当了殿前都点检,即禁军头领。

南唐失去滁州以后,害怕后周继续南下,就设法贿赂赵匡胤。他们暗中派使臣送给赵匡胤三千两白银,企图拉拢他,并以此离间后周的君臣关系。赵匡胤将使臣打发走后,就把白银交给世宗。世宗由此更加信任、倚重赵匡胤。世宗多次亲征,赵匡胤一直随驾左右,成为世宗麾下一员常胜大将。

陈桥兵变

960年,后周大将赵匡胤在陈桥发动兵变,夺取周朝大权,改周为宋,做了宋朝皇帝。

赵匡胤的祖籍是河北涿州,出身于武官家庭。祖父当过营、蓟、涿等州的刺史;父亲赵弘殷,是后唐的一名禁军军官。赵匡胤生于洛阳,并在那里度过了童年。

赵匡胤生长在动荡不安、群雄角逐的五代十国时期。那时,武功往往是人们往上爬的最好阶梯,也是人们建功立业的最佳途径。赵匡胤受家庭的熏陶和社会的影响,孩童时就喜欢摆弄刀枪,玩打仗的游戏。长大后,年轻的赵匡胤毅然选择了勤练武艺以求建功立业的道路。因此,他对刀枪剑斧、马术弓箭都比较熟悉。少年时期,他曾驯服一匹烈马,声名远扬。

948年,21岁的赵匡胤离开家乡四处游历。起初,他去投奔与他父亲有旧交的防御使王彦超,但未被王彦超收留。后来,他又投奔随州刺史董宗本,后因董宗本的儿子瞧不起他而离开随州。这时,赵匡胤已身无分文,连住宿的地方都找不到了。

一天,赵匡胤投宿在一座庙中,庙中和尚见他如此贫困潦倒,但举止谈吐又颇见雄才大略,便开导他说:"我给你一点路费,你向北走,会有好运的。"传说,当赵匡胤走到河南商丘的高辛庙时,见到了一个占卜者,便凑上去问自己的前程。他先问自己能否当一名小兵,卜显示"不吉";又问能否当一名刺史,卜又显示"不吉"。他不解,再问能否当皇帝,卜显示"吉"。于是,他向南投到后汉枢密使郭威的帐下,郭威见赵匡胤气质不凡,便把他留在了军中。

951年,赵匡胤与一批将领拥立郭威称帝,夺取后汉政权,建立了后周。在推翻后汉的过程中,赵匡胤作战有功,后来被提拔为禁军军官,这激发了他继续往上发展的勇气。954年,后周世宗柴荣即位。赵匡胤又因智勇双全、连战连胜,先后被提升为殿前都虞候及殿前都点检,成为禁卫军的高级将领。

956年春,后周世宗柴荣亲征淮南,赵匡胤随驾南征,又立下大功,占领了南唐的滁州。在滁州,赵匡胤的部下捉到一百多名百姓,指认他们为盗匪,准备斩首示众。新来滁州上任的军事判官赵普(922—992)却不同意,他说:"你不审问清楚就一律处死,如有被诬陷者,岂不误伤人命?"赵匡胤说:"这里的百姓都是俘虏,我将他们全都赦免,已经够仁义了,可他们这些人还要做盗匪。不动刑罚,就不能警诫他人。"

赵普不同意赵匡胤的说法,反驳道:"南唐虽属敌国,但百姓有什么错?你既然想一统中原,为何要把这里的百姓看作俘虏?"赵匡胤无言以对,只好说:"你若不怕辛苦,就烦请代为审理这些人吧!"赵普对这一百多名百姓认真查问,发现绝大多数都没有做盗匪的证据,除个别人有物证被定罪外,他将其余的人无罪释放。百姓们非常高兴,称赞赵普英明。赵匡胤由此对赵普格外信任,凡有大事必同他商量。

后周兵攻占滁州后,南唐国主害怕了,向柴荣求和未果,便命齐王李景达为帅,带领6万兵马直奔扬州。当时扬州的守将韩令坤忙向滁州求援。赵匡胤率兵来到六合,准备去支援扬州,但韩令坤已撤出扬州,赵匡胤闻讯,捎信批评了韩令坤。韩令坤立即下令回扬州,途中与南唐将领张孟俊相遇。后周兵个个勇敢善战,最终南唐兵大败,张孟俊被活捉。

过了几天,南唐兵主帅李景达发兵攻后周,赵匡胤率兵迎战。赵匡胤发现有几位兵士畏惧不前,便用剑在他们的皮笠上砍出痕迹,作为记号。这一仗,双方不分胜负。收兵后,赵匡胤将皮笠上有剑痕的兵士斩了,并通报全军。第二天再战,后周兵以一当十,杀得南唐兵一败涂地,最终平定南唐。

后周军节节胜利,直逼幽州,但柴荣却大病卧床,不能继续指挥作战,只好撤军。赵匡胤随柴荣征辽有功,被任命为殿前都点检兼检校太傅,掌管禁卫军,不久又升任归德(今河南商丘南)军节度使一职,权力越来越大。

959年,后周世宗病亡,周恭帝柴宗训年幼。这时的赵匡胤由于屡建战功,声望日高,负责防守京师。于是,当年占卜时得来的一腔当皇帝的心思开始活络了,并很快坚定起来。

960年,赵匡胤得到率兵北上御辽的命令后,便有条不紊地行动起来。他立即调兵遣将,大造声势,像是真要去抵御大敌。其实,这是赵匡胤等人设下的圈套。当大队人马开进京城北20千米的陈桥驿时,天色已晚,大军便驻扎了下来。

夜里,赵匡胤的弟弟赵匡义和谋士赵普,按照赵匡胤的预先部署,进行了紧张的活动。他们派人到将士中鼓动兵变,拥立赵匡胤当皇帝。将士们很快地议论起来。大家说:"现在皇上年幼力弱,未能亲理政事,我们为国出生入死,有谁知道?不如先立都点检为天子,再北征不迟。"赵匡义和赵普见将士们行动起来,立即派飞骑回京,与留在京城的禁军将领石守信、王审琦秘密约定,待赵匡胤回师时做他的内应。

这天夜里,在陈桥驿的将士们都没有入睡,赵匡胤假装酒醉不醒,躺在床上。黎明时分,赵匡义、赵普和诸将闯进赵匡胤的卧室,说:"诸将无主,我们愿立都点检做天子!"众将士一边叫喊着,一边团团围住正打着哈欠的赵匡胤,并把早准备好的黄袍强行披到赵匡胤身上,随后叩头便拜,高呼"万岁"。这就是历史上的"陈桥兵变,黄袍加身"。这一年,赵匡胤33岁。

赵匡胤黄袍加身后,就率领大军回京城。一路上没有遇到任何阻挡,大军很快便进入京城。进城的军队对百姓秋毫无犯,市面秩序井然,人心安定。后周百官听说赵匡胤拥兵自立,已经回到京城,慌作一团。有人把皇宫大门关了起来,企图抵抗。赵匡胤来到通往殿前都点检官署的左掖门时,做内应的石守信立即把宫门打开,赵匡胤顺利地回到了殿前都点检官署。

这时,一群将士把宰相范质、王溥拉到官署门前,赵匡胤看见,立即往前假哭着对范质说:"我赵匡胤受世宗厚恩,今天,大家把我逼到这步田地,我真是有负天地呀!有什么办法呢?"范质正想说话,站在一旁的军校罗彦瑰立即高声吆喝道:"我们无主,今日必须有一个天子!"赵匡胤假装斥退他,但罗彦瑰一动也不动。

范质、王溥看到这般情景,一时不知说什么好。停了片刻,王溥首先退到阶下,跪倒下拜,范质也只好跟着下拜,口呼"万岁"。朝中大臣见大势已定,一个个都对赵匡胤表示屈服,小皇帝柴宗训被迫让位。

当天在皇宫崇元殿上,百官齐集,按班次站定,举行了隆重的禅位仪式。翰林学士拿出早已准备好的禅位制书,以柴宗训的名义宣读,赵匡胤跪倒在龙阶上拜受。

制书读完,宰相扶赵匡胤升殿,换上皇帝穿的御袍,即皇帝位。群臣朝贺,高呼"万岁"。因为赵匡胤原来所领的归德军在宋州,所以改国号为宋,仍以开封为都城,称东京。这就是历史上的北宋。

宋太祖奖励气节

通过陈桥驿兵变,赵匡胤登上了皇位,建立了北宋。当上皇帝的宋太祖,最担心的就是别人再次发动兵变,从自己的手中夺走天下。为此,他一方面通过杯酒释兵权,削弱武将兵力,重用文人,减少再次兵变的可能性。另一方面,他积极在朝野上下营造忠君爱国的氛围。

宋太祖对历任四朝官职的冯道觉得很不耻,他认为五代朝廷的短命,就是因为有太多像冯道这样缺乏忠君爱国观念的大臣。要保证赵家天下长久,就必须在朝臣之间建立忠君爱国的思想,在政事上引导大臣们秉持忠君思想。

正是因为当初周世宗病逝,加之周恭帝孤儿寡母力量薄弱,赵匡胤才得以谋权兵变登基。后周副都指挥使韩通得知消息后,准备发兵讨伐。结果韩通还没出行就被王彦升斩首了。宋太祖即位后,为表示对韩通忠于国君的奖励,追赠韩通为中书令,下令用厚礼葬之。而对于擅自斩首韩通的王彦升,宋太祖则表示不会重用他。宋太祖的这一举措,就是为了告诉官员们他很重视忠君的气节,对忠君的人会给予嘉奖,对不忠的人会给予惩戒。

对于忠于旧主而与自己为敌之人,宋太祖出于为天下树立忠君榜样的考虑,往往也会善待这类人；而对于贰臣，即使他们曾助自己夺取天下，宋太祖往往也不会重用这类人。

赵匡胤兵变时，在众人的拥戴下，军队来到陈桥门，守门的将军拒绝开门。宋太祖不得已绕道封邱门，封邱门的将军望风而降。当赵匡胤大军来到京城南门时，守门的陆、乔两名卒长也拒不开门。宋太祖率众转道北门，才得以进入京城。陆、乔二人得知消息后，誓不做新朝之臣，自缢而死。宋太祖即位后，为了表彰名气，将守封邱门的将军立即斩首，而提拔了守陈桥门的将军，以嘉奖他忠于职守。宋太祖还亲自到陆、乔两名卒长的驻地，赞叹道："真乃忠义之士！"后下令为二人修建一座庙宇，并亲自题写庙宇的匾额为"忠义庙"。

举行禅让大典时，周恭帝没有准备禅位制书，大典被迫中断。翰林承旨陶谷及时从怀中掏出自己事先准备的一篇禅让制书，对宋太祖极尽阿谀奉迎、歌功颂德之能事，终使禅让大典得以顺利进行。虽然陶谷雪中送了炭，宋太祖的禅让大典才避免了因为没有禅让制书而出现尴尬情况。但事后，宋太祖却没有重用陶谷。通过这件事，宋太祖认清了陶谷善于溜须拍马、见风使舵的谄媚本质，明白这样的人今日不忠于后周，他日也会不忠于自己。

宋太祖北伐北汉时，生擒了卫融。卫融是北汉的宰相，一贯主张和宋开战，不应求和。卫融战败被俘，面对宋太祖的质问，厉声说宁死不投降。宋太祖虽然厌恶卫融鼓动北汉和自己对抗，但鉴于他是忠君之臣，秉着为天下不忠的臣子树立榜样的目的，还是释放了卫融。

一统天下后，江山稳固成为当务之急，宋太祖更注重对臣子忠君思想的引导。一次，宋太祖宴请由后周入宋的翰林学士王著，王著醉酒后，思念后周，在大殿上哭泣出声。有大臣弹劾王著心念前朝，殿前失仪，应当处罚，以儆效尤。宋太祖有感于后周灭亡，王著不得已入宋为官，但仍心念前朝，是忠君之臣，不应处罚王著。当然这也与宋太祖对于文人没能力掀起复辟浪潮的认知有关。宋太祖没有处罚王著，是希望给大宋臣子传递出朝廷褒奖忠臣的信息，忠于前朝尚且不受罚，忠于宋王朝更会获益良多。

正因为宋太祖激励忠贞之举，而且因他颇具容忍雅量，所以他手下才有很多誓死效忠他的人才。

杯酒释兵权

赵匡胤用计夺了周朝江山，自己做了宋朝开国皇帝。当时，正是内外矛盾交加之际，赵匡胤胸有成竹，勇敢地面对各种矛盾。昭义军节度使李筠和淮南节度使李重进不服赵匡胤，也想当皇帝。赵匡胤就派大将石守信率领勇猛的宋军打败了他们。灭了二李后，其他想反抗的人看到这种局面也不敢妄动了。这时候，宋朝的政局才稍稍安定。

为了防止后周残余势力东山再起，赵匡胤采取了安抚策略，将周世宗的符皇后以及刚做了几天皇帝的柴宗训迁往西宫，进行封赏，命令有关人员照顾好他们的生活，并对后周文武大臣仍旧加以留用。同时，对那些在拥护他称帝的过程中有功的人予以重赏：封石守信为归德军节度使，封高怀德为义成军节度使，封张令铎为镇安军节度使，封王审琦为泰宁军节度使，封慕容延钊为殿前都点检，封皇弟赵匡义为殿前都虞侯，皇弟改名光义。

宋太祖对有功人员做了两手准备：一是大加封赏，二是防范他们居功自傲。跟随赵匡胤打天下立了战功、时任京城巡检的王彦升，曾在半夜三更到宰相王溥家胡闹。王溥系后周留用官员，王彦升根本没把他放在眼里。第二天，王溥向赵匡胤反映了此事，赵匡胤毫不留情，撤了王彦升的职。后周被留用的大臣们很受感动，开始从心里拥护这位宋朝的开国皇帝。

对于不愿归顺宋朝的几个节度使，赵匡胤不慌不忙，一个个把他们制服了。

赵匡胤为了了解民间实情，经常微服私访，赵普劝他小心，防止大臣生变。赵匡胤说："这些重臣，都是朕的故交，不致生变，卿不用多虑。"赵普说："臣不是疑虑这些人不忠，而是看他们不是帅才，难以统率部下。一旦军中有人胁迫他们谋反，恐怕他们不得不听啊！"这句话，说到赵匡胤的心里了，他也担心将来发生这样的事。赵普建议他把一切权力收归自己，赵匡胤暗暗点头。

961年秋天，太祖赵匡胤召赵普入殿，与他推心置腹地谈话。他说："自唐以来，几十年间,帝王换了十几人,战乱不止,百姓遭殃,是什么原因?我拟平息兵患,定出长治久安的计策,你看应怎么办?"赵普说:"唐以来战乱不止的原因是地方权势太大,君弱臣强。陛下要寻治国之计,只要削夺节镇之权,将地方精兵归于中央,天下必然安宁。"赵匡胤也有这种想法,与赵普不谋而合,于是就合计出了一条既文明又能达到目的的计策。

一天,赵匡胤让有司在便殿设宴,款待石守信、王审琦、张令铎等结义兄弟。酒宴气氛十分融洽热烈,并逐渐达到高潮,赵匡胤说:"我能有今天,全仰仗诸位的鼎力相助,你们功德无量,我心中有数。可是,做皇帝太难了,一年多来,我没睡过一个安稳觉哇!"

众人听皇上的头半截话时,都很高兴,听后半截话时,却觉得有点不对劲。石守信问道:"陛下现在还忧虑什么呢?"

赵匡胤说:"我与你们都是故交,话就直说了。这皇帝的宝座,谁不想坐呢?"大家一听,慌忙离席叩头。

石守信说:"陛下何出此言?如今天下平定,谁还敢有二心?"

赵匡胤说:"我知道你们不会有二心。可谁能保证你们的部下没有异心呢?如果有人把黄袍穿在你们身上,你们怎么办?"这一番话,竟把石守信等人吓哭了,他们请皇指出一条明路。

赵匡胤说:"人生短暂,转瞬即过。诸位不如释去兵权,到地方去做官,多置些田地房屋,为子孙后代留下些产业。再多买些歌女,每日饮酒作乐,平平安安地过好后半辈子。君臣之间,两相无猜,岂不更好?"众人立即明白了皇上的意图,连忙拜谢。而后大家接着喝酒,在友好的氛围中结束了酒宴。酒虽进了肚,但众武将心里却很不是滋味。

第二天,这些将帅一起上表称病,不能入朝。就这样,赵匡胤收回了他们的兵权,将全部兵权集中在自己手中,这就是历史上有名的"杯酒释兵权"。

宋太祖又把禁卫军两司之一的侍卫司分成侍卫马军司和侍卫步军司两部分,与殿前司统称"三衙",任命资历浅的低级军官为三衙使。这样做的最大好处,就是扫除了历代禁卫军专横跋扈的风气。宋太祖还经常调动军队,将领也不固定统率一支军队。这就造成了"兵无常帅,帅无常师"——也就是"兵不识将,将不识兵"的局面。

赵匡胤通过"杯酒释兵权"等一系列的措施,让自己手中的权力越来越大,为维护国家统一作出了重要贡献。但是这些措施也造成了宋朝军队战斗力低下等不良后果,致使后来军队打仗经常失败。同时,宋太祖过于注重京城的防守,而忽视边防,致使宋军在后来的战争中只是挨打,而不能主动进攻。

围炉定计取天下

通过杯酒释兵权,稳定了朝廷内部的局势后,宋太祖赵匡胤开始考虑出征扫平宋王朝周边小的割据政权,以进一步扩大自己的领土。

当时宋王朝北有北汉政权,南有南唐、吴越、后蜀、南汉、南平等政权。北汉政权弱小,但依附于强大的辽国,经常南下骚扰宋境,双方冲突始终未断。南唐在"十国"当中是最大的一个独立王国,管辖着如今江苏、安徽的淮河以南和福建、江西、湖南、湖北东部等大片土地,国力比较雄厚,但除了开国君主李璟有所作为外,之后的君主都平庸无能,尤其是最后一位君主李煜(937—978),更是对朝政一窍不通,一心沉迷享乐。李煜因害怕宋王朝发兵,早就上书表示愿贬损仪制,归附宋朝。

从国力雄厚的程度来看,南唐强于北汉;从出兵征讨的难易来看,南唐比北汉容易。先攻打北汉,就意味着间接和强大的辽国开战,可宋王朝刚刚建立,还不具备和辽国开战的实力。即使辽国不乘人之危,攻打刚刚建立的宋朝,而只是出兵帮助北汉防御,到时候久拖不下,宋王朝也无力支持,最终取胜的还是北汉。如果先攻打南唐,相对轻松,南唐后主李煜沉迷享乐,君臣早已离心离德,宋王朝大军一到,定能直取南唐。但如果宋王朝出兵攻打南唐,北汉很有可能偷袭宋王朝的后方,到时候,宋将会南北两头交战,腹背受敌,恐怕双拳不敌四脚。而且攻下南唐,消耗军力后,还得调转头来北上攻打北汉,更要面对强大的辽国。先北上还是先南下,宋太祖一时间难以抉择。

这一天晚上,汴京城下着大雪,宋太祖又想起了北上还是南下的问题,久久不能入睡,索性决定起来,找宰相赵普商量一下。于是宋太祖轻车简从就来到了赵普的宰相府。赵普跟随宋太祖多年,深知皇上有夜访朝臣的习惯,同往常一样,这天晚上赵普没有一回家就脱朝服,以防皇上忽然来访,自己不能及时谒见。看着雪越下越大,赵普正打算和夫人换了便服就寝,就听到有人来报,说皇上来了。

赵普和夫人急忙将宋太祖迎进家门。宋太祖掸去身上的雪花,脱下斗篷,坐在火炉旁边,一边烤着火,一边吃着赵普夫人准备的酒菜。

酒过三巡,菜过五味,宋太祖缓缓开口道:"朕虽然贵为天子,却日日不能安睡,卧榻之旁,有他人安睡,实在是难以安心哪。"赵普深知宋太祖的心思,听完后说:"皇上是想征讨周围的割据政权吧,现在朝局已稳,国力初步恢复,是出兵的好时机。"宋太祖看了看赵普,询问道:"朕决定先攻打北汉,你觉得如何?"

赵普沉思许久后表示:"如果立即进攻太原,战役的结果,臣难以预料。"他进一步分析说,北汉的太原现在独挡西、北两个方面的边防,如果宋朝现在将其一举拿下,那么西部和北部边疆的辽国兵患就要由大宋独自抵挡了,以宋朝现在的经济、政治、军事的实力而言,出现这种情况对宋是不利的。宋应该暂时留着太原不打,权当他们是大宋北方的一处屏障,而集中力量去解决周围其他的政权。至于太原,那只是一个弹丸之地,迟早会落入大宋的手中。

宋太祖听完赵普的分析后,脸上露出了欣慰的笑容,说:"你的观点和朕完全一致,朕刚才之所以提出要攻打太原,是为了试一下你敢不敢发表不同意见。这一点很重要,朕虽然贵为天子,但兼听则明,偏听则暗,在国家大计方针方面,朕还是希望听到不同的声音。你做得很好,敢于提出不同意见。"

确定先南下的战略方针后,君臣二人又进一步商谈了出兵南下的一些问题,在说到南下领兵将军应由何人担任时,宋太祖指出:"我们现在是一个大国了,在征服周边那些小的政权时要有大国风范,要让当地百姓感觉到我们是正义之师、仁义之师,这就要求在作战过程中尽可能少杀人。前次王全斌率领大军平定川蜀时就杀人太多,想到这一点朕至今耿耿于怀。一支军队统帅的一言一行,都影响着整个战局,像王全斌这样的将领是不能再用了。"赵普则向皇帝推荐了曹彬和潘美两位大将,皇帝对此表示赞同。

商定了出兵南下的策略后,宋太祖心满意足地回到皇宫,由此也留下了"太祖雪夜访赵普,君臣围炉定天下"的佳话。

半部《论语》治天下

北宋名相赵普早先是宋太祖赵匡胤的幕僚。960年,赵匡胤率军北上,部队到达陈桥驿时,赵普为赵匡胤出谋划策,发动兵变。赵匡胤黄袍加身,做了皇帝,改国号为宋,史称宋太祖。接着,赵普又辅佐宋太祖东征西讨,结束了五代十国的混乱局面。后来,宋太祖任命他为宰相。

宋太祖死后,他的弟弟赵光义(原名赵匡义)继位,史称宋太宗。而赵普仍然担任宰相。有人对宋太宗说,赵普不学无术,所读之书仅仅是儒家的一部经典——《论语》而已,他不适合再当宰相。宋太宗不以为然地说:"赵普读书不多,这我清楚得很,但说他只读过一部《论语》,这我就不相信了。"

有一次,宋太宗和赵普闲聊,宋太宗随口问道:"有人说你只读过一部《论语》,这是真的吗?"赵普老老实实地回答说:"微臣确实只读过一部《论语》。过去臣以半部《论语》辅助太祖平定天下,现在臣用半部《论语》辅助陛下,使天下太平。"赵普逝世以后,家人打开他的书箱,发现里面果真仅有一部《论语》。

孟昶无奈降北宋

后蜀明德元年(934年),孟知祥在成都因病去世,其第三子孟昶(919—965)继位,史称后蜀后主。孟知祥临终时,因念及孟昶年幼,特命老臣赵季良、李仁罕、赵廷隐、王处回、张公铎、李肇、张业等人辅佐孟昶。

孟知祥去世后,这些老臣自恃功高,又因为孟知祥在世时对他们多优待纵容,他们对待孟昶时,便显得骄惰不驯。孟昶年纪虽小,心里却跟明镜似的,他特别清楚这些老臣对自己的态度,所以他也对老臣们的作为不满。这些老臣中,李仁罕、张业尤其骄横。他们不遵守法纪制度,大造房屋,夺人良田,挖人坟墓。孟昶即位数月,便抓住罪证,逮捕了李仁罕,将其杀掉,并治其灭族之罪。老臣中的李肇自恃有功,经常拄着拐杖见孟昶,称自己有病不能跪拜,他听说李仁罕被杀的消息后,为孟昶的雷厉风行所震撼,当即丢下拐杖拜倒在地。

广政九年(946年),老臣赵季良去世,李仁罕的外甥张业更加专横,一人独揽大权。张业身为宰相兼任判度支,竟然在家中私设监狱,用残酷的刑罚对后蜀百姓横征暴敛,百姓对他非常痛恨。广政十一年(948年),孟昶与匡圣指挥使安思谦设计将张业逮捕处死。从此,孟昶亲政。他通过在朝堂上设置匦(音guǐ;箱子,小匣子)函,接受臣民投书来了解民情。

孟昶做皇帝时,乘中原后唐、后晋、后汉、后周频繁兴替,战乱不断的时机,发布《劝农桑诏》,要求刺史、县令关心农业生产,使得巴蜀粮食连年丰收,国力大增。不久,孟昶又发布《官箴》,大意是:县令、刺史是百姓的父母官,应以慈悲为怀。欺压百姓自然容易,但上天有眼,岂能欺骗,唯有善待百姓,才是为官之道。

孟昶不仅处理政事清明稳重,而且从善如流,善于听从别人的劝谏。

孟昶喜欢骑射。有一次,他意外从马上跌落下来,摔伤了身体。李太后前来探望,语重心长地对他说:"你现在是一国之主,应以国事为重,怎么能像平民百姓一样,成天骑马斗鸡,将政事弃而不问呢?"孟昶听后,默不作声,但以后骑马的次数明显减少了。

还有一次,一位下级官吏上书,批评孟昶用官吏事,措辞激烈。大臣们抓住其中的一些话,准备责罚他,但孟昶加以阻拦说:"我听说唐太宗即位之初,有一位名叫孙伏伽的狱吏上书言事,唐太宗不因为他职位卑微、用词不当而拒谏。我怎么能因为官吏措辞不当而加以惩罚呢?"

在外交方面,孟昶注意与邻国,如后晋、后汉、南唐等保持友好往来,努力避免战争。

因为孟昶勤勉为政,蜀中久无战争,生产得以发展,物产较为丰富,当时一斗米才卖三钱。百姓生活和乐,成都街头,弦歌阵阵,豪门大家,广修亭榭;街头巷尾,尽种芙蓉,秋日盛开,蔚若彩锦。一些文人学士填词赋诗,为孟昶歌功颂德。文学的发展,带动了蜀国石刻事业的发达。《毛诗》《仪礼》《礼记》《周礼》《周易》《尚书》《尔雅》等一大批文化典籍，都被刻成石本。

然而，好景不长，广政十七年（954年），后周皇帝郭威死去，柴荣继位。柴荣以一统天下为己任，在三次讨伐南唐的同时，也在寻找机会攻击后蜀。广政十八年（955年），柴荣命镇安节度使向训，凤翔节度使王景和客省使昝居润攻夺秦、凤两州。

在军事指挥中，孟昶轻信了赵季札，命他出任秦州监军使。谁知赵季札一听到后周兵逼近的消息，吓得单骑南逃，进了成都，向孟昶报急。孟昶派人去了解军情，方得知后周兵还在秦山，于是便将谎报军情的赵季札推出崇礼门斩首。

后周兵和后蜀兵在凤州附近狭路相逢，两军阵前对峙多日，两方将领各使绝招：后蜀将李廷珪派偏师出凤州和唐仓镇、黄花谷，断绝后周军的粮食供应线。后周兵统帅王景也派裨将张建雄分头阻断后蜀偏师的归路。

在伏击与反伏击的斗争中，后蜀部队没有压住后周兵的进攻，大败而回。雄武节度使韩继勋放弃秦州，成都、成州的部将也都投降了后周军。不久，三面受敌的凤州也被攻陷。

孟昶无奈，只好罢免了李廷珪，向周世宗柴荣上书请和。然而，或许是因为太过大意，他在请和书中自称"大蜀皇帝"，并犯了"攀龙附凤"的严重错误，他说自己的老家在邢州龙冈，与后周皇帝是老乡。后周世宗柴荣对孟昶自称"大蜀皇帝"很不满，也不屑于孟昶与他攀亲戚的做法，于是对孟昶的请和根本不予理睬。

孟昶为此不满地挖苦世宗柴荣说："朕效祀天地称天子之时，你柴荣还在跟着别人杀人放火做贼，今天你我都是天子，凭什么如此看不起人？"为洗雪这份羞辱，孟昶随即命大臣草表，严词斥责，宣布与世宗绝交。同时调兵遣将，随时防备后周兵的入侵。

正在后蜀和后周对峙、胜负未卜时，一个意外的喜讯传来——后周世宗柴荣病故了。然而又一个不幸的消息传来——赵匡胤发动了"陈桥兵变"，禅周建宋。只不过当时赵匡胤忙于其他方面的战事，因此暂时缓解了蜀地与中原的冲突。

广政二十七年（964年），山南西道节度使王昭远派裨将赵崇韬北上，约请北汉出兵南下，共伐中原。这封信意外地落入了赵匡胤的手中，他当时已平定荆南，正愁没有伐蜀的理由，得到这封信真是有如天助，他立即命王全斌分水陆两路，从东、北两个方向征讨后蜀。

孟昶仓促应战,命王昭远为领帅,负责北路指挥。然而,孟昶再次犯了用人不当的错误,王昭远懦弱无能,兵至汉源的时候,听说剑门被破,竟然吓得双腿不听使唤,只能坐在行军椅上,站不起来了。副帅赵崇韬一战而败,王昭远逃进一个仓库里藏身,被宋军抓获。

孟昶听说王昭远败北,但身边已无将帅可派,于是只好让太子孟元吉统兵前往御敌。孟元吉用车携带爱姬,带着乐器和几十个伶人随军出发,车队五彩缤纷,如同外出郊游一般,毫无大战在即的严肃,连蜀人看见了都偷偷讥笑。结果,孟元吉来到前线,还没与敌人正面交锋,一听说前方兵败,就立即掉头逃命了。

广政二十八年(965年)一月,王全斌率部向成都进发,一路上势如破竹。孟昶得讯,匆忙间问计于左右,满朝文武大臣竟无人回话。孟昶望着满朝文武大臣,内心悲怆至极,他说:"我们孟家父子以温衣美食养兵四十年,今日临敌,竟无人肯向东放一箭!"众将士仍然默默无言,孟昶见回天乏力,只好令李昊起草降表,向北宋投降。就这样,后蜀全境46个州府,198个县城,都成了宋朝的天下。

宋太祖平定南唐

宋太祖赵匡胤和宰相赵普雪夜围炉定天下,定下了先南下、后北上的国策,先南下平定诸国,再北上讨伐依附辽国的北汉。于是,宋军选择荆州、湖南为突破口,挥师南下,开始了统一战争。大军平定荆州、湖南后,继续挥师南下,先后灭了后蜀、南汉。然后,南唐成了下一个进攻目标。

南唐是五代十国中统治地域最广的一个国家,最盛时疆域达35州,大约地跨今江西全省及安徽、江苏、福建、湖北、湖南等省的部分地区。南唐历时39年,经烈祖、中主、后主三世,经济发达,文化繁荣,但中主时就呈现出衰落的态势。中主时,后周政权三度进攻南唐,南唐国力受损严重,不得不与后周划江为界,成为后周属国,奉后周为正朔。

中主病逝后,李煜即位,成为南唐后主。李煜精书法、工绘画、通音律,但缺乏为政才能。宋朝代后周立朝之初,李煜入京面见宋太祖,上书表示愿奉宋为正朔,并使用宋朝年表,岁岁纳赋。宋太祖灭南汉后,后主害怕宋太祖继续南下,上书自除国号,改称"江南国主",希望以此保全南唐。

不久李煜得到密报,早在平定荆湖之时,宋太祖就已经修建千余艘战船,准备沿江东下南唐。有大臣请求李煜派人秘密焚烧北宋战船,阻止北宋东下,而李煜惧怕惹祸,没有同意。面对紧迫的外部形势,李煜忧心似焚,每天只能与臣下设宴酣饮,借酒浇愁。

开宝七年(974年)十月,宋太祖令曹彬为统帅、潘美为都监,率水、步、骑兵在采石矶一线强行渡江,进围金陵;同时令吴越国主钱弘俶统率吴越军5万,由宋将丁德裕监军,从东面攻取长州,然后会师金陵;另外派兵牵制屯驻在江西的南唐,使其无法东下援救金陵。

得知宋朝发兵金陵,后主君臣自恃有长江天险在前,并没有积极调派军队迎战。波涛汹涌的长江,确实让多是北方人的宋军一时难以渡过,从而使攻取南唐之路受阻,直到一个南唐落第秀才出现,才帮助宋军解决了长江天险的难题。

樊知古原是南唐的一个落第秀才,因屡次科考不中,想要改投宋朝。得知宋军要渡江灭南唐,樊知古亲自驾船测量长江江面宽窄,绘制了详细的长江水文图,帮助宋军在长江最窄处,架设了一座浮桥。宋军顺利渡过长江天险后,直抵金陵城下。数路大军对金陵形成合围之势,终使金陵成了一座孤岛。

沉溺于有长江天险保护的幻想中的李煜,由于内侍的隐瞒,直至宋军兵临城下,才得知自己已被包围,而后多次求和被拒,只得拼死抵抗。开宝八年(975年)十二月,金陵城破,李煜被俘。开宝九年(976年)正月,李煜被送到京师,宋太祖赦免了李煜的死罪,封他为"违命侯"。

"违命侯"李煜

宋太祖赵匡胤建立北宋以后,唐末五代以来藩镇割据的局面依然持续着。除了北宋政权以外,北方的辽对中原虎视眈眈,另外还有北汉、吴越、后蜀、南汉、南唐、荆南(南平)等割据政权。其中,占据江淮地区,以金陵(今江苏南京)为都的南唐算是江南大国。

南唐,由十国之一的吴国将领李昪于937年灭吴后所建。李昪在位时,鼓励生产,劝课农桑。在不到十年的时间里,经过励精图治,南唐一度在政治、经济等方面处于十国的领先地位。

李昪死后,王位由其长子李璟继承,史称"中主"。李璟爱好诗词书法,不懂治理国家,又在出兵闽、楚后令军队疲惫。于是南唐国势渐弱,从955年起,前后三次遭到强盛起来的后周的袭击,皆兵败。961年,李璟撒手归西,将一个支离破碎的南唐交给了儿子李煜。

李煜(937—978),字重光,初名从嘉。他即位以后,十分畏惧强大的北宋,亲自撰写奉表并向宋太祖进贡大批金银财宝,表明一定臣服于北宋。而宋太祖却从没有放弃过统一的打算,他和大臣们不断探讨出兵的策略。

直至宋太祖与有智有谋的宰相赵普商议后,定下了"先南后北"统一国家的策略,也就是要先弱后强,先攻下富庶的南方地区,再集中力量对付北方的强敌。

由于战略方针正确,南下的北宋大军迅速灭了南平,攻下后蜀、南汉,对南唐形成了三面包围之势。

971年,宋灭南汉以后,李煜被吓坏了。他急忙上表宋太祖,主动要求改称自己为"江南国主",各级官员依次降级。宋太祖同意了李煜的请求。但他这样做绝不是受了感动,要放南唐一条生路,只不过是采用"羁縻"(笼络)手段,先稳住南唐,进行分化瓦解,以便日后全歼对手。在治国和谋略上,李煜和宋太祖简直不可同日而语。

李煜通晓音律，喜爱歌舞，尤擅诗词，他把大部分精力都放在这些事情上，无暇顾及朝政。为了减缓自己对南唐即亡的恐惧和内心压力，李煜还笃信佛教。他大修佛寺，自己也穿上袈裟，跪拜诵经，显得十分虔诚。大臣们对皇帝这种消极无能的做法十分气愤，但并没有人能阻止。

在北宋方面，征伐南唐的时刻就在眼前了。一开始，宋太祖还在为找一个出兵的借口伤脑筋，因为南唐自俯首称臣后一直百依百顺，且贡献了许多宝物。直到974年，宋太祖召李煜入朝。李煜因害怕被杀而称病未去，没想到宋太祖却给他加了个"倔强不朝"的罪名，同时也给宋兵南下找到了借口。就在这一年，宋太祖命曹彬、潘美率兵10万攻打南唐。

大兵压境，南唐马上乱了阵脚。几年来，李煜一直抱着得过且过的侥幸心理，根本没做必要的防备。南唐士兵见到宋兵到来，一开始以为他们不过是和以往一样在江上巡逻一下而已，还上前去犒劳宋军，待明白是大难临头时，被吓得弃城，仓皇而逃。

李煜此时龟缩在金陵城内，紧闭城门，也不询问战局和派兵应战，只是把统兵大权都交给都指挥使皇甫继勋，自己仍不忘享乐之事。

宋兵来到长江边，开始渡江。长江宽险难渡，自古是一道天险。有一个在南唐考进士未果而心怀不满的叫樊知古的人，为了归顺北宋，决定在采石矶（在今安徽马鞍山西南）江面附近为宋兵搭浮桥。他先在石牌口（在今安徽怀宁县境内）试验，而后移至采石矶江面，结果搭起的浮桥尺寸正合适，并且十分稳当。于是宋兵利用浮桥大举过江，飞速向金陵进发。

搭浮桥的消息传入金陵，大臣们竟认为这种事从未有过，没准是军中谣传。李煜也觉得不过是儿戏罢了。实际上，宋兵此时早已到了金陵城下。

都指挥使皇甫继勋贪生怕死，隐匿军情不报。李煜则整天召集一帮和尚念经拜佛，祈求神灵保佑自己。直到有一天他亲自巡城，才发现城下已遍布北宋的旌旗，金陵早被宋兵围作铁桶一般。他一气之下斩了皇甫继勋，急令从湖口发15万兵救援，没想到援兵被宋军打得落花流水。金陵已完全孤立无援，李煜无奈之下只好做最后的挣扎，派遣学士徐铉到宋太祖那里替自己求情。

徐铉是江南名士，他见到宋太祖，果真讲出一番道理："陛下，李煜一直臣服于您，并未有什么过失，像儿子对待父亲那样侍奉您，您就不要再出兵讨伐他了。"没想到宋太祖不急不慢地回答:"李煜既然待我如儿子对父亲,就是一家人,哪有南北分治的道理?"徐铉又道:"李煜多年给陛下您进贡,可您强加罪名而出兵,这未免太说不过去了吧!"

宋太祖勃然大怒:"卧榻之侧,岂容他人酣睡!你不要再多言了!"徐铉只得退下,终究没能替李煜求下情来。是的,宋太祖一统天下的心愿又怎会改变呢?

975年,宋军攻克金陵。当时由于长时间被困,金陵城内缺吃少用,斗米万钱,死者无数。而据说当李煜被抓时,他还在写长短句,正写到"樱桃落尽"一阕,还没来得及写完,便不得不投降了。亡国后的李煜被押解着乘船离开金陵,来到汴京,被封为"违命侯",由此开始了3年阶下囚的生活。

昔日的江南国主,如今备尝寄人篱下的亡国之苦,李煜终日以泪洗面。宋太祖死后,继位的宋太宗霸占了李煜钟爱的妻子,李煜为此痛不欲生。受尽屈辱的李后主,回想起往日的荣华富贵和自己的昏庸,只能感慨人世无常。因为看够了人间沧桑,这个软弱无能的李后主写下了许多情真意切、千古传唱的佳作,如《虞美人》:

春花秋月何时了?往事知多少。小楼昨夜又东风,故国不堪回首月明中。

雕栏玉砌应犹在,只是朱颜改。问君能有几多愁?恰似一江春水向东流。

李煜思念故土、哀悼故国的词引起了宋太宗的不满。978年,李煜在其41岁生日时被太宗赐酒毒死,结束了其软弱、昏庸、纵情而又悲惨的一生。

南唐后主亡国痛

宋太祖赵匡胤登基以后,南征西讨,先后灭了南平、后蜀、南汉三个小国。之后,宋太祖派使者给南唐后主李煜送去了诏书,令李煜入朝觐见。当时,李煜正和周后带着诸多随从在后苑集瑞亭饮酒作乐。

李煜手捧诏书,反复诵读,反复揣摩,心中颇为忐忑。因为李煜心里清楚,宋太祖消灭了南平、后蜀、南汉,众多小国已经被收拾得差不多了。从宋太祖拉开的阵势看，征讨南唐只是时间早晚的事。想到这里，李煜不由得心中一沉，然而，他又想到这些年来自己对宋朝做出的敬畏之状，每年都要向宋进贡大批金银、锦绣、珍玩。更重要的是，宋朝每次出兵征讨别国，李煜都要派遣使臣带上牛羊酒食，犒劳宋军，甚至还写信规劝邻国国主投降宋朝，他为宋朝鞍前马后辛苦多年，南唐无形中已经成了宋太祖南征西讨的得力助手。

李煜双手轻抚诏书，觉得宋太祖应该不会立即置自己和南唐于死地。何况不久前他还派使者给宋太祖送去一封亲笔信，表示自己愿意削掉南唐国号，改称"江南国主"，把南唐国印改为江南国主印。之后又上表请求宋太祖下诏时直呼李煜之名。他自己在国内也贬损仪制，改诏为教，官职名号也多加修改，避免与宋朝重名，宗室子弟降低封爵。再加上自己还有长江天险，水寨、战船，布列江岸，形成防线。但为了保险起见，李煜仍然决定不亲身涉险。于是，他回头对使者说："太祖有诏，本应立即动身，然而近日身体多有不适，只能拖延些时日方可前往。"

对于南唐的俯首听命、百般讨好，宋太祖心领神会，而且对于南唐的种种"讨好"举动，他也很赞赏。但是，这并不表示他会因为一些友好的举动而放弃灭掉南唐的念头，只是因为前几年，他正在全力以赴对付南平等三个小国家，他需要先稳住南唐后主。现实是"卧榻之侧，岂容他人酣睡"，现今的江山姓赵，宋太祖决不允许再有一个姓李的君主存在，哪怕李后主只是希望偏安一隅。只是南唐对宋朝一贯恭顺，如今忽然提出要去攻打南唐，对内对外都不好说，他需要一个借口。于是，他派使者给李煜送去了诏书。使者出发之时，宋太祖就料定李煜不会奉诏前来，所以此刻李煜托病不来，对宋太祖来说实在是一个喜讯，这样他就可以告诉朝中大臣：李煜对自己大不敬。

不久，宋太祖再次派遣官员面谕李煜，命他入朝。李煜仍然称病推辞不去。于是，宋太祖"忍不住"发火了："江南国主，屡召不到，显而易见是违抗命令，实为大不敬。"就这样，以南唐后主大不敬为由，宋太祖于开宝七年（974年）九月，派大将曹彬、潘美带领十万大军，从荆南出发，水陆并进，直向南唐扑去。

宋朝大军来犯的消息传来后，李煜自恃有长江天险，宋朝大军难以逾越，于是将兵马大权交给皇甫继勋，由皇甫继勋统率全军与宋朝军队隔江对峙，而他自己则依然与周后沉溺于吟诗作赋、赏花饮酒的生活之中。

李煜手下曾有一个有勇有谋的将领名叫林仁肇。开宝五年（972年），林仁肇秘密向李煜上书奏道："淮南兵力很弱，而宋国又连年用兵，先后平定了西蜀、荆湖、岭南，他们千里奔波，士卒劳累，这正是可乘之机。陛下只要给臣数万兵马，臣就能夺取淮南。陛下可以对外宣称臣起兵反叛，臣若成功，淮南归国家所有，臣若兵败，陛下便灭我满门，以此表示陛下并不知情。"后主听后，惊道："你千万不要胡说，这会连累到国家的。"

不久，林仁肇又以密信奏请李煜："吴越是我们的仇敌，他日必定与宋朝协力谋我。现我伴装反叛，您便宣称讨伐我，我逃奔吴越乞讨救兵。等您追到，我从内，您从外，内外夹攻，吴越国便可归我们所有。"这一回，李煜对林仁肇的建议依然未加理睬。

林仁肇出身行伍，后虽担任将帅，却仍能与士卒同甘共苦，因此深得军心。但由于皇甫继勋、朱令赟等人与林仁肇关系不和，便在南唐后主面前进谗言，称林仁肇向宋朝求援，要在江西自立。宋太祖也对林仁肇非常忌惮，便贿赂他的随从，得到他的画像，悬挂在别室中。开宝五年（972年），郑王李从善到汴京朝贡。宋太祖带李从善观看林仁肇的画像，道："林仁肇将要前来投降，他先以这幅画像为信物。"又指着空着的馆宇道，"这是我准备赐给林仁肇的。"李从善命人回报后主。后主不知这是反间计，便暗中命人将林仁肇杀掉了。

林仁肇被冤杀后，李煜很快就意识到这是赵匡胤设下的一个圈套，然而为时晚矣。为了做最后一搏，李煜曾写信给吴越君主钱俶，信中说："今日无我，明日岂有君？宋帝召你入朝赏功之日，亦是你沦为开封布衣之时。"李煜希望钱俶能明晓大义，两国联兵拒宋。但钱俶却认为，眼下只有不违背宋朝的旨意，才能避免宋朝找到借口来攻灭吴越。因此钱俶拒绝了李煜的要求，并将此书呈报给赵匡胤，表明他与南唐已划清界限，配合宋军进攻南唐腹地常州的决心不会动摇。

此刻李煜陷入了内无贤才、外无援助的困境中。追悔无益、求告无门，再加上最知心的周后也撒手西去，李煜便沉溺于声色之中，以获得片刻心安。

在李煜把酒而叹之时，宋将曹彬、潘美正率领大军沿江而下，并在采石矶江面制战船、造浮桥。将士们将军情呈报给李煜。李煜急忙召集大臣，询问良策。

学士张洎很有把握地说："陛下，我遍览古书，还从未见过有在江上造浮桥的事。这大概是军中的谣传吧？"这话正合李煜心意，于是，他开怀大笑："我也不相信。长江江面如此宽阔，造浮桥可不是儿戏。大家不必忧虑。"不料，几天后便传来了宋军渡江的消息。仓促间,李煜令镇海军节度使、同平章事郑彦华督水军万人,都虞侯杜真领步兵万人,共同抵御宋军。这时的南唐国政,完全由翰林学士陈乔、清辉殿学士张洎等人主持。李煜本人则躲进后苑,照旧同和尚道士念经拜佛,祈求神灵保护。

然而,李煜向佛之心虽足够虔诚,但佛祖却并未显灵,宋军很快便兵临城下了。李煜诏令上江的都虞侯朱令赟前来解围。可是一切都已经太晚了,南唐危在旦夕。绝望之际,李煜派遣学士徐铉赴汴京请求罢兵。徐铉一口辩才,是李煜的最后希望所在。但一介书生的三寸不烂之舌,怎能动摇一心称帝于天下的宋太祖的决心,怎能让他在成功在望的时候罢兵撤军呢?就这样,徐铉受挫回了朝。

此时的南唐四面受敌,无力抵抗。坐守长江天险却一败涂地,朝廷的不作为让陈乔等朝中大臣觉得国事无望,无颜再见世人,于是相继自杀。

看到再没有可退之路,李煜便率领群臣众将奉表投降,南唐宣告灭亡。从此,李煜开始了亡国奴和阶下囚的生活。在被囚禁期间,他将对故国的思念、对命运的感慨化作一首首催人泪下的词,抒发自己孤寂、落寞的情怀。李煜最后仍难逃一死——被宋太宗毒毙,去世时年仅41岁。

北汉归宋

五代十国时期,北汉开国君主刘崇长相出众,他有一副美髯,而且眼睛里有重瞳。他曾在河东从军,在后唐长兴年间升为虢州军校。刘知远出镇太原那年,刘崇被任命为河东(府治在今太原)步军都指挥使。第二年,改授麟州(治今陕西神木)刺史。

刘崇因能力欠缺,上任不久,就将麟州搞得一塌糊涂,民愤非常大,刘知远只好让他担任河东马军都指挥使。

乾祐二年(949年),刘知远病死,刘承祐继位,郭威等一些元老功臣开始把持朝政。刘崇虽有很高的荣誉职衔,但他和郭威等人的矛盾日益加深。

乾祐三年(950年),刘承祐遇害,郭威自邺都(今河北大名县)入大梁,大臣们推举郭威继位,但郭威"执意不从"。刘崇的儿子刘赟最得刘知远宠爱,郭威为了稳住刘崇和刘赟,决定由刘赟继位。

刘崇政治经验不足,看不出郭威这样做的意图,反而喜形于色地说:"我的儿子要做皇帝,我还能有什么要求呢?"他原准备带兵南下在开封为刘承祐报仇,听到这个消息后,便打算撤兵回去。此时,刘崇的部属李骧提醒他:"郭威发兵犯上,他不会甘心做臣子的,我们应该出兵太行山,把守关口再观察事态发展。"刘崇听后不但不感激李骧的提醒,反而认为李骧是要破坏他儿子的好事,便将他杀死了。

刘崇冤杀了李骧没多久,郭威就借口契丹入侵,率兵出征,在澶州(治今河南内黄县)发动了兵变。他唆使部下拥立自己为帝,刘赟被废为湘阴公。刘崇至此,方才如梦初醒,连呼上当。

后周广顺元年(951年)一月,刘崇在郭威灭汉建周之后,在太原建国,自立为帝。国号为汉,仍沿用乾祐年号,表示自己是继承刘知远所建汉朝的大统。当时北汉据有十二州之地,包括今天的山西、河北及陕西北部一带。在刘崇称帝的同一天,郭威命人到宋州(治今河南商丘)杀死了刘赟。

北汉初建,力量薄弱,刘崇又急于为儿子报仇,于是也和石敬瑭一样联合契丹,认契丹之主为叔父,自称"侄皇帝"。契丹将刘崇封为大汉神武皇帝,还赏赐给他一匹黄骝马。有了契丹这个后台,刘崇准备与郭威决一死战。

刘崇命自己的儿子刘承钧为招讨使,以五路大军,同攻晋州。后周建雄节度使王晏闭城不战。刘承钧命部队发动猛烈进攻,北汉兵如蚂蚁一般聚集在城下,大家借助器械,迅速登城。王晏待北汉军卒将登城而没有登上城楼那一刻,突然命士兵从城头跃起,奋击北汉登城之兵。北汉兵死伤甚众,北汉副兵马使安元宝向后周投降。刘承钧无奈,只得转攻隰州(治今山西隰县)。攻城数日,北汉军卒死伤过半却久攻不下,最后只得狼狈北撤。

同年九月,刘崇自领两万大军,与契丹的五万援军会兵后再攻晋州。当年冬天,晋州附近大雪不止。刘崇的部队断了供应,当地百姓又坚壁清野,躲进深山。士卒棉衣缺乏,粮食又不足,冻饿而死的有十分之三四。刘崇只好仓促退兵。

后周显德元年(954年)三月,新登帝位的周世宗柴荣亲自出征,与刘崇交战于高平。刘崇首战告捷,俘获后周几千降卒,柴荣见状亲临战场冲杀,赵匡胤等将领也领兵拼死搏杀,结果刘崇的军队被打得大败。

刘崇披蓑戴笠,装扮成一名老兵模样,骑着契丹主赠送的黄骝马,率百余骑从雕窠岭逃命。夜半时分,刘崇迷失了道路,便抓来两名村民做向导,向太原逃去。奔逃了一百多里,天色渐亮,刘崇抬头一看,突然发现自己竟然逃到了晋州城下。刘崇低声传令,后队改作前队,前队暂作后队,原地后转,小心翼翼地向北走去。刘崇一行脱离了后周部队的视线后,便急如漏网之鱼,发疯似的向北逃去。逃了三天,才到达太原。

柴荣领兵又追到太原城下,围困了很长时间,幸好有契丹军队前来增援解围,最终因为阴雨连绵不停,士卒得病的很多,柴荣便只好撤兵而去,太原这才转危为安。三战三败,第三次还差一点丢了性命,刘崇因为恐惧和忧虑得了病,一年后便病死了,终年60岁。

刘崇的儿子刘承钧继位后,甘做契丹的"儿皇帝",北汉的将领们受不了刘承钧当"儿皇帝"的屈辱,有的投奔到后周,有的则消极怠战,每战必败。刘承钧无奈,只好一次、二次、三次派人出使辽国,请求支援。但这时辽国内乱刚平、国内不稳、力量不足,所谓支援,也只是做做样子而已。

此时,后周柴荣看到辽国内部空虚,天会元年(957年)四月便主动出击辽国。这一下轮到辽国告急,向刘承钧求援了。刘承钧知道柴荣的后周是自己的世仇宿敌,所以不顾一切,出兵进攻后周,但力量不足,所谓"进攻",确切的说法应该是"扰边"而已。柴荣看到北汉兵前来迎战,仇人相见分外眼红,便命李重进率兵出北门,反攻北汉。在百井(今山西阳曲县东北)这个地方,斩杀北汉兵两千多人。接着后周李筠、杨廷璋分兵攻击北汉,攻陷辽州,俘虏刺史。北汉陷入重重困境之中。

不久,柴荣在征辽途中得了重病,于天会元年六月去世。继位的柴宗训只是个7岁的孩子,大权落在重臣赵匡胤手中。赵匡胤忙于灭周建宋,顾不得攻打北汉,北汉侥幸获得了喘息的机会。

后周昭义(今山西长治)节度使李筠,原来是攻击北汉的主将之一,这时见赵匡胤灭了后周,建立宋朝,就起兵拒宋。他主动与刘承钧联合进攻宋朝。刘承钧自感力量不足,于是提出请辽兵南下,三方联合共同攻击刚刚建立的北宋。

李筠认为不应该依靠异族力量来击败赵匡胤,刘承钧同意李筠的陈说,于是亲自领北汉军南下。双方在平驿会师,李筠被封为"平西王"。李筠见刘承钧的仪卫简陋,没有帝王的气派,内心后悔不已;刘承钧方面呢,也不满李筠曾效忠于郭威。双方貌合神离,不久刘承钧即北返太原,只让河阳节度使(河阳,府治孟州,今河南孟州市,不在北汉境内;此为名义官职)范守图支援李筠。李筠不得已,自领大军南下。赵匡胤亲自出征,李筠大败,最后投火自焚。

宋师乘胜追击,继续北上,连连攻陷北汉的州县。赵匡胤向刘承钧传话:"你与周是世仇,不能屈服于周。但我大宋与你并无怨仇,为什么一再起兵拒我,让一方百姓遭受战乱之苦?"

刘承钧派人做出答复:"河东的土地兵甲,不及你的十分之一,我怎么能够与你大宋争夺中原?但我也不肯背叛祖先,苦苦坚守河东,只是让汉朝列祖列宗,有一块享祀之地!"

赵匡胤感动于刘承钧的孝心,同时也为了尽快结束战争,便对使者说:"代我告诉刘承钧,我可以放他一条生路!"

果然,刘承钧在世时,赵匡胤再也没有对北汉用兵。刘承钧一死,少主继恩、英武帝继元相继即位,宋太宗赵光义便命宋兵大举北上,北汉最终灭亡。至此,五代十国先后俱亡,北宋统一了天下。

杨家将一门忠勇

宋太祖还没来得及完成统一大业就死去了。他的弟弟赵光义即位做了皇帝,就是宋太宗。

宋太宗决心平定北方。979年,他带领大军,攻打北汉。宋军把北汉的都城太原团团围住,猛攻猛打。北汉向辽国求救,辽国派兵前来援助,也被宋军打得大败。北汉无力抵抗,只好投降。

宋太宗平定北汉以后,北汉有个著名的老将叫杨业(?—986),也归附了宋朝。杨业就是传说中的杨老令公。他事北汉时,任建雄军节度使,守卫北方,屡立战功,号称"无敌"。宋太宗对杨业相当器重,起初让他担任郑州刺史,后来又让他担任代州(今山西代县)刺史,镇守北方边境。

980年,辽出动10万大军进攻代州北面的雁门关。警报传到代州,大家都很担心,因为杨业手下只有几千骑兵,双方力量对比悬殊。杨业决定出奇制胜,他带领几百骑兵从小路绕到雁门关北面,在敌人背后进行攻击。辽军正大摇大摆地向南进军,不料一声呐喊,宋军从背后杀了出来。辽军大惊,不知道宋军有多少人马,吓得四散奔逃。这一仗,辽国的一个驸马被杀死,还有一员大将被活捉。杨业以少胜多,打了一个大胜仗。宋太宗非常高兴,特地给杨业升了官。从此,"杨无敌"的威望越来越高了。

杨业立了大功以后,朝中一些大官非常妒忌。他们怕杨业的声望和地位超过自己,就设法排挤陷害他。防守边境的主将潘美还上疏说杨业的坏话。但宋太宗不听这些坏话,他把这些奏疏封起来,送给了杨业,以表示对杨业的信任。那些大官对杨业的陷害,暂时算是搁置下来了。

过了几年,辽景宗耶律贤病死,他的儿子辽圣宗耶律隆绪继位。辽圣宗才十来岁,因此他的母亲萧太后摄政。宋太宗见辽国政局发生变动,认为机会来了,决计出兵收复辽国占领的幽云十六州。

986年,宋太宗派三支大军攻辽。东路军由大将曹彬带领主力部队,向幽州前进;中路军由田重进率领,攻取河北西北部等地;西路军由潘美率领,攻取山西北部各地。杨业就在西路军中,做潘美的副将。

潘美带领的西路军出了雁门关,就向北进攻。杨业和他的部下英勇善战,很快打下了寰州(今山西朔州东)、朔州(今属山西)、应州(今山西应县)和云州(今山西大同),收复了山西北部大片失地。

正当西路军节节胜利的时候,东路军却吃了一个大败仗。宋太宗因主力部队失败,不敢再战,连忙下令退兵。潘美、杨业很快退回代州。

宋朝的主力军一退,应州的宋军也丢掉城池逃跑了,辽军乘胜打进了寰州,一时形势十分紧张。

就在这时候,宋朝政府下令把寰州、朔州、应州、云州4个州的老百姓迁往内地,要潘美、杨业的部队护送。但这时寰州和应州已经失守了,云州远在辽军的背后,朔州在辽军的身旁,要迁移那些地方的老百姓,可着实不容易。

杨业考虑了一番,提出建议说:"现在敌人很强大,应当暂时避开他们的锋芒,不能硬打。我们应先假装打应州,引诱敌人大军前来迎战,然后利用这个机会,命应、朔两州的守将带领百姓赶快南迁。这时,我们只要派军队在中途接应,这两州的百姓就可以安全转移了。"

这是一个好主意。可是,在潘美军中做监军的王侁却不同意。他说:"我们有几万精兵,为什么这样胆小?只要走雁门关北面的大路,向朔州前进就是了。"

杨业说:"这样做,一定失败!"

王侁不但不考虑杨业的正确意见,反而讽刺他说:"将军一向号称'杨无敌',如今看到敌军,竟畏葸不前,难道有其他想法吗?"

对于这样恶毒的诬蔑,杨业气愤极了。他横下心来,说:"我并不怕死,只因时机不利,不想让士兵白白送死。既然你说出这种话来,我领兵前去就是了。"

杨业和王侁争论时,潘美就在旁边,他明知杨业这次出兵凶多吉少,可是他一向妒忌杨业的才能,所以一言不发,让杨业去了。

杨业出发时对潘美说:"这次出兵,一定不利。我本想等待时机,为国杀敌立功,如今有人责难我畏葸不前,我愿意先死在敌人手里。"他又说:"你们在陈家谷(今山西宁武县)准备好步兵弓箭,接应我们。否则,士兵们就回不来了。"

说完,杨业就带领人马,直奔朔州前线。随同前往的还有他的儿子杨延玉和淄州刺史王贵。

辽军看到杨业前来,就出动大军,把宋军团团围住。杨业父子和他们的部下虽然英勇善战,但终究寡不敌众。他们从正午一直打到黄昏,只剩下一百多人,好不容易突出重围,且战且退,退到陈家谷,哪知潘美的军队不顾杨业的安危,早已逃跑了。

杨业只好带领部下再跟辽军决一死战。王贵用箭射死了几十个敌人后,箭用完了,又用弓打死了几个敌人后,壮烈牺牲。杨延玉和其他将士也在战斗中牺牲了。

杨业受了十几处伤,还在继续苦斗,杀死了几十个敌兵。但因为他伤势太重,加上战马身负重伤,实在走不动了,不幸被敌人射倒。他被俘以后,依然坚贞不屈,最后绝食而死。

杨业有8个儿子,除牺牲的杨延玉外,最著名的要数杨延朗。杨延朗后来改名杨延昭。他镇守边关20多年,曾多次打败辽军。而杨延昭的儿子杨文广,也是一个将军,曾在西北和河北一带镇守。

杨家祖孙三代英勇抗辽,为保卫宋王朝作出了贡献。人们非常怀念和敬重他们,后来在传说、戏曲和小说中,许多创作者都为他们添枝加叶,增加了许多英勇事迹,还塑造了历史上没有的杨门女将。传说杨业的妻子佘太君也是一个很了不起的人物。据历史记载,杨业的妻子姓折,她的祖父和父亲都与辽军打过仗。可能因为"佘"和"折"读音相似,所以被人们误传为佘太君了。至于穆桂英等人,正史上就找不到记载了。

承天后称制

承天后(953—1009),姓萧名绰,小字燕燕,是北府宰相萧思温之女,年轻时聪明漂亮。辽景宗即位,她被选进宫,封为贵妃,不久册封为皇后。辽景宗患风疾,又沉迷于酒色,经常不理朝政,萧燕燕与父亲萧思温便执掌朝政,平时刑赏政事、用兵征伐,都由萧燕燕决策。982年,景宗病死。皇太子耶律隆绪即位,是为辽圣宗。圣宗即位时年少,所以尊母亲萧燕燕为承天皇太后,由母亲临朝听政。这时辽朝正处于母寡子弱、部族强大、边防不安定的困难时期。

萧燕燕为人机智,有权谋,并善于用人。她为了改变当时的局面,一方面提拔有"经国之才"的耶律斜轸为北院枢密使(相当于兵部最高长官),参与机要大事,又任命具有卓越军事才能的耶律休哥为南京(今北京)留守,总管南面军事,以加强对宋军的防御。耶律休哥在边防军中进行了一系列改革,使边境大治。

另一方面萧燕燕重用汉官,对韩德让、邢抱朴等汉人都委以重任。萧燕燕初以韩德让为南院枢密使(掌管官吏升迁任免)、总宿卫事(统率皇室卫兵的首领)。后来,韩德让被封为楚王,兼北院枢密使,拜大丞相,总揽了辽朝的军政大权。韩德让主张与宋朝和平相处,所以他任宰相时期"结欢宋朝,岁时相睦",辽宋边境出现了相对安定的局面。室昉,官拜枢密使兼北府宰相,他与韩德让、耶律斜轸同心辅政,革除弊政,减轻赋役,百姓得以安宁。邢抱朴,任参知政事,在韩德让的推荐和支持下,他考察地方长官,以他们有无治理能力作为提升或免职的条件,大得人心,后又处理南京(今北京)监狱犯人,平反冤案,升为南院枢密使。

萧燕燕有治理国家的才能,善于纳谏,所以在她摄政的 20 年中,大臣们都能尽忠出力,为她所用。她熟悉军事,出入疆场,在宋辽澶州(在今河南濮阳)之战中,她亲率三军,赏罚分明,将士用命。总的来说,承天后摄政时期的政治和军事措施,巩固了辽朝的统治,为圣宗的"统和之治"和辽朝的盛世奠定了基础。

澶渊之盟

后晋时,辽朝从石敬瑭手中得到幽云十六州。宋朝建立后,宋辽两朝一直打打停停,战事不断。997 年,两朝都发生了很大变化:辽朝由皇太后萧绰掌权,大将耶律休哥、耶律斜轸等相继去世,韩德让升任大丞相,萧挞凛为南京(今北京城西南隅)统军使;宋朝太宗皇帝去世,其子赵恒(968—1022)继承皇位,史称宋真宗,并任寇准、毕士安为宰相。

1004 年,萧太后为了结束长期的战乱,决定发动一次大规模战争,迫使宋朝求和。出兵之前,她和皇帝耶律隆绪举行了传统的仪式,然后命令大军向南进发。

辽军攻势迅猛,宋军难以抵挡。辽兵连续攻下瀛洲、祁州,11 月到达洺州(今属河北),然后向澶州(今河南濮阳)进兵。

辽军大举南下,宋朝上下一片恐慌。皇帝赵恒征求大臣们的意见。大臣王钦若说:"辽军来势凶猛,已逼近澶州,威胁汴京。不如避其锋芒,迁都升州(今江苏南京)。"陈尧叟也同意迁都,但认为迁往四川更好,因为四川易守难攻,适合做京都。皇上不知按谁的意见办才对,就征求宰相寇准的意见。寇准说:"应该把建议迁都的人都杀了,用他们的血祭鼓,然后击鼓出征,抵抗敌军!"寇准对抗辽的态度十分坚决。当时,寇准在人民群众中的声望是很高的。

赵恒问寇准,大敌当前,有什么办法退敌。寇准说:"如果陛下御驾亲征,文臣武将必定全力以赴,则不难退敌;如果坚守要地,辽兵孤军深入,不宜久战,亦能自行撤退。但是,一旦迁都,军民之心必乱,江山社稷就难保了。"皇帝觉得寇准的话有道理,就否决了迁都的建议,一面命人去找王继忠,让他向辽转述宋朝的求和之意,一面寻求具体御敌之计。王继忠原为宋将,后来战败降辽。辽朝仍然起用他,宋朝有什么事也都通过他向辽转达。

寇准向皇帝建议,应当派王钦若带兵驻守天雄(今河北大名县一带)。

皇帝同意,便派遣王钦若去要地天雄。王钦若吓得像丢了魂似的,但又不敢抗旨,只好硬着头皮接受了任务。

萧太后在逼近澶州的途中,接到王继忠转达的宋朝的求和之意,当即表示同意讲和,但又命令辽军继续进兵,以增加和谈的筹码。不久,辽军围困澶州。

宋朝皇帝赵恒听说这个消息,忙派大臣曹利用到辽营议和,同时诏告天下,他要御驾亲征。就在宋朝使臣曹利用来到辽营之际,萧太后得报:大将萧挞凛中箭身亡!萧太后大惊,但她很快便稳定了情绪,与宋朝使臣谈判。

萧太后是个了不起的女人,她也想让边界上的人民过安定的生活。倘若要夺这几个州城,战争不知何时才会平息。于是,萧太后又派使臣随曹利用去见宋朝皇帝,商谈议和条件。

宋朝皇帝赵恒已率大军到达澶州。他听说辽军就在附近驻营,吓得又提起迁都之事,寇准只得再次给他打气壮胆。赵恒勉强答应不迁都,但坚持议和。

辽朝使臣韩杞来到澶州行宫谈判,皇帝赵恒让寇准负责和谈,表示可以贡钱百万。寇准则对参加谈判的曹利用说:"皇上虽然说可给辽百万,但你与韩杞谈判时,如答应给的财帛超过30万,我就立即杀了你!"曹利用害怕寇准,自然不敢多给,最后达成协议:宋朝每年送给辽白银10万两、绢20万匹;辽不再追索关南数州;辽帝称宋帝为兄,宋帝称辽帝为弟。

在双方的磋商下,澶渊之盟终于签订了——因澶州在宋朝也称澶渊郡,所以历史上称之为"澶渊之盟"。辽与宋朝自此结束了多年的相互征战。1009年12月,辽承天皇太后萧绰在南巡路上病逝,享年56岁。

从16岁嫁给景宗皇帝为贵妃算起,她整整入宫40年。这40年来,她显示出非凡的政治、军事才能,在治理国家方面功绩卓著,使辽朝在农业、畜牧业、文化、冶金、纺织等方面都取得了很大的发展。

"澶渊之盟"揭开了宋辽历史的新篇章,从此结束了双方兵戎相见的敌对局面,建立了睦邻友好的关系,使边境暂无干戈之忧。在此后的120多年间,双方都没有发生过大的战争,民间也设立了互市,彼此都友好往来。

铁腕宰相吕夷简

乾兴元年(1022年),真宗驾崩。年仅12岁的仁宗即位,刘太后垂帘听政,临朝称制。刘太后性格刚愎自用,对处理国事并不擅长,但权欲强烈,朝政经过刘太后批准才能实行。刘太后听政后,不满自己的权力受限,以迅雷不及掩耳之势除掉了不听命于自己的宰相和枢密使,又提拔龙图阁大学士、开封知府吕夷简(979—1044)为新的宰相。

吕夷简升任宰相后,一方面细心处理国家大事,一方面还小心翼翼地约束独断专行的太后。在小事上,他照顾太后的颜面;在大事上,他则寸步不让。因此,他经常惹得太后非常恼怒。遇到这种情况,吕夷简总是详细剖白,再三陈述自己的意见,迫使太后接受。

一次,朝廷要为真宗举行太庙大典,刘太后提出要把真宗活着时用的东西全部供奉到太庙中;同时要制作一个银罩覆盖真宗的神位。吕夷简听说后,入宫拜见刘太后说:"这样做过于铺张浪费,不能给天下人做出表率。"刘太后怒气冲冲地瞪着吕夷简说:"谁要是反对供奉真宗,就是对真宗不敬。"吕夷简沉声回答道:"对真宗最大的敬意是辅助幼主治理好天下,浪费和铺张不是先帝所希望的。"刘太后想了想,朝廷内外都在提倡勤俭节约,仁宗刚刚即位,自己大肆祭奠真宗不利于皇位稳固,于是放弃了大肆祭祀的想法。

明道元年(1032年),仁宗生母李宸妃去世。刘太后让人在宫内随便找个角落埋了李宸妃。吕夷简听说后,就在朝堂上提起了这件事。刘太后大吃一惊,单独召见了吕夷简,指责他不该管后宫之事。

吕夷简毫不让步,问道:"太后不为日后保全刘家着想吗?"这一句话就震住了太后。吕夷简又说:"他日,若仁宗知道您不仅夺子,还怠慢他的生母,定不会轻饶刘氏族人。"刘太后无奈,只好答应好好安葬李宸妃。吕夷简又提出必须以皇后之礼安葬李宸妃。一听要以皇后之礼下葬李宸妃,刘太后急了,责问吕夷简为什么要逼迫自己。吕夷简大义凛然说:"忠言进谏是宰相的职责所在,太后有行事不妥之处,我一定要直言劝谏。"刘太后实在拗不过吕夷简,最后只得将李宸妃以皇后之礼安葬。

后来,刘太后去世不久,仁宗就知道了自己的身世,非常愤怒,发誓要为生母报仇,要将刘太后开棺鞭尸。吕夷简、范仲淹等大臣极力劝诫仁宗,说刘太后毕竟帮助仁宗坐稳了皇位,并且也以皇后之礼安葬了李宸妃,为朝廷大局考虑不宜张扬此事。仁宗最终以大局为重,没有追究刘氏族人。

吕夷简、范仲淹都是仁宗的股肱之臣,二人因仁宗废郭皇后一事翻脸,此后一直争斗不休。吕夷简在用人上,对反对他的人不够宽容,常常将这些人贬往远方任职。范仲淹就先后被贬到浙江、江西等地当知州。但是,吕夷简对真正有才干的官员还是委以任用的。他往往"教训"一番这些和自己作对的人后,便重新起用他们,这一点连仁宗都非常赞赏。吕夷简虽然不满范仲淹和自己作对,但他还是先后委派范仲淹担任都城开封的知府,以及负责镇压西蜀吴氏的战事。

在吕夷简的努力下,仁宗初年政治清平,社会安定。庆历三年,吕夷简病逝,仁宗发出了一声悲叹:"吕夷简死,谁复能办大事者?"足见仁宗对吕夷简的倚重。《宋史》评价吕夷简为当时名相。

富弼的外交

宋真宗先是签下有辱宋朝颜面的"澶渊之盟",后又忙于各种天降祥瑞,各处封禅,给宋仁宗留下了一个走向败亡的北宋王朝。仁宗即位后遇到了一件棘手的事,在宋出兵讨伐西夏之时,宋的北邻辽,要求在澶渊之盟的基础上,归还后周世宗从燕云地区夺得的关南十城之地,否则就出兵北宋。当时,宋朝西有西夏,北有辽国,打起仗来两方受制,只得与辽进行谈判。

定下谈判时间后,谈判人选却迟迟没能确定,宋朝自知国力弱于辽,谈判也难有好结果,朝臣们多不愿卷入其中。这时,宰相吕夷简向皇上举荐了与自己政见不同的富弼(1004—1083)。

富弼,是文坛大家晏殊的女婿,为人正直,不畏权贵。数次与吕夷简因政见不同,产生摩擦。一天,有两个西夏人来投降,吕夷简和富弼对投降的西夏人的安置问题产生了分歧。吕夷简认为西夏谋逆之人,不足畏惧。富弼却主张应该以高官封赏这两个西夏人,以招揽更多的西夏人投降。富弼还认为吕夷简身居高位,不擅长处理小事。吕夷简知道此事后,对富弼心生不满。之后的伪造僧侣名册事件又进一步加深了吕夷简对富弼的不满——当时有官吏伪造僧侣名册,开封府不敢治这些官吏的罪。富弼主张将官吏捉拿,交付狱吏,吕夷简知道后对富弼的自作主张更加不满。

当富弼得知自己被吕夷简举荐为谈判员时,很高兴地说:"让主上忧烦是臣子的耻辱,臣子当万死为主上分忧。"

辽使者萧英入境后,宋仁宗派人宴请萧英。萧英借口脚上有伤痛,故意不行拜见之礼,富弼当即斥责辽使者所为不符合宋辽所签澶渊之盟的约定,萧英只得对宋仁宗行拜见之礼。宴会上富弼与萧英敞开胸怀尽情而谈。萧英因富弼性情直率,自己便也毫不隐瞒,将辽兴宗的要求暗中告诉了富弼:"能顺从,就顺从他;不能顺从,就用一件事情来搪塞他。"

知道辽兴宗的底牌后,富弼与萧英谈判达成了共识:辽放弃关南十城,北宋每年再增加银、绢各二十万。

五个月后,富弼出使辽,商讨正式签约之事。富弼到达辽之后,辽兴宗再次索要关南之地,否则就要出兵攻宋。富弼据理力争,强调关南之地本就是宋朝的土地,不存在归还一说。富弼还进一步指出,辽出兵宋,没有必胜把握;即使获胜,获利的也只是辽宗室,不是辽兴宗。最终富弼让辽打消了发兵于宋的念头。辽兴宗又提出希望辽宋通婚,让辽皇子迎娶宋宗室之女。富弼提出,在议婚和增加金帛中只能答应一项,辽兴宗同意了。

在最后要签协议的时候,双方又出现了新的问题,因为这次要求的岁币是在澶渊之盟岁币的基础上增加的,盟约协议里,辽主张用"献";富弼认为用"献"意味着下奉上,有辱宋朝颜面,不同意用"献"字。萧英便退一步提出用"纳"字,富弼则认为"纳"字依然不够尊重宋朝。正在富弼和萧英谈判过程中,宋对西夏的战事吃紧,富弼不得已做出让步,采用了"纳"字。宋辽终于达成协议。

富弼和辽兴宗谈好合约内容后,返回宋朝,请求宋仁宗正式书写合约。合约中写了辽在通婚和增加金帛中只选择一项;另外,富弼与辽兴宗商定在合约中增加三项内容:第一,两国国界附近不能开发建设,免生事端;第二,双方不可无故在边界增加兵马;第三,不能收留对方的逃亡人民。

富弼带着正式合约去辽国的途中发现,自己与辽兴宗商定的增加的三项内容没有书写在合约中,这会让辽兴宗误以为自己没有谈判的诚意,其后果不堪设想。于是富弼快马赶回京城,怒斥书写合约的吕夷简。吕夷简书写的这个合约不仅能置他于死地,还会耽误宋辽两国的大事,重则引发两国之间的战争。吕夷简却大言不惭地说这是自己的一个笔误。

富弼在宋辽谈判过程中据理力争,尽职尽责,终究帮助与西夏正在打仗的宋赢得了北部的安宁。

李元昊建西夏

李元昊(生卒年不详),党项族人,是西夏开国皇帝,为北魏鲜卑族拓跋氏之后。

李元昊的父亲李德明为人深沉,多权谋。李德明即位后,对外延续"依辽和宋"的策略,同时向辽、宋称臣,接受两国封号。麻痹辽、宋的同时,他对内专注于经济发展,辖区内的农业有较大发展。李德明在辖区内,完全是帝王做派。大中祥符三年(1010年),李德明被辽封为夏国国王以后,即动用数万民夫在延州(今陕西延安)西北的敖子山上,修建宫室。其宫室绵亘20余里,极其豪华壮丽。有一次他从夏州出巡到敖子山行宫时,仪仗队俨然和宋朝皇帝相仿。

李元昊幼读兵书,对当时流行的《野战歌》《太乙金鉴诀》一类兵书爱不释手,专心研读。他颇具文才,精通汉、藏语言文字,又懂佛学,尤倾心于治国安邦的法律著作。同时他善于思索、谋划,对事物往往有独到的见解。

李元昊逐渐长大成人,对父亲李德明的和宋行为,特别是向宋称臣的态度日益不满,多次规劝父亲不要再臣服于宋朝。李德明何尝不觉得儿子的建议有道理呢?只是他觉得翻脸的时机还未成熟。

明道元年(1032年),51岁的李德明在完成了建国称帝的各项准备工作之后死去了。李德明虽然没有来得及登上皇帝的宝座,但他却为儿子李元昊的称帝建国奠定了坚实的基础。

李元昊即位后,开始积极做脱离宋的准备。他首先废弃李姓,自称嵬名氏。第二年以避父讳为名,改宋明道年号为显道,开始了西夏自己的年号。其后几年内,他建宫殿,立文武班,规定官民服饰,定兵制,立军名,创造自己的民族文字(西夏文),并颁布秃发令,升兴州为兴庆府,扩建宫城,准备建国称帝,脱离宋建大夏帝国。

大庆三年(1038年),李元昊正式称帝,国号大夏,史称西夏。李元昊改元天授礼法延祚,又大封群臣,并派遣使臣到宋朝上表,要求宋朝正式承认他的皇帝称号。1040年至1042年,李元昊的部队先后在好水川和三川口大败宋军,宋仁宗只好册封元昊为夏国王。西夏疆域,东临黄河,西界玉门关,南接萧关,北抵大漠。西夏盛时辖地22州,包括今宁夏及陕西北部、甘肃西北部、青海东北部及内蒙古部分地区。实际上,当时的中国就形成了宋、辽、西夏三足鼎立的局面。

大英雄狄青

1038年,李元昊反宋称帝以后,建立了西夏,与宋、辽交战。宋仁宗抽调了一批禁军到陕西去帮助防守。在这批禁军中,出现了一个英勇善战的将领,他就是北宋名将狄青。

狄青（1008—1057）是汾州西河（今山西汾阳）人，本领高强，擅长骑射。他刚到陕西时，还是一个低级军官。当时，将士大多胆小怕死，只有狄青艺高胆大，因此经常担任先锋。

狄青打仗的时候有个特点，每次上阵都披头散发，脸上罩一个铜面具。他在敌阵中往来冲杀，勇猛异常，西夏军没有一个人能抵挡得住，以为他是天神天将下凡，因此给他起了一个外号——"狄天使"。

狄青打仗也很有智谋。有一次，狄青率领少量士兵在泾原和西夏军作战。西夏军人数很多，狄青认为，敌众我寡，如不采用奇计，无法取胜。于是，他下令，军中出战时不用弓箭，都拿刀枪，以钲声（钲，古代行军时用的打击乐器，有柄，形状像钟，但比钟狭而长，多用铜制成）作为号令。第一次敲钲，全军停止不动；第二次敲钲，全军退却，但仍排好阵势；钲声一停，全军转身向前，大喊大叫，向敌军冲杀过去。宋军士兵都按照这一办法做了演习。第二天，宋军出战。他们还没有跟西夏军交战，军中第一次钲声就响了，宋军士兵便全部停下来不动。第一次钲声刚过，第二次钲声又响了，宋军士兵又突然退却了。西夏士兵一向惧怕狄青，这次看了宋军的出战情况，不觉大笑说："哪里有这样的打法？谁说狄天使勇猛善战？"就在这个时候，宋军的钲声突然停止了，宋军将士顿时转过身来，大声喊杀，冲入西夏军阵中。西夏军措手不及，乱成一团，吓得四散逃奔，很多人因自相践踏而死。这一仗，狄青以奇计制敌，取得了大胜。

陕西有个官员和狄青谈论过军事后，非常赏识他的才能，就把他推荐给了韩琦和范仲淹。

韩琦和范仲淹召见狄青，向他问了一些问题，觉得他的确是一个人才，只是读书不多，缺少见识。

于是，范仲淹就劝告他说："你如今当了将官，要多读点书才行。做将官的，不知古今，不懂兵法，只有个人之勇，又怎么能为国家建立更大的功业呢？"

狄青听了，连连点头，便请范仲淹指点。范仲淹就拿出一部《左氏春秋》送给狄青，要他先好好了解古代的一些战争历史。

狄青非常感激地接受了这部书。从此以后，他刻苦学习，读完了这部《左氏春秋》，又读完了秦、汉以来的很多兵法著作。这样一来，他的军事学识更丰富，名声也更大了。

狄青平生打了 25 场大大小小的仗，身上受了 8 次箭伤，为宋朝立了不少功劳。宋仁宗对狄青很看重，除了提拔他以外，还很想召见他，但恰巧西夏军又进攻渭州，狄青要去抗敌，不能去京城。宋仁宗只好叫人给狄青画一幅肖像，送入了朝廷。

后来，北宋和西夏订立了和约，宋仁宗才把狄青调回京城，让他担任了马军副都指挥使。

宋代为了防止士兵逃跑，在他们脸上刺上字，再涂上墨做记号，皮肤上就会留下青黑色的字迹。这种被刻上墨字的脸称作"面涅"。狄青当过小兵，脸上也留有面涅。宋仁宗召见狄青时，看到他脸上的面涅，觉得这跟他如今的身份很不相称，便命他敷上药，把脸上的字迹除掉。

可狄青不同意这样做。他回答说："陛下不问我的出身，按照功劳提拔我，我才有今天这样的地位。这些字迹，我愿意留着，让士兵们看了，他们就知道应该发奋向上。"宋仁宗听了，非常赞赏他，对他也更加看重了。

西夏战事平息后不几年，南方又出现了一个割据政权。壮族侬氏聚居的广源州（治今越南高平省广渊）酋长侬智高起兵反宋，他攻占邕州（治今广西南宁），建立了大南国，自称仁惠皇帝，随后又一连攻下了几个州，还进犯广州。宋朝的许多守城官吏都吓得丢掉城池逃跑了。

宋仁宗非常忧虑。狄青就上书朝廷，请求前去作战。第二天，狄青上朝，对宋仁宗说："臣出身行伍，没有别的可以报答国家。我只要一支精锐骑兵，再调拨一些禁军，就可以平定侬智高。"

宋仁宗马上任命狄青为宣抚使，让他率领 3 万人马前去。第二年，狄青攻破了邕州。而侬智高逃到大理，最后被杀死了。

狄青平定了侬智高割据政权，又立了大功。宋仁宗便拜他为枢密使，让他掌管军权，还赏赐了他一所住宅。

毕昇发明活字印刷术

北宋庆历年间,发明家毕昇(? —约1051)发明了先进的活字印刷术。据沈括的《梦溪笔谈》记载,毕昇是一位平民,多年来在印刷作坊做工,他有一定的文化功底,常年从事雕版印刷书籍的工作,对印刷工作有着丰富的经验。东汉蔡伦改进了造纸术,唐朝时我国出现了雕版印刷业。而毕昇发明的活字印刷术,分制字、排版、印刷、回收活字等四道工序,大大推动了印刷术的发展。

毕昇曾经试验过用木头做活字,但是发现木头受到木纹疏密的影响,沾水以后就会膨胀,导致版面高低不平,后来他便用胶泥来做活字。毕昇将胶泥刻成如铜钱一样薄的单字,然后用火烧硬。一般常用的字,要制若干个同样的活字,像"之""也"之类的常用字,就要刻几十个,以便在排版遇到重复字时使用。平时工人则用木格贮藏活字,按照古代音韵的次序排列,并且贴上标签。

活字印刷中排版工序很别致。首先,排版工人要找来一块具有一定规格的铁板,在铁板上敷上松脂、蜡和纸灰等合制而成的黏胶物,作为固着剂,然后再把铁制的框放在铁板上,在框中间排胶泥活字,这就是排版。排成一页书版之后,用火烘烤,待固着剂稍稍熔化时,就用平板按压版面,使之平整。至此,排版这道工序便结束了。

印刷比较简单,把排好的版印在纸上就可以了。通常要准备两块铁板,一板在印刷时,另一板就已排好字,两板交替使用,印刷的速度就加快了。

最后一道工序是回收活字。印完了书页后,用火把固着剂烤化,用手轻轻扳动,泥活字就会自行从铁板上脱落,然后按韵放回原来的木格保存即可。这就是活字印刷术的新工艺,它比雕版印刷术进步很多,节省了原材料和大量雕刻的劳动量,泥活字可以重复使用,少数冷僻字可以临时刻好烘制成型,印书的数量又多、速度又快。

毕昇创造的泥活字原物和印成的书籍虽然未能流传下来,但是他的这套活字印刷方法却对后世产生了很大的影响。后人根据他的经验，先后制成过陶活字、木活字、锡活字，直到铅活字。毕昇发明活字印刷术，在印刷史上是一个划时代的技术创新，是我国劳动人民对世界文明的重大贡献。

受毕昇的影响，朝鲜在13世纪时铸成了铜活字，15世纪时又铸成了铁活字。我国的活字印刷术又经由新疆传到波斯和埃及，再传入欧洲。欧洲最早的活字版制造者是德国人谷登堡，他于1450年前后，用铅、锡、锑的合金制成了欧洲字母的活字，但他的创造比毕昇晚了大约400年。

铁面无私的包拯

许多戏曲和影视故事中提到的"包青天"确实是历史上的一个清官。他姓包名拯（999—1062），字希仁，是北宋庐州（今安徽合肥）人。包拯一生做过许多官，小到县令，大到枢密副使，不管是做什么官，他都认真处理政事，执法如山，铁面无私。

包拯曾经在天长县（今安徽天长）做过县官，处理过一个"牛舌案"。一天，一个农民急急忙忙地赶着一头牛到县衙门来告状，说那头牛的舌头被人割掉了。包拯听完他的话，想了一会儿，说："既然你的牛的舌头已经被割掉了，你就把它杀了做成熟牛肉卖了吧。"

农民听了很生气，心里想：包拯是不是糊涂了？他不久前不是贴出告示，不准百姓私自宰杀耕牛吗？现在正是春耕农忙的时候，怎么又要我杀牛呢？于是他回答："老爷，怎么能杀掉牛呢？我是来求您抓住那个割了牛舌头的人的呀。"

"啪"，包拯一拍惊堂木，气呼呼地说："叫你杀牛你就杀，一个牛舌头算得了什么！"

农民抹着眼泪走了，回家以后果真把牛杀了。

第二天，有一个人兴冲冲地跑来向包拯告那个农民的状，说那个农民杀了牛，应该受到处罚。包拯盯着那个人，眼睛一眨也不眨，直到他把话说完，然后大喝一声:"你为什么要割掉他家牛的舌头,又来陷害他?"

那人听包拯这么一问,吓得瘫倒在地上,乖乖地认罪了。

从此,老百姓都知道包拯是个断案如神的官。

1041年,包拯被调到端州(治今广东肇庆)做知州。端州是当时的精美贡品端砚的产地。因为有利可图,以前的知州都要趁机向老百姓征收多于贡数几十倍的端砚,送给朝里的大官们,以换得升官发财的机会。

包拯到端州以后,不但没有贪污一块端砚,而且立刻派人查清楚以前官吏贪污端砚的情况,然后规定要严格按照定额征收,官员贪污的端砚一律交公,百姓制砚的工钱由官府支付,等等。这些规定,解除了老百姓沉重的负担,同时也使官吏们失去了靠端砚发财升官的机会。

一名官员如果清廉正直,肯定会得罪其他有权有势的贪官污吏。包拯知道这一点,但他一点也不害怕。他后来被调到京城任御史台,范仲淹那时正在推行"庆历新政",影响了许多皇亲国戚和大官吏的利益,所以遭到了他们的攻击。包拯对范仲淹非常敬佩,对新政也很赞成,曾经写文章表示支持新政,并且向范仲淹提了许多建议。

不久,包拯当了监察御史。当时北宋朝廷对辽妥协投降,文武官吏贪污腐化成风,包拯对此很不满,不断向皇帝提出谏言。

有一个叫张尧佐的人,因为他的侄女得到仁宗的宠爱而做了官,一直做到三司使的高位,管理全国的贡赋和财政事务。他贪婪得很,对老百姓大加搜刮,引起了人们的强烈不满。有许多官员向仁宗告张尧佐的状,但这些事都被压制了下来。

包拯知道了这些情况后,亲自去拜见了仁宗,并且和几个大官联名上书,要求撤掉张尧佐的三司使的官位。在包拯等人的强烈要求下,宋仁宗尽管心里不愿意,但还是照办了。对于权贵,包拯从来都敢于站出来和他们进行坚决的斗争,经他处理的贪婪无能的官吏不计其数;即使是自己的亲戚,一旦犯了法,包拯也照样不会轻易饶恕。

在庐州做官的时候,包拯的一个舅舅依仗包拯的权势干违法的事,横行霸道,抢占农田,告发他的状纸叠起来有厚厚的一大摞。包拯亲自审问舅舅,在大堂上重打了他几十大板。看到包拯执法如山,对亲戚丝毫不留情面,老百姓就更敬重他了。包拯为民请命、廉洁无私的清官形象便越来越高大。

有关包拯的各种传说中,"狸猫换太子"的故事流传得很广。故事说包拯奉旨到陈州放粮,途中遇一盲乞妇拄着拐杖拦路告状,她向包拯讲述了当年发生在宫中的一件秘事:真宗赵恒时,刘妃与内侍郭槐合谋,用剥皮的狸猫换掉了李妃所生的婴儿,并命宫人寇珠将婴儿丢弃。寇珠在内侍陈琳的帮助下,将婴儿送与八贤王抚养,取名赵祯。后来,李妃被打入冷宫,刘妃被册立为后。而刘妃仍不甘心,她火烧冷宫,李妃逃了出来,流落民间。

包拯听盲乞妇讲得真真切切,凄凄惨惨,知其定是李妃,便将她带回京城。回到京城后,包拯借元宵节请已做了皇帝的仁宗赵祯观灯,并安排了"雷劈不孝之子张继宝"的演出。随后包拯说出了当年刘后、郭槐用狸猫换太子,并谋害皇帝生母李妃的实情。仁宗恍然大悟,斩了郭槐,并亲迎李太后还朝。李太后经多年磨难,见到赵祯又爱又恨,要包拯替自己打他。包拯便想出一个两全之策,他让皇帝脱下龙袍,用打龙袍来惩治皇帝的不孝之罪。

类似这样的关于包拯的传说十分多,比如"盆儿鬼""灰阑记""三勘蝴蝶梦"等。包拯逐渐被塑造成一位能够日断阳、夜断阴的人神合一的人物,老百姓把他们对于清官形象的各种幻想都附会在包拯身上,表现出了他们对清廉吏治的向往。

文坛领袖欧阳修

欧阳修(1007—1072),字永叔,吉州吉水(今属江西)人。他在我国文学史上占有重要的地位。他是北宋古文运动的领袖。他的散文、诗、词都写得很好,是一位具有多方面才能的文人。他一生写了大量的著作,除了诗文集《欧阳文忠公文集》150多卷外,还参与编写了《新唐书》,撰写了《新五代史》——这两部史书为后人研究隋唐、五代十国历史提供了宝贵的史料。

欧阳修3岁的时候,父亲病死,母亲带着他到随州(今湖北随州)依靠他叔父生活。欧阳修的母亲一心想让儿子读书，可是家里穷，买不起纸笔。有一次，她看到屋前的池塘边长着荻草，突发奇想：用这些荻草秆在地上写字不是也很好吗？于是她用荻草秆当笔，铺沙当纸，开始教欧阳修练字。欧阳修在母亲的教导下，在地上一笔一画地练习写字，反反复复地练，错了再写，直到写对、写工整为止，一丝不苟。这就是被后人传为佳话的"画荻教子"。

欧阳修小时候经常到附近藏书多的人家去借书读，有时还把借来的书抄录下来。一次，他去一家姓李的人家借书，从那家的一只废纸篓里发现一本旧书，他翻了一下，知道是唐代文学家韩愈的文集，就向主人要了来，带回家里细细阅读。

宋朝初年，社会上流行的文风讲求华丽，内容空洞。欧阳修读了韩愈的散文，觉得文笔流畅，说理透彻，跟流行的文章完全不一样。他就认真琢磨，学习韩愈的文风。长大以后，他到东京汴梁（今河南开封）参加进士考试，连考三场，都得了第一名。

欧阳修二十多岁的时候，在文学上的声誉已经很高了。他官职不高，但是十分关心朝政，正直敢谏。当范仲淹得罪吕夷简而被贬谪到南方去的时候，许多大臣都同情范仲淹，只有谏官高若讷认为范仲淹应该被贬。欧阳修十分气愤，写信责备高若讷不知道人间有羞耻事。因为这件事，欧阳修被降职到外地，过了4年才回到京城。但欧阳修仍然支持范仲淹新政。此后不久，韩琦、范仲淹、富弼等人相继被贬。一些权贵又罗织罪名诬陷欧阳修，朝廷又把欧阳修贬谪到了滁州。

滁州四面环山，风景优美。欧阳修到滁州后，除了处理政事之外，常常游览山水。当地有个和尚在滁州琅琊山上造了一座亭子供游人休息。欧阳修登山游览的时候，常在这座亭子中喝酒。他自称"醉翁"，便给亭子起了个名字，叫"醉翁亭"。他写的散文《醉翁亭记》也成为人们传诵的佳作。

欧阳修当了几年地方官后，宋仁宗又想起他的文才，就把他调回了京城，担任翰林学士。

欧阳修担任翰林学士以后，积极提倡改革文风。嘉祐二年（1057年），京城举行进士考试，朝廷派他担任主考官。他认为这正是选拔人才、改革文风的好机会。在阅卷的时候，发现华而不实的文章，他一概不予录取。考试结束以后，有一批人落了选，他们对欧阳修十分不满。一天，欧阳修骑马出门，半路上被一群落选的人拦住，他们吵吵嚷嚷地辱骂他。直到后来，巡逻的兵士过来，才把这批人赶跑。经过这场风波,欧阳修虽然受到了一些压力,但是考场的文风却发生了变化,大家都开始学着写内容充实和朴素的文章了。

欧阳修在当时的文坛上声望很高,但他并不骄傲。欧阳修不但大力改革文风,还十分注意发现和提拔人才。许多原来并不那么出名的人才,经过他的提拔和推荐,一个个都成了名家,其中最出名的有曾巩、王安石、苏洵和他的儿子苏轼、苏辙。在文学史上,人们把欧阳修同上述5人及唐代的韩愈、柳宗元合起来称为"唐宋八大家"。

王安石变法

宋朝建立以来,经过太祖、太宗、真宗、仁宗、英宗,到神宗已是第6代皇帝了。神宗时,宋朝的政治已经很腐朽了,封建豪绅大地主阶级是政权的支柱。北宋朝廷为了保护这些人的利益,在政治上、经济上给予了他们过多的优惠。比如,豪绅大地主占有国家半数以上的农田,却不必缴租税、服徭役,广大的农民和中小地主则承担了全部的租税义务。

这种政策带来了严重的后果,许多农民破产,北宋经济发展停滞,阶级矛盾十分尖锐。另外,北宋在辽及后来建国的西夏的进攻面前一直反击无力,却年年需要扩充军队和增加岁币,国家的财政危机也日益明显。

日益窘迫的处境,使宋朝统治集团中的一些人开始意识到需要推行一些革新的政策,但朝中保守派的势力非常强大,于是改革派与保守派之间开始了长期的尖锐交锋。围绕着王安石变法,这两种势力的斗争达到了高潮。

王安石(1021—1086),字介甫,抚州临川(今江西抚州)人,出身于一个地方官吏家庭,他聪敏而好学,后经由科举踏上仕途。王安石是个饱读诗书、政治思想十分活跃的人,他一直都有学以致用的心愿。从他考中进士,被派往扬州做签判开始,到从江东被召入朝,王安石在外路州县做了多年的官。这些年的为官经历使王安石积累了丰富的社会经验,他对政治、经济等方面的认识也由此更为深入。

同时,革新的思想也更加清晰和具体了。

到京城后,王安石被任命为三司度支判官,任务是替国家理财。他当时曾给在位的宋仁宗上呈过一份近万字的奏折,提出变法的主张,却未引起重视。王安石不禁觉得孤掌难鸣。

实际上,在王安石以前,朝中也有一些人做出了改革图新的尝试。最著名的就是范仲淹、富弼等人主持的"庆历新政",主要以整治腐朽的官僚制度为内容。但是"庆历新政"触犯了权贵的利益,遭到了势力强大的保守派的联合反对。实施一年多后,范仲淹和富弼就被迫离开了朝廷。

1067年,年方19岁的赵顼即位,他就是宋神宗。他是一个很希望有所作为的皇帝,想通过推行新法来扭转当时宋朝内忧外患的局面。宋神宗还是太子的时候,就素闻王安石之名,即位后便把变法的希望寄托在了王安石身上。宋神宗起用王安石为翰林学士,允许他直接向自己陈述意见;而后按照王安石的建议,设置了主持变法的机构"制置三司条例司",由王安石亲自负责。1070年,宋神宗又任命王安石为同中书门下平章事(位同宰相)。久已有志于改革的王安石得到了宋神宗的重用,更是以兴天下为己任,全力进行变法改革。

王安石变法的内容比较全面,包括多种措施和法令,有青苗法、免役法,还有农田水利法、市易法、保甲法等。

王安石的新法经过一段时间的实施,收到了显著的效果:农业得到了发展,人民得到了一些实惠,国家的财政收入也增加了。

但新法在许多方面触及了官僚大地主的利益,以司马光为代表的保守派认为祖宗之法更改不得,纷纷对王安石的新法加以攻击。

一天,宋神宗把王安石找来,告诉他现在人们说朝廷以为"天变不足畏,祖宗不足法,人言不足恤",问他该如何应对。王安石回答说:"陛下亲管朝政,没有沉溺于享乐,就不用惧天变。人言固有不足恤,但如果给予义理,又怎么样呢?仁宗皇帝在位时曾数次修改宋朝法令,如果祖宗之法当世代遵守,为什么还会去屡次修改呢?"这几句话充分显示了王安石坚定的变法态度,同时也得到了宋神宗的认可。

变法就这样在王安石的坚持和宋神宗的支持下不断推进,一度达到高潮。但保守派的反对从来都没有停止,他们寻找一切机会阻止变法,甚至把有的地方发生旱灾也归咎于变法。保守派的势力越来越强大,并对新法形成围攻之势。两个太后——仁宗的曹后和英宗的高后也站出来支持废除新法。同时,随着变法的继续,改革派内部也发生了分裂,一些人站到了对立的立场上,还有一些人一开始就抱着投机的心理,想为自己捞一把利益,然后看哪边势力大就投靠哪边。在这种局面下,宋神宗逐渐发生了动摇,他不再像以往那样支持王安石了。

王安石的变法变得步履维艰。尤其是皇室贵族的大力攻击,使王安石陷入了空前困难的境地。王安石先后两次被罢相,第二次罢相以后再没有被召回朝。改革派终于没有敌过保守势力的围攻,变法随着王安石的罢相而宣告失败了。宋神宗死后,高太后摄政,反对派代表司马光上台,随即就把新法一项项废掉了。至此,王安石变法彻底结束。

王安石变法是统治阶级自上而下的改良行为,不可能从根本上解决北宋社会存在的种种危机。所以,他的变法遭遇失败是必然的。

司马光与《资治通鉴》

王安石变法的时候,司马光(1019—1086)是作为反对力量出现的。司马光是个有名的政治家,同时又是一个在历史方面很有成就的学者。他编写过许多有分量的书,《资治通鉴》是其中最有名的一部。

实际上,司马光和王安石在变法以前是好朋友。司马光为人很耿直,在仁宗时代,京城里面他和王安石、韩维、吕公著4个人最要好。后来王安石推行变法,司马光却采取了反对的态度。

司马光,字君实,陕州夏县(今山西夏县)人,小时候特别聪明。在他7岁的时候,有一次和小伙伴们在院子里玩捉迷藏,大家打闹着追来追去,玩得很起劲。忽然,一个小伙伴不小心掉进了院子里的大水缸中。那个水缸比小伙伴还高,他在水缸里不停挣扎,大声呼救。大家急得很,却一点办法也没有。这时,司马光跑到院墙下,从墙脚搬来一块大石头,"哐"的一下就把水缸砸破了。于是小伙伴得了救,大家都松了一口气。

司马光喜欢读书,五六岁的时候就能熟练地背诵《论语》《孟子》了。7岁那年,他熟读了《左传》,并且经常讲给家里人听。《论语》是记录孔子和他的徒弟的言行的书,《孟子》则记录了孟子及其弟子的思想和主张。《左传》记载了春秋时期鲁国从公元前722年到公元前454年的历史。这些书籍深深吸引了小司马光,以后他能主持编写出《资治通鉴》来,和这些书对他的影响是分不开的。由于对历史有着浓厚的兴趣,司马光在考中进士做了官以后,仍继续钻研历史。在长期的研究中,司马光发现,中国的历史文献虽然很多,但记载从远古一直到当代的历史书籍却一本也没有。为了让人们完整地了解历史,司马光决定自己动手编写一部。他给这本书取了个名字,叫《通志》。

有一次,宋英宗召见司马光,问他书编写得怎么样了。司马光回答说:"皇上,我已经编完了八卷《通志》,写了从周威烈王二十三年(前403年)到秦二世三年(前207年)共196年的历史,请皇上看看吧。"

英宗翻了一会儿《通志》,看了一些目录和章节内容,很高兴,便鼓励司马光继续写下去,并且建议司马光找一些熟悉历史的人合作。司马光听了英宗的指示,回去后马上组织书局,请了刘攽、刘恕、范祖禹等人,由他自己担任主编,其他人按朝代一人编写一段历史。

不久,英宗病死,继位的神宗对《通志》的编写也很重视。神宗看到书里记载了不少前人治国处事的经验,觉得十分有用,就建议司马光把《通志》改名为《资治通鉴》。司马光高兴地答应了。这就是《资治通鉴》名字的由来。

神宗即位几年后,司马光出任西京御史台,在洛阳继续编写《资治通鉴》,这个时期正好也是王安石推行变法维新的时期。和拥护变法的"新党"相反,司马光是"旧党",他极力反对变法,认为祖宗的法规不可以改变,并攻击王安石进行改革是为了夺取富人们的利益。他曾经对皇帝说:"我和王安石两个,就像冰块和火炭不能在一起,冬天和夏天不可能同时出现一样。"这说明他和王安石的关系是极端对立的。

为了推行自己的政治主张,司马光把他的看法用历史资料表达了出来,所以,《资治通鉴》是为大地主、大官僚说话的。这本书花费了司马光几乎全部的精力和心血,他不分白天黑夜地编写,常常顾不上吃饭和睡觉。他害怕自己睡过了头,就让家人给他做了一个圆木枕头,只要脑袋稍微一动,圆木枕头就会滚到一边,把他惊醒。司马光这种刻苦做学问的态度也一直为后人所称赞。

《资治通鉴》的编写经历了英宗、神宗两代皇帝,前后共用了19年的时间。它根据丰富的历史资料,论述了从公元前403年到公元959年共1362年的史实,是按照事情发生的时间先后顺序编写的一部294卷的编年体通史(按年、月、日顺序记载历史的一种史书体裁)。这本书详细地介绍了各个朝代重大历史事件的发生和发展经过,以及各朝政治、经济制度和文化状况,对一些重要历史人物的事迹和言语也做了记录。

司马光很耿直,在写书时也是这样。他在《资治通鉴》里面,不仅赞扬了每个皇帝做了好事的一面,也指出了他们残酷镇压老百姓、迷信荒唐的一面。这部书参考了300多种书籍,并且进行了认真考证,具有很高的价值,因此,后来的历史学家研究宋代以前的历史时,都喜欢把《资治通鉴》拿来作为参考。

《资治通鉴》是中国历史上一部伟大的著作,人们因此便把司马光和写《史记》的汉朝史学家司马迁合在一起,称为"两司马"。

昭怀太子的冤屈

辽道宗在位时,一度宠幸奸臣耶律乙辛。因为道宗听信耶律乙辛的谗言,辽元气大伤;加之辽的属国女真日益强大,其要求独立的声音也越来越大。

耶律乙辛虽然深受辽道宗的宠幸,但道宗的太子——昭怀太子(生卒年不详)一直对耶律乙辛揽权很是不满。耶律乙辛为了达到自己独揽大权的目的,决定不惜冒天下之大不韪(过失。韪,音wěi),除掉昭怀太子。

昭怀太子是道宗确立的储君,一时难以除掉。耶律乙辛便首先向昭怀太子的母后宣懿皇后下手。

耶律乙辛诬陷宣懿皇后和宫廷伶官通奸。辽道宗大怒,不加查证,不听皇后辩白,就赐死了宣懿皇后。

皇后因通奸被赐死后，昭怀太子屡次上书为皇后辩白，表示是道宗听信小人谗言，冤枉了皇后。耶律乙辛则常常进言说昭怀太子在朝野上下散布言论，说道宗是老糊涂了，错杀了皇后，不中用了。辽道宗对昭怀太子虽没有加以处罚，但也渐渐疏远了他。耶律乙辛见除掉太子的时机已经成熟，便加紧了准备步伐。

耶律乙辛派人到道宗面前自首，那人谎称自己是前次参与谋害皇上的人，今天来自首，是怕事后受到牵连。道宗叫人严刑拷打这自首的人，并逼问其幕后主使。在耶律乙辛的授意下，自首的人供出太子是谋逆的幕后主使，并供出了所谓的谋逆计划。为防止日后出现纰漏，耶律乙辛在得到这份供词后就除掉了自首的人。

耶律乙辛得到供词后，马上添油加醋地向道宗报告："太子意欲趁陛下不备，发动兵变，迫使陛下退位，自己登上帝位。太子还说自己才是圣明君主，比陛下更适合这皇位。"得知供词内容的道宗急火攻心，完全失去了理智，下令立即将太子捉拿下狱，严加审问。

昭怀太子被抓后，在狱中要求面见道宗进行申诉。在耶律乙辛的授意下，狱中根本没人理会太子的要求。昭怀太子不仅没有得到辩白机会，还被耶律乙辛严刑拷打了一顿，并被要求在供词上签字画押，承认自己谋逆的罪行。昭怀太子每次都没有屈服，义正词严地质问耶律乙辛等人：自己已是太子，道宗和新皇后又没有皇子能取代自己的太子位子，自己登基即位是早晚的事，哪里还有造反的必要。

确实，太子根本就没有谋逆的必要，他即使不满道宗的作为，只要隐忍数年，等皇上去世了，自己就可以登上皇位。可惜太子谋逆本来就是耶律乙辛为陷害昭怀太子设的一个局，昭怀太子的辩白，根本没有用。他们每日对昭怀太子进行严刑拷问，太子承受不住痛苦，常常晕过去，道宗也未派人查问，只任由耶律乙辛审问此事。见道宗对自己没有丝毫的信任和关怀，昭怀太子心如死灰。昭怀太子深知：如果没有道宗的信任，即使自己可以摆脱这次谋逆的困境，日后还会有很多类似的谗言谋害自己，自己势单力薄，终究难以和耶律乙辛抗衡。与其日后再次受辱，不如今日承认罪行，早日解脱。

拿到太子签字画押的供词，耶律乙辛马上将其呈报给道宗。深恐皇位不稳的道宗，见到供词后连昭怀太子的最后一面都没有见，就直接下令废太子为庶人，并终身囚禁他。昭怀太子被废为庶人,耶律乙辛还不放心,怕万一哪天道宗醒悟过来,和太子见面,自己的阴谋难免败露。没多久,耶律乙辛就让人毒死了昭怀太子,而向道宗报告说太子突发疾病,不治身亡。得知太子病死,道宗皇帝的心如针刺一般:太子再不好,也是自己的儿子,当初实在不应该不听他的辩白就直接废掉他。所以,道宗对耶律乙辛也有了怨恨。

耶律乙辛察觉到道宗的悔意,害怕事情有变,便趁道宗召见太子妃时,半路派人劫杀了太子妃。耶律乙辛杀死太子妃后,又把矛头指向了太子的儿子耶律延禧,时刻寻找机会斩草除根。

一次,辽道宗外出打猎,耶律乙辛奏曰:"皇太孙年纪尚幼,应留在宫中。"忠臣萧兀纳立刻进谏说:"我愿意留下保护皇太孙。"对耶律乙辛已心生怨恨的道宗并没有听从耶律乙辛的建议,而是把皇孙带去一起打猎了。打猎途中,道宗发现耶律乙辛的护卫比自己的还多,看到耶律乙辛的权势已威胁了自己的皇权,他先是下旨将耶律乙辛贬为地方官;后发现其私通敌国,最终下令将其缢杀。为了弥补对昭怀太子的伤害,道宗将皇孙接到了身边,亲自抚养,耶律延禧后来被确立为了皇位继承人。辽道宗去世后,耶律延禧奉遗诏继位,改元乾统,是为天祚帝,他是辽国最后一位皇帝。

沈括与《梦溪笔谈》

沈括(1031—1095)是北宋时期的政治家,也是世界上著名的自然科学家之一。他博学多才,精通天文、方志、律历、音乐、医药、卜算。他的著作《梦溪笔谈》共有正编二十六卷,《补笔谈》三卷,《续笔谈》一卷,内容包括故事、辩证、艺文、技艺、器用等17类。沈括通过长期研究,在科学技术、历史、考古和文学艺术等方面获得了丰硕的成果。

沈括出生于浙江杭州,其父考中进士后,当过许多地方官。少年的沈括跟随父亲到过四川、福建、河南、江苏等许多地方,领略了各地风土人情,接触到社会矛盾的许多方面,这些对他的成长和世界观的形成都有着深远的影响。

1054年,23岁的沈括参加了地方行政工作,当上了沭阳县的主簿,他亲自主持了治理沭水的工程,完成了治理任务。以治河为起点,他的科学技术研究开始了。1063年,32岁的沈括考中了进士,留在了京城,被派到昭文馆参加编校图书工作,同时他又对数学、天文学产生了兴趣,开始了相关方面的研究工作。

1072年,沈括被提拔为主管天文历法的长官司天监。在任期间,他深入研究天文、历法,两次去浙江一带考察水利、差役情况。他还接受了治理汴河的艰巨任务。他在实际工作中积极推行王安石新法中的"农田水利法",取得了一定的成绩,也获得了水利方面的科研成果,他的《圩田五说》就是农田水利方面的科学著作。

沈括被提举为司天监时,司天监原来的人员大多是市井平民,根本不懂得天文、地理,对法象图器缺乏起码的知识。沈括到任后,创置了浑天仪、景表、五壶浮漏等天文仪器,并招引卫朴撰修了新历书,而这些仪器和新历书均为后世所采用。

1075年,宋神宗派沈括出使辽国上京(治今内蒙古巴林左旗南),进行边界谈判。出使前,沈括首先收集了许多地理资料,做了很好的研究,并且叫随从的官员将这些资料背得烂熟。到了上京,辽派宰相杨益戒跟沈括谈论边界问题。辽方提出的每一个问题,沈括和随行官员都能对答如流,且有理有据。沈括不失尊严地完成了出使任务。他带着随行官员从辽返回,一路上每经过一个地方,就把那里的大山河流、险要关口画成地图,还把当地的风俗人情调查得清清楚楚。回到汴京,他把整理的资料献给了神宗皇帝。宋神宗认为沈括立了大功。

在出使辽国前后,沈括对军事学、物理学、数学、地理学、地图学等也做了深入的研究。这期间,他完成了军事科学著作《边州阵法》的写作,制造了铁甲,研究了熟铁和钢铁的性能。同时,根据军事工程计算的需要,他还创造了二阶等差级数的求和方法。

沈括为了实行社会改革而从事各种科学研究活动,并且在所涉及的各个领域里都取得了杰出的成就。但是,由于北宋封建政权的腐朽,他的政治生涯也不长久。1082年,沈括被贬,政治生涯就此结束。他晚年定居在润州梦溪园(今江苏镇江东部),开始著书立说,举平生见闻和科研成果,最终完成了《梦溪笔谈》及其续作的写作。

　　《梦溪笔谈》及其续作的内容十分丰富，涉及范围很广，包括政治、经济、文化、科学技术，共有 609 条。其中有关科学技术方面的内容，占全书的三分之一，包括数学、天文历法、气象、地质、地理、物理、化学、农业、水利、医药等。这部书除了记载作者自己在科学技术方面的成就之外，大部分是反映 11 世纪我国劳动人民在科技方面所取得的成果的。

　　在地质学方面，他研究出华北平原是由黄河等许多河流夹带泥沙冲积而成的。这是对冲积平原成因最早的科学解释。另外，沈括断言我国的石油分布非常广，储藏量非常多。在物理学上，沈括的成就是多方面的，他研究了声学的共振现象和光的直线传播、各种反光镜的成像等。在磁学范围，他提出了地磁偏角的理论。他在《梦溪笔谈》里论证说，用磁石磨针尖，针尖就自动拐向南方，但是常常稍微偏东，不是完全正南。这是世界上最早的关于地磁偏角的记录，比欧洲哥伦布的发现要早 400 多年。

　　《梦溪笔谈》记录了沈括一生的科研成果，包括自然科学许多领域内的科研结晶，有许多论述和制造技术在当时的世界上都处于领先地位。

　　《梦溪笔谈》在世界科学史上有很高的地位。英国科学家李约瑟博士在他的《中国科学技术史》第一卷中，称赞《梦溪笔谈》是"中国科学史上的坐标"。

宋代三大发明

　　宋代经济、科技、文化都取得了长足的发展，很多领域都达到了历史的顶峰。我国古代伟大的四大发明，其中有三项都是出现于宋代，分别是：活字印刷术、指南针和火药。这三大发明不仅是对中国，更是对人类文明起着推动作用。

　　中国最早的印刷术出现于唐代，当时的印刷模板以木质为主，想要刻印一页内容，首先需要在一块完整的木板上雕刻出文字，并且是反字，给木板刷上墨就可以印刷了。用这种方法刻好板后，印刷便捷省时。但因为木板上的内容是固定的，要印刷一本书,常常需要刻数十乃至上百块板,一旦刻错一个字,全板就得重刻。因为这种印刷成本太高,除少数达官贵人及富贵人家资助的寺庙外,一般很少有人用得起这种印刷方式,民众还是以抄写为主要的书籍传播方式。印刷术真正适用于民众日常生活就源于宋代。

根据沈括在《梦溪笔谈》中的记载,庆历年间,毕昇发明了活字印刷术,活字印刷术推动了印刷术的发展,并使之逐步走向成熟。毕昇采用每字一个胶泥刻板的模板,代替了唐代的木质雕版。毕昇先烧制大量的胶泥字模板,印刷时,根据内容选择一个个烧制成型的胶泥字,将它们排列在一个铁框内,用松脂等物黏合在铁框内,刷上墨就可以大量印刷了。发现有错误,直接更换掉有错误的字板就可以了,不用全板重刻。印刷之后,用火烤化松脂,胶泥字板就可以取出了,而这些取出的胶泥字板还可以被再次利用。印刷时,两个铁框常常交替使用,一个印刷,一个排版,这样既节省了时间,也节省了印刷成本。

活字印刷术被发明出来以后,先后传入朝鲜、中亚和欧洲等地,对人类文明的流传发挥了巨大的作用。

在《梦溪笔谈》中,沈括还记载了我国另一个伟大的发明——指南针。指南针的雏形是东汉以前就出现的一个简易的辨别南北方向的工具——司南。司南是人们将天然磁石制成可旋转的勺状物,利用地球磁场和天然磁石之间的引力,辨别南北。司南自身也有许多缺陷:不易找到天然磁体;在加工时容易因打击、受热而失磁,所以司南的磁性比较弱;它与地盘接触处要非常光滑,否则会因转动时摩擦阻力过大而难于旋转,无法达到预期的指南效果;司南有一定的体积和重量,携带很不方便,这也是司南长期未得到广泛应用的原因。

宋人为了解决司南磁性减弱的问题,创造了人工磁化的方法。宋人会利用地球磁场使铁片磁化,即把烧红的铁片放置在子午线的方向上。烧红的铁片分子处于比较活跃的状态,铁分子会顺着地球磁场方向排列,达到磁化的目的。沈括在《梦溪笔谈》中也记载了利用磁石摩擦缝衣针的方法,这种方法可以使缝衣针具有磁性。沈括将宋时的指南针归纳为水浮法、碗唇旋定法、指甲旋定法、缕悬法等四类,现今指南针的两大体系——水针和旱针都已出现。沈括比较推重的是缕悬法,他认为这是比较理想而又切实可行的方法。缕悬法就是在磁针中部涂一些蜡,粘一根蚕丝,挂在没有风的地方,便可以指示方向了。

指南针出现后,随着确定方位的需求,有二十四方位的罗盘随之出现,这些罗盘极大地推动了航海的发展。

火药则很早就在中国出现了,其研究始于古代炼丹术。早期火药只是被少量运用于中医治疗中,使用范围很窄。到了宋时,宋朝和周边国家战争频繁,火药被不断改良,增加了硝的含量,这就是真正意义上的黑火药,它能够燃烧爆炸。从此各种火器出现在实战中,带燃烧性火药的弓箭,具有燃烧或爆炸性质的火炮、火枪、火筒等,都在战争中发挥了巨大的作用。民用火药制品——烟火、爆竹在民间也开始被使用,且迅速发展。

火药的制造方法,在13世纪的时候传入了阿拉伯国家。直到15世纪,欧洲人才从阿拉伯国家学到了火药的制作方法。

苏轼名满天下

苏轼于1037年出生在今四川眉山的一个书香之家。父亲苏洵是北宋颇有成就的文学家,家中藏书很多;母亲也是一位有文化修养的妇女。他家有着"门前万竿竹,堂上四库书"之美誉。

1061年,苏轼参加了制科考试,直言当时存在的弊政,并不有所隐瞒,最后入第三等(最高等)。

1070年,王安石任宰相,开始大刀阔斧地进行变法。苏轼反对变法,进而与王安石进行争辩。苏轼和王安石的分歧主要是政见的分歧,如在解决宋朝财政拮据的问题上,王安石主张"理财",苏轼主张"节流"(节约开支)。这是一个根本性的分歧,这种分歧是苏轼反对王安石变法的根源。

1071年,苏轼到杭州做官。在杭州,他于公务余暇之际访问寺庙,在湖边喝酒,题诗作词,留下了许多歌颂西湖的千古绝唱。最脍炙人口的恐怕要数"欲把西湖比西子,淡妆浓抹总相宜"了。他同僧侣、歌伎交往,留下了很多趣话,表现了文人的洒脱。他体恤民间疾苦,任上颇有政绩。他和太守一道治理钱塘六井,开沟易管引西湖水，从而使六井水常满，为杭州百姓解决了吃水问题。苏轼在杭州任期满后，又先后在密州、徐州、湖州任职。

1079年，太常博士皇甫遵从汴京赶到湖州，把时任湖州太守的苏轼当场拘捕，押解回京，送交御史台审讯。因御史台又名"乌台"，这场北宋历史上著名的文字狱就被叫作"乌台诗案"。

既名"诗案"，当然是写诗惹的祸。苏轼也主张变革，但反对王安石的激进变法，政见不合自然要用笔写出来。王安石是个正直的大臣，只要把苏轼赶出京城，不影响他的变法就行。但到后来，变法之争演变为新旧党争，苏轼便成了改革派打击陷害的主要对象。这些人摘出苏轼的一些诗文，说他不尊重朝廷，辱骂皇帝。苏轼有一首诗写道："凛然相对敢相欺，直干凌云未要奇。根到九泉无曲处，世间唯有蛰龙知。"有人便向神宗挑拨说："陛下飞龙在天，而苏轼求地下之蛰龙，其不臣如此！"他们指责苏轼欺君，欲置苏轼于死地。其实神宗并不昏庸，只回复说："他写桧树（圆柏），关朕何事？"

苏轼入狱时曾与儿子苏迈相约：如果案情不重，平时送饭只送菜肉；如果情况严重，就以送鱼通知。一次，苏迈因事托人代送，这人正好弄到一条鱼，就送了进去。苏轼大惊，料自己必死，就写了两首绝命诗托狱卒转交给弟弟苏辙。其中一首写道："是处青山可埋骨，他年夜雨独伤神。与君世世为兄弟，又结来生未了因。"

因众人的营救，在被关押100多天后，苏轼终于出狱，被贬往黄州。但他并没有因此而放下手中的笔，照样吟咏人生，指斥时弊。

仕途虽然坎坷，但在文学艺术的领域里，苏轼却是古今第一奇才。诗、词、书法、绘画，他无一不精，在每门艺术中都走在北宋时代的前列。而苏轼的文风也极大地影响了北宋和后世文人的文风。

1101年，苏轼从海南回来不久，即病逝于常州，享年64岁。

风流君王宋徽宗

元符三年（1100年），年仅24岁的哲宗赵煦去世，哲宗无子，皇太后向氏立端王赵佶（1082—1135）继位，时年18岁。他就是宋徽宗。

赵佶继位时，曾遭到朝中大臣的反对，他们认为赵佶轻佻而不可以治国，但是向太后却极力推荐他，并用神宗的话驳斥反对派："先帝尝言：端王有福寿，且仁孝，当立。"赵佶即位的第二年，向太后去世。赵佶改年号为"建中靖国"。这是赵佶统治政权的开始，其在位共26年。

赵佶生于元丰五年（1082年），自幼养尊处优，逐渐养成了轻佻浪荡的性格。据说在他降生之前，其父神宗曾到秘书省观看自己收藏的南唐后主李煜的画像，"见其人物俨雅，再三叹讶"，随后就生下了徽宗。赵佶的身上，的确有李煜的影子。徽宗自幼爱好笔墨、丹青、骑马、射箭、蹴鞠，对奇花异石、飞禽走兽有着浓厚的兴趣，尤其在书法绘画方面，更是表现出非凡的天赋。

随着年龄的增长，赵佶迷恋声色犬马。他以亲王之尊，经常微服游幸青楼歌馆，寻花问柳，凡是京城中有名的妓女，几乎都与他有染，有时他还会将喜欢的妓女乔装打扮，带入王府，长期据为己有。赵佶即位后，不仅没有收敛，反而时常出宫留宿于青楼女子李师师处。蹴鞠更是他的拿手好戏，一无是处的街头混混高俅因为擅长蹴鞠，而受到赵佶重用。

赵佶即位后不久，即重用蔡京、王黼、童贯、梁师成、李彦、朱勔（miǎn），时称"六贼"。赵佶还以"绍述"的旗号，定司马光、文彦博等人为"元祐奸党"，定章惇等人为"元符党人"，并把他们的名字刻在石碑上，以示贬斥。

赵佶生活穷奢极侈，和六贼滥增捐税，大肆搜刮民脂民膏，大兴土木，修建华阳宫等宫殿园林。他派朱勔设立苏杭应奉局，搜刮江南民间的奇花异石，这些奇花异石被称为"花石纲"，统统被运送汴京；修筑的园林，则名为"艮岳"。赵佶很快将北宋政府历年积蓄的财富挥霍一空，同时他又长期搜刮民脂民膏，害得许多百姓倾家荡产，家破人亡。

赵佶还尊信道教，大建宫观，自称教主道君皇帝，并经常请道士看相算命。他的生日是五月五日，道士认为不吉利，他就改成十月十日；他的生肖为狗，为此便下令禁止汴京城内屠狗。

宣和七年（1125 年），金兵在俘虏了辽天祚帝之后，分兵两路南下进攻汴京。赵佶吓得慌忙传位于钦宗，让儿子出来收拾残局，自称"太上皇"，带着蔡京、童贯等贼臣，借口烧香仓皇逃往安徽亳州蒙城。1126 年 4 月，围攻汴京的金兵被李纲击退北返，赵佶才回到汴京。

靖康二年（1127 年），坐了 25 年皇位的徽宗赵佶和儿子钦宗一同被金人俘虏北去，被封为"昏德公"。赵佶受尽了屈辱折磨，最后死于五国城。南宋绍兴十二年（1142 年），根据宋金协议，宋朝将赵佶的棺木从金国运回了临安（今属浙江），宋高宗（1107—1187）将其葬到了永佑陵，立庙号为徽宗。

徽宗在被俘北行途中，曾见杏花，悲从中来，赋《宴山亭》：

裁剪冰绡，轻叠数重，淡著燕脂匀注。新样靓妆，艳溢香融，羞杀蕊珠宫女。易得凋零，更多少、无情风雨。愁苦，问院落凄凉，几番春暮？

凭寄离恨重重，者双燕何曾，会人言语？天遥地远，万水千山，知他故宫何处？怎不思量？除梦里、有时曾去。无据，和梦也新来不做。

这首词曾被王国维称为"血书"，其相思极苦，哀情哽咽，令人不忍卒读。这使人很容易联想到南唐后主李煜。

徽宗和李煜在艺术上都颇有成就，擅长书法、绘画、诗词；在政治上都是昏聩之君、亡国之君，连最后的结局也大致一样——李煜被宋太宗毒死于开封，徽宗在囚禁中病死于五国城。徽宗与李后主两人的个性、经历，可谓相似至极，也令后人生出无限感慨。

第13章　北宋、南宋

《清明上河图》

　　早在五代的时候，西蜀（即后蜀）和南唐统治者就曾经设立宫廷画院，集中一些画家专门在画院中作画。北宋王朝一建立，就仿照这种做法，也设立了宫廷画院——翰林图画院，网罗了很多画家，还授予他们各种官职。由于政府大力提倡，宋代的宫廷绘画有了很大的发展。在中国绘画史上，宋代翰林图画院以及后来一些宫廷画家的作品，被称为"院体画"，又称"院画"。

　　宋代院画在宋徽宗时达到鼎盛，一批杰出画家各领风骚。宋徽宗自己的作画造诣也很深，他的《柳鸦芦雁图》和《芙蓉锦鸡图》等画作，笔墨精练，形神兼备。宋代的绘画，题材内容相当广泛，除人物画、山水画、花鸟画以外，还出现了很多前所未有的描写城乡生活和社会风俗的画，其中以张择端的《清明上河图》最为有名。

　　张择端（生卒年不详）是东武（今山东诸城）人，曾在汴京学习绘画，后来在翰林图画院任职。他擅长画舟车、街市、城郭、桥梁，其画自成一家，别具风格。

　　张择端的画大都散失了，只有《清明上河图》完好地保存下来，现收藏于北京故宫博物院里。这幅画高25.2厘米，长528.7厘米，整幅画描绘了清明时节汴京的繁华景象。

　　北宋时的汴京，不仅是当时的政治中心，也是一座繁荣的商业城市。城中有许多热闹的街市，街市上开设着各种店铺，店铺营业的时间很长，甚至出现了夜市。逢年过节，城中更加热闹。为了突出清明时节汴京的繁荣景象，这幅画着重描绘了汴京水陆运输和市面繁忙的场景。呈现的画面，是从汴京新城东水门7里外的郊区，经过热闹的城区，一直到西水门外的汴河两岸的风光。

　　画的中心由一座虹形大桥和桥头大街的街面组成，这里大概是汴京当年最热闹的地方。随意看去，只见人头攒动，人们杂乱地挤在一起。再仔细辨认，就可以看出，这些人从事着各种不同的行业，各有各的活动，是经过画家精心安排的。

大桥两侧有一些摊贩和许多游客,货摊上有卖刀剪的,有卖杂货的,有卖茶水的,还有看相算命的。游客大都凭着桥侧的栏杆,指指点点,观看着河上来往的船只。大桥当中是行人来往的通道,其中有坐轿的,有骑马的,有挑担的,有赶着毛驴运货的,还有推独轮车的,形成一条熙来攘往的人流。

大桥和大街相连,街道两边各种商号店铺林立,茶楼、酒馆、当铺、作坊,屋宇相接,显示着汴京工商业的兴盛。街旁空地上还有不少张着大伞的小商小贩,他们给人们提供歇脚和饮食的方便。街道向东西两边延伸,一直延伸到城外比较冷清的郊区。街上行人不断,有挑着东西赶路的,有驾着牛车送货的,有赶着毛驴车拉货的,还有停在路旁观赏汴河景色的。

汴河是汴京的水运要道,河上来往的船只很多,有的停泊在码头附近,有的正在河中行驶。有的大船由于载负过重,雇了很多纤夫吃力地拉着纤绳行进。有只满载货物的大船,已驶近大桥桥下,很快就要穿过桥洞,全船的船夫显得十分忙乱:有的站在船篷顶上落下风帆,放倒桅杆;有的在船舷上使劲撑篙;有的用长竿顶住桥洞的洞顶,使船能顺着水势,安全通过。这一紧张的场面,吸引了桥上游客和邻近船的船夫的关注,他们也从旁呼喊帮忙。情景如此逼真,更增添了画面的生活气息。

《清明上河图》把北宋的都市生活形象地呈现在我们的面前。它是汴京当年繁荣的见证,同时也是北宋城市经济情况的写照。通过这幅画,我们不但可以了解北宋的城市面貌,而且还可以了解当时各阶层人民的生活。所以,它有很大的史料价值。

这幅画的艺术水平很高。它内容丰富,人物众多而都集中在一个画卷上面,规模之大可以说是空前的。画面疏密相间,有条不紊,从宁静的郊区一直画到热闹的城内街市,处处引人入胜,充分显示了张择端高度的构图能力。

在北宋以前,我国的人物画主要以宗教和贵族生活为题材。张择端在《清明上河图》中突破了这一范围,画了大量各式各样的人物。而且,他将每个人的动作和神情都刻画得非常逼真生动,这充分说明他观察的细致和技巧的熟练。《清明上河图》还从一个侧面反映了宋代商业、运输和阶级关系情况,张择端可谓是开创了我国现实主义绘画的先河。

"书坛怪杰" 米芾

米芾（1052—1108）是北宋著名书画家，"宋代书法四大家"之一，又是一个十足的书坛怪杰。

他作风古怪。身为宋朝人，他却总穿着唐朝的衣服，走在街上，见到怪石便行礼下拜，还口呼"兄长"。当时人们都叫他"米癫"。

他性格怪。他爱砚如命，见到好的砚石，就千方百计地弄到手。有一次他奉诏到皇宫写字，看上了那里的砚石，便向皇帝讨赏，皇帝赏给他后，他连谢恩都顾不上了，抱起砚石就走，墨汁弄了他一身也不在乎。

他说话也怪。有一次他与宋徽宗议论当朝的书法家，他说："沈辽是排字，蔡襄是勒（拉紧马缰绳的样子，这里指笔法很紧）字，苏轼是画字，黄庭坚是描字，我是刷字。"他用一个字概括一个人的写字风格，形容得非常生动有趣。

他在书法上也有一股怪劲。他早年临摹古人名帖，一丝不苟，无论是临摹哪位书法家的书体，还是临摹楷、行、草、隶等书体，都要一竿子插到底，非临摹到以假乱真不可。他经常以此为豪，别人说他"集古字"，即把古人的字集中在一起。他品出话里面的讽刺味道，也觉得自己的字写来写去全是古人的，怪没意思的，便决心"破古"。

他开始致力于自己的"刷字"。他横涂竖抹，任意挥洒，竟真的"刷"出了自己的个性。人们形容他的书法大刀阔斧，沉着痛快，奇纵变幻，洒脱飘逸。他写字时无拘无束，随心所欲，想大就大，想小就小，兴致一来还顺手画个插图，他的字中再没有"集古字"的影子了。因为他有"集古字"时打下的深厚基础，又有"破古"时的高度修养，因此他的字信笔写来，便自成一家，不是零乱，而是潇洒。

清朝的书法评论家王文治写了一首诗称赞米芾的书法："天姿辕轹未须夸，集古终能自立家。一扫'二王'非妄语，只应酿蜜不留花。"

程门立雪

北宋时期的程颢（1032—1085）、程颐（1033—1107）兄弟二人以其非凡的才学深得世人称誉，天下好学之士都来向他们求教，一时学者云集，门庭若市。其众多学生中，以杨时等四人最为有名。

杨时当时已是将乐县进士，但为了求学，他到河南颍昌拜程颢为师，虚心求教。他学习用功，又很有见地，程颢非常喜欢这个学生。程颢去世时，杨时也有三十多岁了，但他仍然立志求学，刻苦钻研，又到洛阳去拜程颢的弟弟程颐为师，在洛阳伊川所建的伊川书院中求学。

有一天，天空浓云密布，眼看一场大雪就要到来。午饭后，杨时为了找老师请教一个问题，约了同学游酢一起去程颐家里。不巧，程颐正在休息。他们不愿打扰老师，但又求教心切，杨时便劝告游酢不要惊醒老师，于是两人静立在门口，等老师醒来。

不久，天上飘起了鹅毛大雪，雪越下越大。杨时和游酢冻得直打寒战，却不敢跺脚驱寒；门虽虚掩着，但他们也不愿进去躲一躲，只怕把老师惊醒了。

过了好长时间，程颐醒过来了，这才知道杨时和游酢在门外已经等了好久，便赶快叫他们进来。这时候，门外的雪已经积了一尺厚了，而杨时和游酢并没有一丝疲倦和不耐烦的神情。

程颐深受感动，从此，更加尽心尽力地教杨时。杨时不负众望，终于学到了老师的全部学问。之后，杨时回到南方传播程氏理学，且形成了独家学派，世称"龟山先生"。

后人便用"程门立雪"这个典故，来赞扬那些求学师门，诚心专志，尊师重道的学子。

元祐党人碑

元祐党人碑刻于宋徽宗年间。徽宗即位后,听蔡京之言,将宋哲宗元祐年间反对王安石"新法"的数百位大臣列为"元祐奸党",并将这些大臣的名字刻到石碑上,向全国颁布,约束他们的子弟不准考进士做官,甚至不准进京。元祐党人碑的产生,正是宋朝新旧两党争斗的结果。

宋神宗时期,王安石发动了一场旨在改变北宋建国以来积贫积弱局面的运动。王安石改革以"新法"为推行原则,被称为新党。王安石变法在政治、经济、军事、社会、文化各个领域都进行了革新,是中国古代史上继商鞅变法之后又一次规模巨大的社会变革运动。由于触动了大地主、官僚阶级的根本利益,变法遭到了保守党的强烈反对。

法令颁行不足一年,拥护与反对两派就展开了激烈的论辩及斗争。先是御史中丞吕诲控诉王安石变法十大过失;而后反对派韩琦等人趁机上书,极力规劝神宗停止青苗法;执政的曾公亮、陈升之等又乘机附和。变法最大的支持者宋神宗也动摇了,加之神宗的祖母曹太后和母亲高太后多次哭诉"王安石乱天下"。王安石虽多方辩驳,但神宗认为应听取各方面的建议。最终,王安石被神宗罢相,并贬为地方官。随后,王安石称病要辞官,在韩绛等新党的规劝下,神宗又召回王安石为相。王安石便上书痛斥朝廷内外诸官互相勾结,阻挠新法推行。实际上,王安石虽两次复相,但新党内部已经发生分裂,改革已经后续无力。

神宗去世后,哲宗即位,改年号为"元祐",高太后临朝听政,起用保守派司马光为相。司马光入相后,不仅全部废除了新法,还召回了因反对王安石变法被贬斥在外的保守派人员,新党大臣则遭受了巨大打击,史称"元祐更化",反对变法者被称为"元祐党人"。

哲宗亲政后,重新起用变法派,但统治集团内部的斗争更加激烈,新法已成为各派系相互倾轧的工具。重新掌权的新党为报复,大肆打压司马光、苏辙等旧党大臣,其中很多都是国家栋梁之臣。被重新起用的新党宰相章惇为人暴虐,为打压旧党,他拟定了一个旧党黑名单,共计30多人,打算把他们统统贬到岭南去。虽然因为一些人的阻止,黑名单最终没有用上;但章惇还是随心所欲,将很多士子贬谪到了蛮荒之地,去忍受非人的折磨。

徽宗即位后,新党有人为进一步排除异己,上书请求朝廷把所谓的"元祐党人"分成三六九等,刻碑公布天下,以区别处置。后来,宰相蔡京亲笔题写了"元祐党籍"四个大字,将元祐、元符年间司马光、文彦博、苏轼、黄庭坚、秦观等309人列为奸党,并将他们的姓名刻石,颁布天下。

媪相童贯

宋徽宗一朝,有所谓"六贼"之说。童贯(1054—1126)就是其中之一。当时的人称蔡京为公相;童贯是宦官,就被称为媪相——媪,乃妇人的通称,意思是指童贯为母相。

童贯少年时在宦官李宪门下,李宪是神宗时期的著名太监,在西北边境上担任监军多年,有战功。童贯跟随李宪出入前线,并曾经十次深入西北,在军事上有历练,这在宦官里比较少见。童贯性情乖巧,从做给事宫掖时起,就擅长揣摩皇上的心理,预先做出顺承的事。宋徽宗即位,在苏州、杭州设置"造作局",专门采办与制造宫廷御用器皿,恰好这时蔡京被贬在杭州。二人为讨好皇上,在供奉之事上格外卖力,凡是进献给徽宗的器具都精美异常。除了大量制造御用品外,二人还狼狈为奸,多方搜刮民间的奇木异石,博取宋徽宗的欢心。

徽宗果然龙颜大悦。蔡京与童贯两人又互相标榜,彼此吹捧。童贯在徽宗面前极力称赞蔡京的贤能,蔡京也不忘夸赞童贯有本事。后来蔡京为相,童贯也因功做到司空太尉,统兵出征。

崇宁二年(1103年),徽宗打算征讨西北的羌族,收复青唐一带,从而开疆扩土,以显国威。蔡京竭力举荐童贯,说他曾经随同李宪,十次出使陕右,非常熟悉五路事宜及将士们的能力,如果派他前去,定能旗开得胜、马到成功。于是徽宗任命童贯为监军。

童贯领命而行,来到熙州(今甘肃临洮),与主帅王厚、副帅高永年调集10万人马,准备开赴西北。队伍开到湟州,恰巧汴梁的太乙宫失火,宋徽宗十分迷信,以为宫中失火是上天垂兆,应免动刀戈,于是火速传了一道手谕给童贯,阻止他出兵西战。童贯总想找个机会显显本事,当然不愿半途而废,他看罢手谕就马上把手谕折起来塞到了靴筒里。王厚问:"不知陛下何故降旨?"童贯若无其事地说:"没有什么,只是陛下敦促我等速取成功罢了。"

童贯率军与羌人作战,大败羌人。捷报传到京城,徽宗欣喜异常,非但没有怪罪童贯隐匿诏令,反而封他为景福殿使、襄州观察使,继续西征,攻打青唐。后来又是机遇垂青,宋军很快占领了惺城、宗哥城、都州、廓州、洮州等地,还招降了羌人首领臧征扑哥,宋徽宗又晋封他为校检司空、武康军节度使。童贯后来则掌管了枢密院,加封太傅、泾国公,人称"媪相"。这位"媪相"在之后的20年里,一直执掌着宋朝的兵权。

青唐大捷后,童贯为继续显示自己的才能,开始酝酿征辽之事。童贯先是鼓动徽宗任命自己为副使出使辽国,打探辽国虚实。在辽国,童贯结识了燕人马植,经由马植,宋、金达成协议,联手出兵征讨辽国。童贯本打算不等金人发兵,先行讨伐辽国,收复后晋石敬瑭割给辽朝的燕云之地。结果天不如人意,江南方腊、山东宋江起义爆发,童贯只得集中力量南下平定起义。

起义平定后,按照和金人的约定,金人取中京,宋军取燕京。童贯率20万军队北伐燕京,结果大败而回。童贯便转而乞求金兵代取燕京,表示宋朝愿意以百万贯钱财赎回燕京。宣和五年(1123年)春,金太祖对徽宗派来的使者态度强硬傲慢,并责问当初宋、金两国联合攻辽,为什么到"燕京城下,并不见(宋军)一人一骑"。谈到土地问题时,金太祖背弃前约,坚持只将当初议定的后晋石敬瑭割给辽的燕京地区归宋,不同意将营州、平州、滦州还给宋朝。金人态度强硬,宋方毫无办法。几经交涉,金国最终才答应将后晋割给辽的燕京及其附近六州之地归还宋,条件是宋朝除每年把给辽的岁币如数转给金外,另添每年一百万贯"代税钱"。

收复燕云后,宋徽宗分外得意,自以为建立了不世之功,宣布大赦天下,并命王安中刻"复燕云碑"竖立在延寿寺,以纪念这一功业,并为参与此次战争的一帮宠臣加官晋爵。童贯因收复全燕之境,被封为广阳郡王,成为历史上第一个封王的宦官。朝廷上下都沉浸于征辽胜利的喜悦之中,殊不知末日即将降临。在宋、金联合征讨辽国的过程中,宋军的腐朽及不堪一击,已暴露无遗。金人灭辽后,很快就大举兴兵攻宋,直到东京被围,徽宗传位给钦宗,钦宗才下旨处死了童贯。不久靖康之难发生,北宋最终灭亡。

韩世忠活捉方腊

宋徽宗时,朝廷大肆从东南采买花石纲,为了运送花石纲进京,一路上不仅劳民伤财,还为了保证大块花石纲能安全通过,沿途拆毁了大量的房屋和桥梁。抢夺的民财,毁坏的民宅、农田不计其数,东南地区民不聊生,百姓不得不揭竿起义。在这些起义军中,以方腊(?—1121)领导的起义军声势最为浩大。

方腊起义之初,官府不以为意,以为不过是流民的小暴动而已,只报给了丞相王黼。王黼也认为是流民暴动,不必上报皇上,让当地官员镇压就可以了。王黼派当地士兵镇压起义军,结果却屡屡失败。方腊起义军攻城略地,附近几个州府都被他们占领了,其所到之处,百姓纷纷归附。眼看方腊起义军声势浩大,当地官员镇压不了,王黼才直接上了一份紧急奏报给皇帝,请求皇帝派军队剿灭方腊起义军。

还沉浸在花石纲中的宋徽宗接到紧急奏报,一下子慌了手脚,马上派自己的心腹宦官童贯率领15万大军前去讨伐方腊。出发时,宋徽宗还授予了童贯御笔代行的权力,嘱咐童贯务必剿灭方腊起义军。

童贯到达东南地区后发现,归附方腊的百姓、起义军的士兵多是因花石纲而无家可归的流民。于是他一方面排兵布阵讨伐方腊,一方面安抚流民。

在安抚流民方面,童贯命令幕僚董耘代皇上书写了一份罪己诏。诏书中皇上责备自己不该让人大肆采买花石纲,致使百姓流离失所,表示以后将不再采买花石纲。归附方腊的民众见到皇上能体谅百姓之苦,以后将不必承受花石纲之苦,其中的很多人便又归顺了朝廷。

起义军围攻秀州,久攻不下,伤亡很重,由进攻态势转入了防御态势。接着宋军对杭州进行反攻,起义军经过苦战,因粮尽援绝,被迫退出了杭州。方腊在沿途村民的策应下,撤回到了起义根据地帮源洞、梓桐洞一带。宣和三年(1121年),宋军集合各路主力,向帮源洞、梓桐洞发起全面总攻。虽然方腊起义军依据地理优势,利用村坊茅舍,顽强抵抗,但到傍晚时分,帮源洞、梓桐洞的大部分阵地都已被宋军占领。趁黑夜,方腊率部分将士隐入洞源村东北一个人迹罕至的岩洞,准备天明突围。第二天凌晨,宋军搜山,方腊失去了突围的战机。而宋军虽然包围了整座山,但一时无法确定方腊的位置。

宋军副将韩世忠,率领两千多人潜行到了方腊藏身的山上,全力突袭方腊藏身的岩洞,活捉了方腊。韩世忠的上司辛兴宗见韩世忠活捉了方腊,慌忙带兵赶过去,接手方腊等人,将"活捉方腊"的战功归到了自己名下,最终只给了韩世忠一个"承节郎"的低级军衔。

后来,童贯派重兵把方腊及其亲属等39人监送到汴京邀功请赏。宋徽宗在京城宴请出征功臣,韩世忠也没有被要求参加。

几个月后,方腊在汴京被斩首,其余部则坚持斗争,直到1121年夏,方腊起义军才被彻底镇压下去。起义前后历时一年零五个月,虽以失败告终,但方腊起义军打下六州五十二县,威震东南半壁,从根本上动摇了北宋王朝的统治。

最早的纸币——交子

交子,是世界上最早使用的纸币,最早出现于四川地区,发行于北宋前期。五代时,后蜀国君孟昶选用价格比铜便宜的铁铸造钱币在本国流通,因为铁材质本身价格便宜,所以铁钱的购买力远不如铜钱。北宋攻入后蜀后,不仅没有限制铁钱的使用,反而下令将铜钱尽数运往都城开封,禁止在蜀地使用铜钱,所以蜀地的经济全部依赖铁钱。蜀地又因铁资源丰富,官府大肆铸造铁钱,铁钱购买力更是下降了。

宋朝将大量铜钱运到内地,并下令内地铜钱不准入川,蜀地铜钱于是更加紧张。太平兴国四年虽然开禁,但当地铁钱不准出川的禁令却没有解除,所以铜钱越来越值钱,最严重的时候,一枚铜钱竟然可以换取十四枚铁钱,铁钱的贬值反倒给投机倒把者提供了可乘之机,他们带着少量的铜钱入川,可博取数倍之利。蜀地周边地区,乃至契丹,见铁可以被铸造成钱币来获利,也开始大肆开挖铁矿,铸造铁钱,这一系列活动更加重了蜀地铁钱的贬值。宋太宗时,蜀中买一匹丝绢,居然要花费两万铁钱。蜀地百姓日常消费动辄就是几万铁钱,商户之间更是有着数十万、上百万的铁钱往来,携带十分不便。

铁钱笨重,又时常处在贬值之中,携带不便,有人就想仿造唐宪宗时的"飞钱",制定一个易携带钱款的办法。飞钱是出现于唐朝的一种类似于现代信用卡的携带钱币的方式,当时钱币流通量不大,朝廷又颁布了铜禁,商贾们到京师贸易,先要把自家的钱存在所在道的进奏院和当地驻军处,然后轻装走四方,到哪里需要钱的时候,"合券乃取之",号曰"飞钱"。飞钱大大减轻了人们携带笨重铜钱或铁钱的负担。

蜀地人仿造"飞钱"发明了"质剂之法",具体来说就是一张交子顶替一缗(一缗等于一千)钱,可以异地提取,但须"以三年一界而换之",意思是三年折算一次。这种钱庄性质的机构须由十六户主之,即"集资"之意。但后来富民的资金链也时常发生断裂,出现了大量经济官司,以致秩序愈加混乱。

宋仁宗天圣元年(1023年),政府在成都设益州交子务,由京朝官一二人担任监官,主持交子发行,并"置抄纸院,以革伪造之弊",严格管控其印制过程。这便是我国最早由政府正式发行的纸币——"官交子"。它比美国、法国等西方国家发行的纸币要早六七百年,因此它是世界上发行最早的纸币。官交子发行初期,其形制是仿照民间"私交",面额依然是临时填写,加盖本州州印。官交子有不同的面额值,有一贯到十贯不等,并被规定了流通的范围。宋仁宗时,则把交子面额一律改为了五贯和十贯两种。到宋神宗时,又改为一贯和五百文两种。其发行额也有限制,并规定了分界发行,每界三年(实足二年),界满要兑换新交子。后来因供应军需超额发行,导致交子严重贬值。

交子的流通范围也基本上限于四川境内,后来虽在陕西、河东有所流行,但不久就被废止了。

宋徽宗崇宁四年(1105年),宋朝政府改"交子"为"钱引",改"交子务"为"钱引务"。除四川、福建、浙江、湖广等地仍沿用交子外,其他诸地均改用钱引。后来四川也改"交子"为"钱引"。钱引与交子的最大区别是:钱引不置钞本,不许兑换,不许随意增发,因此纸券价值大跌。到南宋嘉定时期,每缗只值现钱一百文。

元朝时,经马可·波罗介绍,纸币被传播到了欧洲。美国学者罗伯特·坦普尔曾说:"最早的欧洲纸币是受中国的影响。"

阿骨打建金朝

在我国东北嫩江与松花江的交汇处,大小湖泊星罗棋布,水草丰茂,禽鸟云集,狐兔出没,鱼虾成群。在辽代,那里是皇帝的春猎之地,当时叫"春捺钵"。

辽天祚帝天庆二年(1112年),天祚帝照例来到春捺钵鸭子河地区(今吉林大安月亮泡一带)。一天,他亲手钓取了一条大鱼,便立即举行盛大的头鱼宴。酒过三巡,菜过五味,天祚帝命令各部落首领依次唱歌跳舞,以助酒兴。轮到女真完颜部的阿骨打时,阿骨打却直立不动,怒目而视,说自己不会歌舞。同席者再三劝说,阿骨打就是不从,搞得头鱼宴不欢而散。

阿骨打当然不是不会跳舞,他的举动另有原因。女真人自从臣服于辽朝以来,每年都要向辽朝进贡大量名贵的人参、生金、貂皮、马匹、珍珠、海东青(雕的一种)等物。不仅如此,每当辽朝的钦差大臣经过女真人的领地时,还强抢财物,殴打老人,并以"荐枕"的名义,肆意侮辱妇女,这些早就激起了女真人的不满情绪。

辽天庆三年(1113年),45岁的阿骨打继任完颜部首领,他开始联络女真各部,为抗击辽朝做各种准备。天庆四年(1114年)九月,阿骨打率领诸将,召集各路精兵2500余人,会合于涞流水(今拉林河,在黑龙江省南部与吉林省北部边境)西岸,举行誓师大会。阿骨打对列好了阵势的将士们说:"我们女真人受尽了辽朝的欺侮,今天要发兵报仇,消灭契丹人!"这便是历史上有名的"涞流水誓师",一场轰轰烈烈的抗辽战争就上经打响了。

天庆五年(1115年)正月,阿骨打在会宁(今黑龙江哈尔滨市阿城区南)正式称帝(即金太祖),定国号为金。阿骨打登基后,马上领兵攻占了驻有重兵的黄龙府(在今吉林农安)。天祚帝恼羞成怒,亲率数十万兵马,气势汹汹地向黄龙府方向杀来。正在这时,辽朝发生内乱,天祚帝又急忙撤兵西还,阿骨打趁机奋勇追击,几十万辽军很快就败了下来。而天祚帝如同惊弓之鸟,一天一夜间狂逃几百千米,才算保住了性命。辽保大五年(1125年),天祚帝在应州(今山西应县)被俘,辽朝最终灭亡。

金人的汉化

金人的祖先生活在白山黑水之间,那里恶劣的自然条件养成了金人吃苦耐劳的优良品质。生活在这里的金人主要以游牧为主要生活方式,他们像所有的游牧民族一样,早期是一个马背上的民族,上马射箭,下马喝酒。部落酋长和民众之间没有什么等级之差,一样住的是依山而建的木屋,一样穿着兽皮做的衣服御寒。遇到外敌,士兵和将帅一起围坐在火堆边,讨论对敌策略,谁说得有道理就听谁的,不管这人是士兵还是将帅。取得胜利后,士兵和将帅再次围坐在火堆边,论功行赏,地位并没有高低之分。

金人由于早期善于骑射,上下团结,征战沙场战无不胜,于是短短15年就先后灭了辽和北宋,正式建国。

建国之后,金朝慢慢开始了汉化进程。为便于统治中原汉人,金太宗实行科举考试,汉人逐步进入了金朝的官僚体系,这一措施给金朝带来了强烈的汉文化冲击。

熙宗即位后,建立三省六部制,削弱了宗室权力,加强了中央集权,在政治体制上也逐步汉化。从熙宗时开始,女真族和汉人杂居,南迁的女真人开始主动与汉族士大夫交往，学习汉文化。女真贵族由奴隶主转变为地主，马上骑射的技能也逐渐退化。

世宗时，他对女真的汉化深感忧虑，试图延缓汉化进程。所以世宗在扩充国子监、创设太学的同时，在科举中专门设立了女真进士科，并禁止女真人改汉姓、穿着汉服，但世宗这一系列措施已无法逆转女真汉化的进程。

女真汉化，使农业取代了女真人游牧渔猎的生活方式，增强了经济的稳定性，减少了自然环境的负面影响。政治上，加强中央集权，巩固了政权。金开国时期，宗室权力过大，斗争激烈。而三省六部制的建立，削弱了宗族力量，维护了政权稳定。同时，女真受到儒学影响，不断革除自身陋习，女真一直以来延续的收继婚制（兄或弟亡故后，收其寡妻作为自己的妻子），也逐步被废除。汉化对于女真文化起到了很好的传播作用，金世宗时模仿汉字创造了女真文字，女真文明得以延续发展。

女真政权通过汉化政策实现了高度繁荣，但是安逸的生活与文治的政策使女真族勇猛的民族特性逐步丧失，军事实力下降，也为政权的衰亡埋下伏笔。世宗时期，朝廷选择侍卫亲军，金人士兵已多不能拉弓射箭，同时汉化也使统治阶级日趋奢侈腐朽。金推行汉化政策，使其国力达到顶峰，战事减少。但是，其统治阶层也日益腐败，骄奢淫逸，最终激化了社会矛盾，以致政权由盛转衰。

靖康之变

女真族建立金朝，又连续打败辽军，攻占黄龙府、辽阳府等地，消息传到北宋之后，宋朝的君臣认为辽有灭亡之势，遂要乘机出兵恢复燕云诸州。1120年，宋朝派人渡海，与金订立了"海上盟约"，要与金人夹击辽。

1122年，北宋两次出兵攻打燕京，都被辽的燕京驻军打败。这年年底，金人由居庸关（在北京市昌平区西北）进军，攻占了燕京。这意味着金人不愿把燕云诸州交给北宋。后来经多次往返交涉，双方才又约定：金人把燕京和涿、檀、顺、蓟等六州交割给北宋,北宋则在原定岁币数目外另交 100 万贯。但是金人撤退时却把这一地区的金帛、百姓等席卷而去。北宋以这样高的代价换来的也只是几座空城。

从北宋对辽作战、宋金交涉、交割燕云诸州的过程中,金人已经看出北宋政治上的腐朽和军事上的无能。1125 年辽天祚帝被金人俘获之后,金人即乘胜南下攻打北宋。

当时在位的宋朝皇帝是宋徽宗赵佶(1082—1135),他琴棋书画样样精通,可治理国家却不行。宋徽宗听到金兵南下的消息之后,不敢承担抵抗敌人的领导责任,便急忙传位给儿子赵桓,即宋钦宗。金兵分两路南下,攻城拔寨,分别渡过黄河,再一起进逼东京(今河南开封)。宋钦宗没有做积极的军事准备,因此想投降求和。

1127 年,金兵攻破东京,并要求太上皇宋徽宗去金营商议投降条件。宋钦宗被迫代徽宗去了金营,答应了金提出的全部条件后才被放回。之后,金又要钦宗再次去金营。而钦宗刚到金营,就被扣留了,其住处不仅有全副武装的金兵守卫,甚至周围还用铁绳围着,有时一日三餐也不按时供给。夜里,金兵燃起火炬,呼声不断,使得北宋君臣相顾失色。而后金军又逼迫宋徽宗及太后到金营,并下令让宋朝皇子、皇孙、后宫妃子等全部去金营。此事发生在靖康年间,史称"靖康之变"。

范成大不辱使命

靖康之变,徽、钦二帝被掳,这对于宋朝廷来说简直是奇耻大辱。金使每次来访,堂堂大宋皇帝都要跪着迎请金国诏书,大宋满朝文武及其子民都甚感羞辱。孝宗决定派祈请使(南宋向其他政权求和的专使)去金国,请求取消接请诏书时所行的跪拜礼。

选出合适的祈请使迫在眉睫。弱国无外交,所以孝宗皇帝问众位大臣谁敢担当此任时,只有范成大(1126—1193)一人主动请缨,孝宗皇帝非常感动,问范成大:"别人都不敢去,你为什么要去?"范成大正色道:"家里的事情早已经安排妥帖,我即便有不测也无牵挂。"

第二天范成大便上路了,范成大临行之前,孝宗皇帝亲自送行,向范成大吐露肺腑之言:"朕不败盟发兵,何至害毡!啮雪餐毡,理或有之。"孝宗皇帝的意思是,我不破坏盟约,不用军事手段解决这件事,你不会断送性命的!不过要是像当年苏武那样被人扣留,遭受苦寒之难也不是不可能的。不管怎样,你此去危险不小。

范成大到了金国之后,首先给金主完颜雍写了一份更改跪拜礼仪的奏书。原来范成大是让孝宗皇帝把这个问题写在国书当中的,但是孝宗考虑到这事写到国书里有失宋朝的颜面,所以执意不肯,才让范成大见机行事。这份奏书写起来不难,可想要呈上去却是近乎玩命之举,原因是金国法律有明文规定,不得私自递送国书以外的奏书,否则斩立决。可范成大早已顾不得这些,只要能为宋朝做些事情,他就觉得死而无憾了。于是第二天便去求见金主完颜雍。

一般来说,宋朝的使者见到金人往往都是卑躬屈膝的,而范成大却气势慷慨,从容镇定,这使得金主很是惊奇。金主对范成大第一印象还不错。可当范成大表示要把自己刚刚写好的奏书呈给金主时,不出所料,金主立即暴跳如雷;而范成大仍旧不动声色,坚持己见,直言"奏不达,归必死,宁死于此"。最后范成大的执着感动了金主,金主认为范成大此举可以激励两国臣子,免他一死。

范成大后来才知道,就在上书那一刻,金国太子早已准备将自己杀掉,若不是金主完颜雍,他自己早已魂归故里了。不管怎样,范成大最终未辱君命,全节而归。

李纲拼死守京城

宋徽宗在位期间,重用蔡京、童贯等奸臣,大肆搜刮民财,穷奢极欲,荒淫无度,建立了专供皇室享用的物品造作局;又四处搜刮奇花异石,用船运至开封,称为"花石纲",以营造延福宫和艮岳。宋徽宗的这些举动导致社会矛盾进一步激化,这期间爆发了方腊、宋江等农民起义,民怨沸腾。

宣和七年(1125年)冬,金兵分两路攻宋,完颜宗望所率东路军直逼宋都开封。宋廷一派慌乱,太常少卿李纲(1083—1140)向宋徽宗提出了传位给太子赵桓,以平民怨的建议,又号召军民共同抗金。十二月,宋钦宗赵桓登上了皇位。

宣和八年(1126年)一月,金军到达黄河北岸,宋钦宗提升李纲为兵部侍郎,下诏要李纲亲自讨伐金兵。宋徽宗害怕金军渡河攻破开封,就带着蔡京、童贯逃往了镇江。刚刚即位没多久的宋钦宗,一看自己的父亲——太上皇都逃跑了,自己更没勇气抗金了,就和宰相白时中、李邦彦商议,意欲出逃。

宋钦宗准备好车马,正要逃离开封,李纲听到消息,拦住了宋钦宗,责备宋钦宗不该置国家于不顾,只身偷跑。白时中辩白说无人可以领军迎敌,京城马上就要失守,宋钦宗逃跑是为了保存实力。李纲愤然说:"我即使肝脑涂地,也要守护京城。"宋钦宗见李纲如此坚决,只好暂时放弃了出逃开封的打算,下令李纲守城。

白时中、李邦彦等人,害怕城破而受到牵连,当天晚上又劝说宋钦宗,说:"一旦城破,李纲完全没能力顾及皇上的安危,皇上应该离开开封这个危险之地,保存国本。"

等李纲连夜和部下商量好守城方略,再来求见宋钦宗的时候,就发现禁军列队在皇宫两边,车马仪仗都已经准备停当,只等宋钦宗上车出逃了。

李纲大为恼火,厉声对禁军将士说:"你们到底是愿意守卫京城,还是想逃跑?"将士们齐声回答说:"愿意保卫京城!"于是,李纲和禁军将领一起进宫,对宋钦宗说:"禁军将士的家属都在开封,不愿离开。如果强迫他们走,万一半路上逃散,敌人追来,谁来保护皇上?"宋钦宗一听逃跑也有风险,才不得不留下来。

李纲出宫时便向大家宣布:"皇上已经决定留守京城,以后谁再提逃跑,一律处斩。"兵士们听了,激动地欢呼起来。

稳住了宋钦宗,李纲就开始积极准备守城:在京城四面都安排了配有各种防守武器的士兵,还派出一支精兵到城外保护粮仓,防止敌人偷袭。

过了3天,完颜宗望率领的金兵到了开封城下。他们用了十几条火船,从黄河上游顺流而下,准备火攻宣泽门。

李纲招募了2000多名敢死士,在城下防守。金人火船一到,兵士们就用长钩钩住敌船,使它们没法接近城墙。李纲又派兵士在城上向火船投掷石头,石块像冰雹一样倾泻下来,把火船打沉了,金兵纷纷落水。

金主将完颜宗望看开封城防坚固,一时攻不下,就要宋朝派使臣到金营议和。宋钦宗早就想求和,立刻派出使者到金营谈判议和的条件。

完颜宗望一面向宋钦宗提出苛刻条件,一面加紧攻城。李纲亲自登上城楼,指挥作战。金兵用云梯攻城,李纲就命令弓箭手射箭,金兵纷纷倒下。而后李纲又派出几百名勇士沿着绳索吊到城下,烧毁了金军的云梯,杀死了几十名金将。当时被杀死的、落水淹死的金兵不计其数。

正当李纲指挥将士拼死抵抗的时候,宋钦宗的使者带回了金营的议和条件。完颜宗望提出的议和条件十分苛刻,不仅要求宋朝赔偿大量的金银、牛马,割让大量土地,还要求宋皇帝尊称金皇帝为伯父,派亲王、宰相到金营当人质。宋钦宗一心求和,就准备全部接受。

李纲极力劝阻宋钦宗,主张跟金人拖延时间,等待援兵。在宋钦宗犹豫之时,各地的援兵陆续赶到了开封城外,完颜宗望一看形势不妙,就暂时撤兵了。援军也反对议和、主张抗金,大将姚平仲还提议偷袭金营,活捉完颜宗望。不料被完颜宗望得知,结果宋军中了金军的埋伏。惊慌失措的宋钦宗一面派人到金营赔罪,一面把李纲和姚平仲撤了职。

李纲被撤职后,数百名太学生到皇宫集会,上书给皇上,要求朝廷恢复李纲的职位。初时,宋钦宗不甚在意,只派人去镇压,可集会的人越来越多,宋钦宗没办法,只得当众恢复了李纲的职位。李纲复位之后,重新整顿了队伍,下令凡是能够英勇杀敌的,一律受重赏。由此宋军阵容整齐,士气高涨。宗望看到这种情况,不禁害怕起来,还没等宋朝交足赔款,就匆忙撤退了。

李纲抗金被罢官

靖康之变后,1127年,宋钦宗的弟弟赵构(1107—1187)在南京(今河南商丘)即皇帝位,成为宋高宗,定都临安,延续了宋的政权,史称南宋。南宋之初,宋高宗为得到南渡人士的支持,召回了李纲,并任李纲为宰相,摆出了北伐的姿态。

李纲在朝中众多投降派的反对声中走马上任,他一见到宋高宗就放声痛哭,君臣二人缅怀旧事,唏嘘感叹,好不容易才止住了悲痛。宋高宗问李纲怎么才能重振朝纲、安抚百姓。李纲给赵构提了不少意见,总体可概括为两点。

第一点就是要杀掉张邦昌。张邦昌是金朝掳走徽、钦二帝后,为便于统治原北宋地区而扶植的傀儡皇帝。宋高宗建立南宋后,为拉近与金朝的关系,封张邦昌为太保、奉国军节度使、同安郡王等。李纲认为天下百姓、忠臣良民拼死拼活地抵抗金军,保家卫国,都没有什么封赏;而张邦昌这个伪皇帝最后却被封郡王、太保,此为有功不赏、有过不罚。所以必须杀掉张邦昌,不杀他不足以振奋天下人的士气。

第二点就是要加紧练兵,储备粮草,积极北伐,迎回徽、钦二帝,一洗前耻。

听了李纲的意见,宋高宗开始后悔请回李纲。杀掉张邦昌,还可以派其他人和金朝联络;但迎回徽、钦二帝,自己这个皇帝估计是要让位了。

为了让李纲帮助自己稳固刚刚建立的南宋,宋高宗只得暂时答应李纲的建议,表示一定力所能及地支持李纲。事实上,这些建议,宋高宗一条都不愿意采纳。在李纲的坚持下,以在北宋皇宫玷污宫人为由,宋高宗先将张邦昌贬官,而后赐死。

宋高宗虽然将张邦昌赐死,但在对待金国的问题上,李纲和宋高宗的态度依然有很大的差异。李纲旗帜鲜明地主张停止一切求和活动,积极应战。宋高宗则任用投降派黄潜善、汪伯彦等人,打着探望徽、钦二帝的旗号,不断派使者给金国贵族奉上奇珍异宝。

李纲指出应该卧薪尝胆、奋发图强,积极北伐,而不是贿赂金国;只有打败金国,才能迎回徽、钦二帝,一味求和,只能让金人胃口越来越大。

事实上,宋高宗以及黄潜善、汪伯彦向金朝求和,就是为了维持目前这种局面,他们并不想迎回徽、钦二帝。

在宋高宗的默认下,投降派以各种理由攻击李纲。不久李纲便被冠以独霸朝政的罪名,终被罢免了宰相一职。

宗泽三呼"过河"

宋高宗即位以后,在舆论的压力下,不得不把李纲召回朝廷,让他担任宰相。但是实际上他所信任的却是黄潜善和汪伯彦。当时李纲提出了许多抗金的主张。他跟宋高宗说:"要收复东京(今河南开封),非用宗泽不可。"

宗泽(1060—1128)是一位坚决抗金的将领。他自幼豪爽有大志,元祐六年(1091年)登进士第,历任馆陶县尉、衢州龙游令、莱州掖县(今山东莱州)知县和登州通判等。北宋灭亡之前,宋钦宗曾拟派他当和议使,到金议和。宗泽跟人说:"我这次出使,不打算活着回来。如果金人肯退兵就好;要不然,我就跟他们争到底,宁肯丢脑袋,也不让国家蒙受耻辱。"宋钦宗一听宗泽口气那么硬,怕他妨碍和谈,就撤了他和议使的职务,派他到磁州去当地方官了。

金兵第二次攻打东京的时候,宗泽领兵抗击金兵,一连打了13次胜仗,形势很好。他曾写信给当时的康王赵构,要求他召集各路将领,会师东京;又写信给3位将领,要他们联合行动,救援京城。而那些将领却不愿出兵,宗泽没办法,只好单独带兵作战。有一次,他率领的宋军遭到金军的包围,估计金军的兵力要比宋军多10倍,他便对将士说:"今天进也是死,退也是死,我们一定要从死里杀出一条生路来。"

将士们受到他的激励,以一当百,英勇作战,果然杀退了金军。由此敌军阵亡数千人,被迫后撤了10余里地。仗虽然打赢了,但金军的总体实力并未被削弱。倘若敌人再战,那可就危险了。宗泽毫不迟疑,黄昏时便带领部队迅速转移,安全撤出了重围。当天夜晚,金兵集结大批铁骑向宗泽发动了突袭,但冲进他的驻地一看,才发现只是一座空营。自此以后,一提起宗泽,金人就害怕,再也不敢轻易同他交锋了。

宋高宗早就听说了宗泽的勇敢,这次听了李纲的推荐,就任命宗泽为开封府知府。这时候,金兵虽然已经撤出开封,但是开封城经过两次大战,城墙已经全部被破坏了。而且金兵经常在靠近开封的黄河北岸活动。开封城里人心惶惶,秩序很乱。

宗泽在军民中有很高的威望。他一到开封,就先下了一道命令:"凡是抢劫居民财物的,一律按军法严办。"命令刚发出去时,城里仍旧发生了几起抢劫案件。待宗泽杀了几个抢劫犯后,秩序才渐渐安定了下来。人们忍受不了金兵的掠夺烧杀,便纷纷组织义军,打击金军。李纲则竭力主张依靠义军力量,组织新的抗金队伍。宗泽到了开封之后,就开始积极联络义军。各地义军听到宗泽的威名,都自愿接受他的指挥。

有个义军首领叫王善,聚集了70万人马,想袭击开封。宗泽得知这个消息,独自骑马去见王善。他流着眼泪对王善说:"现在正是国家危急的时候,如果有像您这样的英雄,与我们同心协力抗战,金人还敢进攻我们吗?"王善被他说得流下了感动的眼泪,说:"愿听宗公指挥。"其他义军首领,像杨进、王再兴、李贵、王大郎,都有人马几万或几十万。宗泽也派人去联系,说服他们团结一致,共同抗金。

这样一来,开封城的外围防御便巩固了,城里人心安定,存粮充足,物价稳定,终于恢复了安定的局面。但是,就在宗泽准备北上恢复中原的时刻,宋高宗和黄潜善、汪伯彦却嫌南京(今河南商丘)不安全,准备继续南逃。李纲也因反对南逃,被宋高宗撤了职。宗泽十分焦急,亲自渡过黄河,约各路义军将领共同抗击金兵。他在开封周围修筑了24座堡垒,沿着黄河设立营寨,互相连接,密集得像鱼鳞一样,这叫作"连珠寨",加上各地义军民兵互相呼应,宋军的防御力量越来越强了。

宗泽一再上奏章,要求高宗回到开封,主持抗金。但是奏章到了黄潜善等人手里,这批人竟取笑宗泽是个狂人,把他的奏章扣了下来。过了不久,宋高宗就从南京逃到扬州去了。没过多久,金兵果然又大举进攻宋王朝。金太宗派大将兀术(又叫完颜宗弼)进攻开封,宗泽事先派部将分别驻守在洛阳和郑州。兀术带兵接近开封的时候,宗泽就派出几千精兵,绕到敌人后方,截断敌人的退路,然后又和伏兵前后夹击,把兀术打得狼狈窜逃。

在宗泽带兵与金兵冲杀时,有一个叫李景良的将领因为战败而逃跑了。后来,宗泽派兵捉拿到了李景良,责备他说:"打仗失败,本来可以原谅;现在你私自逃走,就是目中没有主将了。"说完,就下令把李景良推出去斩首了。

另有一位贪生怕死的将领郭俊民向金军投降之后,金军主帅完颜宗翰派了一名金将跟郭俊民一起到开封,劝宗泽投降。宗泽在开封府大堂接见他们,对郭俊民说:"你如果在战场上战死,算得上一个忠义的鬼。现在你投降做了叛徒,居然还有脸来见我!"说着,便喝令兵士把郭俊民斩了。

宗泽又回过头对劝降的金将威严地说:"我守着这座城,早准备好了要跟你们拼命。你是金朝将领,没有本事在战场上打胜仗,却想用花言巧语来诱骗我!"金将吓得面无人色,只听得宗泽吆喝一声,几个兵士应声上来,把金将也拉下去杀了。

宗泽一连杀了几人,表示了抗金的坚定决心,也大大激励了宋军士气。他号令严明,指挥灵活,接连多次打败金兵,威名越来越大。金军将士对宗泽是又害怕,又钦佩,提到宗泽都把他称作"宗爷爷"。宗泽依靠义军,聚兵积粮,自认为完全有力量收复中原,便接连写了二十几道奏章,请高宗回到开封,但始终没有得到回应。

宗泽已经是快70岁的老人了,眼看着朝廷敷衍了事,他焦灼得背上发了毒疮,病倒了。部下一些将领去问候他,宗泽已经病得很重了。他睁开眼睛激动地说:"我因为国仇不能报,心里忧愤,才得了这个病。只要你们努力杀敌,那我即使死了也没有遗憾了。"

将领们听了,个个感动得掉下热泪。大伙离开的时候,只听得宗泽念着唐朝诗人杜甫的两句诗:"出师未捷身先死,长使英雄泪满襟!"接着,又用足力气呼喊:"过河!过河!过河!"然后便合上了眼睛。时为建炎二年(1128年)七月。开封军民听到宗泽去世的消息,没有一个不伤心而痛哭流涕的。

宗泽去世后，南宋朝廷派杜充做东京留守。而杜充是个昏庸残暴的人，一到开封，就把宗泽的一切防守措施都废除了。没多久，中原地区又落入到金军手里了。

宋金之战

宋高宗在位的36年，正值金朝的金太宗、金熙宗、海陵王在位期间，是金国的强盛时期。这时，金对南宋一直采取攻势，而南宋则采取守势。宋高宗即位之初，北方人民纷纷组织起来抗击金军，形势对宋有利。但宋高宗只满足于维持东南的半壁江山，根本没有收复中原的打算。而金军南下的主要目的是掠夺财富和人口，一时还没有直接统治这一地区的打算。

1130年初，金军在饱掠以后，撤军北归。金将兀术没有想到，会在镇江遇到宋将韩世忠的阻击，结果被堵截在黄天荡（在今江苏南京东北）48天，金兀术的10万金军也被韩世忠的8000人打得大败。紧接着，金军在由建康撤出、准备从静安镇渡江的时候，又受到了宋将岳飞的阻击，再度受到沉重打击。

1130年秋，金军向陕西进攻。第二年，在和尚原（在今陕西宝鸡西南）被宋军打得大败，兀术身中流矢，被俘的金兵数以万计。1139年，金国政变，右副元帅兀术升任都元帅。1140年，兀术攻宋，屡次被岳飞、韩世忠、刘锜等将领挫败，便想和南宋和谈。

宋高宗、秦桧之流亦急欲求和，为讨好金国，竟先将韩世忠、张俊、岳飞三员抗金名将解除了兵权，后又以"莫须有"的罪名害死岳飞。绍兴十一年（1141年）十一月，南宋与金正式订立和约：南宋向金称臣；两国以东起淮河中游，西至大散关（在今陕西宝鸡西南）为界，宋割让唐（今河南唐河县）、邓（今河南邓州）二州及商（今陕西商洛）、秦（今甘肃天水）二州的大半给金；宋向金每年交银25万两、绢25万匹。史称这次和议为"绍兴和议"。此后，宋金两国20年都没有发生过大的战争。

黄天荡战役

建炎二年(1128年)秋,金为消灭南宋,发兵大举南下。淮河以北的宋军几乎全线溃败。建炎三年(1129年)十月,金将兀术(？—1148,又名完颜宗弼)率大军渡江,占据建康(今江苏南京)。宋高宗畏金,遂自临安(今属浙江)逃至越州(今浙江绍兴),再逃至明州(今浙江宁波一带)。金军紧追不舍,高宗再次登船逃往定海(今属浙江),然后乘船在大海上漂泊。金兵对退避逃跑的高宗穷追不舍,先后占领了临安、明州,直奔高宗而去。

金军在进兵过程中一路烧杀掠抢,使江淮一带这个宋朝最富庶的"谷仓"遭受了无情的战火,损失极其惨重。

兀术的军队自渡江以后,遇到南宋爱国将士和人民大众的抵抗,逐渐成了强弩之末。兀术怕出现意想不到的局面,遂决定挥师北撤。岳飞、韩世忠等人便开始布兵设伏,准备阻击金兵,给敌人以重创。而韩世忠和他的夫人梁红玉共同指挥的黄天荡战役就在此时发生了。

韩世忠(1089—1151),字良臣,今陕西延安(一说绥德)人。他18岁从军,气力过人,英勇善战,在战斗中屡建战功,曾受封武胜军节度使。而他的夫人梁红玉,是个女中豪杰,通晓兵书武艺,能够协助韩世忠指挥军队,与之共同作战。

韩世忠听说兀术北撤的消息以后,开始思索战斗计划,准备截击金兵。当时,韩世忠手中的部队不过8000人,不能硬拼,只可巧战。韩世忠冥思苦想之后,心中生出一条妙计。他把军队分作了三部分,一部分进驻青龙镇(今上海市青浦区),一部分进驻江湾(今上海市虹口区江湾镇),一部分进驻海口。其实,这是一个虚设的布置,韩世忠的策略是诱导兀术,逼其从镇江撤退,然后调集自己的军队至镇江,给敌人以出其不意的阻击。

1130年元宵节,韩世忠得知金兵已到,便命令手下张灯结彩,庆祝元宵节,以麻痹敌人。同时,他不动声色地将主力部队转移到镇江,在那里设下了天罗地网。

兀术听了探子的报告，果然中计。他决定从镇江渡江北上。一方面，他不想让急于撤退的己方军队与宋兵过多纠缠，所以取道镇江，以为那里没有韩世忠的部队。另一方面，他手握10万重兵，认为即便碰上韩世忠区区8000人的军队，取胜也不在话下，他的轻敌思想可谓十分严重。

金兵大队人马上了船，来到了镇江境内。兀术出船一看，猛吃一惊：江面上到处都是韩世忠的战船，船上旌旗密布。但一想到对方兵士的数目与己方军队相差悬殊，兀术又很快稳定了情绪。他下令金兵开船冲过去。可不料韩世忠早已将战船层层排开，包围严密，同时船上又万箭齐发。兀术看到，不但一时无法冲破宋军防线，自己反而损失了不少兵将，便下令收兵。兀术就只想尽快撤兵，于是他修书给韩世忠，表示愿留下掠夺来的金银财宝，让韩世忠放他过江，却遭到韩世忠严词拒绝。兀术只得与对手议下交战日期。而韩世忠和夫人梁红玉商议后，听取了梁红玉的建议，决定把金军引到黄天荡予以歼灭。

第二天，宋金双方如约在江上对阵。随着"咚咚"的战鼓声，宋军箭矢疾飞，无数金兵中箭落水。宋兵又把点着的火把扔过去，许多金船也冒起了浓烟。兀术见此状，已无心恋战，慌忙之中向一条岔河驶去。他哪里知道，这条路正是韩世忠和梁红玉特意为他留的，岔河后面，就是黄天荡。

兀术领兵进了黄天荡，以为找到了逃生之路，拼命向更深处驶去。但船驶了一段时间后，兀术一看周围地形才如梦方醒，大呼上当。原来，这黄天荡是个断头港，形状如梨一般，那条岔河是进出黄天荡的唯一通道。韩世忠、梁红玉此时早已率军把岔河堵得严严实实，兀术这回是插翅难逃了。

兀术无奈之余，再次派人向宋军求和，说只要放金兵一条生路，多少财宝都乐意奉献。韩世忠听后冷笑一声，他对使者说："回去告诉你的主帅，金兵占我宋朝江山。放你们过去，只有两个条件：一是还我徽、钦二帝，二是归还我朝疆土。否则，从我这里，你们休想过江！"

兀术听说之后很是沮丧。他身边的谋士便出了一个主意：用重金悬赏当地村民，说不定能找到驶出黄天荡的方法。于是金兵悄悄派人潜上岸，带着财宝向附近的村民求计。万万没想到，村民之中还真有一个卑鄙小人，为了钱财而向金兵献计："黄天荡还有一条小岔河，只因日久淤塞，早已废弃。如果将其淤泥挖开，便可以出去。"

兀术大喜过望,用钱打发走献计之人后,随即令士兵连夜开通那条旧的河道。就这样,被困黄天荡四十八天,伤亡惨重的兀术最终率金军逃了出去。而韩世忠本想困死兀术,却没想到会功亏一篑,后悔莫及。

黄天荡一战,韩世忠以8000兵士重创兀术10万大军,狠狠地打击了金军的气焰,扭转了南宋军队一味逃窜的颓势,意义非同寻常。

梁红玉在战斗中擂鼓战金兵,巾帼不让须眉,是我国古代女将的一个代表人物。梁红玉的故事后来被改编成了戏曲,多年来盛演不衰,她英勇抗敌的精神更是为后人所敬仰。

黄天荡一战后,韩世忠又接连在几次战役中击败了金军。之后,韩世忠驻军楚州10余年,金人始终不敢南犯,而他手下的军队,其实仅有3万人。

韩世忠后来官拜枢密使。他为人憨厚正直,岳飞遭冤枉,被捕入狱,朝廷大臣中无一人敢出来替他辩白,唯独韩世忠亲自质问过秦桧。韩世忠一生久经战场,也曾多次负伤,他的10根手指头仅有4根是完整的。

岳飞抗金报国

岳飞(1103—1142),出生于务农家庭,家境贫寒。岳飞从小就沉静有气度,喜欢读书习武。20岁时,北宋与辽交战,征募敢死士,岳飞前去应募,经过选拔,成为敢死队的分队长,开始了矢志报国的军旅生涯。后因父亲病逝等原因,岳飞也曾两次离开军营。

1126年,岳飞目睹了金人入侵家乡后,人民惨遭杀戮、奴役的情形,心中愤慨,想要再次参军,却又担忧母亲年迈,妻子儿女在兵乱中难保平安。而岳飞的母亲是位深明大义的妇女,她积极勉励岳飞从戎报国。在岳飞出发前,还在岳飞背上刺下了"精忠报国"四个大字,以激励岳飞始终不忘保家卫国。岳飞牢记母亲教诲,终于忍痛别过亲人,投身抗金前线。

正如岳母所言,岳飞参军后,英勇善战,一心报国。但宋高宗即位后不仅没有北伐的打算，反而以巡视为名，逃亡东南。岳飞不顾自己官卑职低，披肝沥胆，向宋高宗赵构"上书数千言"，劝说宋高宗亲率大军北伐，不要逃跑求和。而宋高宗怨恨岳飞指责自己，竟将岳飞从军中除名了。

岳飞虽然被除名，但他的抗金决心并未因此动摇。岳飞很快北上来到了抗金前线，会见了当时"声满河朔"，正多方收揽英才抗金的招抚使张所。岳飞受到张所的赏识，成为统率一军的统制。然而李纲被罢相后，张所为投降派所不容，被贬谪发配到了岭南，最后死于贬途。出兵收复卫州的岳飞一军就此成为孤军，受到了金人的重重包围。可岳飞英勇作战，生擒了金人主将，最终得以突围。

突围后，岳飞投身宗泽麾下，屡立战功，深得宗泽喜爱。由此，宗泽有意栽培岳飞。一日，宗泽召见岳飞，给了岳飞一套用兵作战的阵图，说："你的智慧、勇敢和武艺，只有古代的良将才能相比。但你现在排兵布阵不合兵书兵法，作为副将还可以，他日成为大将，排兵布阵的技巧则有待提高，还是要好好研读一下古人的用兵作战阵图。"岳飞回答："用兵的要旨，在于出奇制胜，不能死守古人的阵法，应该灵活运用。"宗泽听后点头称是，对岳飞更加赏识。

宗泽含恨离世后，其手下人马由投降派杜充接手。金人南下攻打开封时，杜充竟下令要岳飞撤出开封，拱手将开封奉送给金人。而高宗对杜充放弃开封的举动不但不加责罚，反而还命他负责长江防务。金人占领开封后，兀术便领军直接进攻江南，直捣赵构所在的临安。

金人离建康百里时，杜充还不出兵御敌，岳飞就再三恳请，可杜充还是置之不理。直到金人渡江，杜充才派岳飞等人出战，但为时已晚，金人已形成合围之势，岳飞苦战无援，于是整军退守建康东北的钟山。杜充又弃建康，逃往真州，不久便投降金人。

建康失陷后，岳飞独自在建康与金人交战。而杜充投敌后，宋军纷纷溃散。一些北方将领不愿再战，想要推举岳飞为主帅，意欲伺机投降。岳飞假意应允，乘他们不备，就带数名亲信和他们比武，一连击败了数十人，而后岳飞又对众军严肃训诫了一番，令众人心悦诚服，军心才被稳定下来。至此，岳飞开始独立抗金。

岳家军英勇善战，军纪严明，爱民如子，队伍也不断扩大。岳飞和韩世忠先后两次左右袭击金兵，击退了完颜兀术，收复建康。建康战役历时半月，岳家军就斩杀金兵三千多人,又擒获了二十多名军官。从此,岳家军名扬南宋,岳飞也成了有名的抗金将领。

岳家军先后3次北伐,收复了大量被金人占领的土地。但每次岳家军的胜仗都成为宋高宗等投降派向金人求和的筹码,收复的土地不是被割让给金人,就是因不加守卫,再次被金人占领。但岳家军英勇善战的事迹强烈地震撼着金人,完颜兀术就曾感叹:"撼山易,撼岳家军难!"

千古奇冤——"莫须有"

在南宋风起云涌的抗金斗争中,岳飞和他的"岳家军"战绩特别突出。"岳家军"是一支纪律严明、能征善战、深受百姓爱戴的抗金军队。

岳飞,字鹏举,是南宋时期著名的抗金将领,我国历史上伟大的英雄。岳飞生活在北宋为金所灭、南宋守着半壁河山且不断受到金国骚扰的时期。岳飞把他短暂的一生,都献给了抗金斗争。

岳飞出生在相州汤阴(在今河南安阳南)一个以务农为业的家庭。少年岳飞虽沉默少言,但志向远大。他随周侗学习武艺,研读兵书,因为刻苦勤奋,很快便练就了一身过人的本领。

1122年,19岁的岳飞怀着少年壮志投了军。他在军队中初显身手,做了一名小军官,还参加过决定北宋命运的太原保卫战。随后,岳飞还乡看望母亲。他的母亲是一位性格坚强、深明大义的女性,她鼓励岳飞不要牵挂家里,而要为那些死难的乡亲去前线抗击金兵。岳飞在家中逗留了一段时间后,便踏上了报国的征程。

岳飞投靠过河北招抚使张所,参加过河北西线作战,曾在昨城、汜水关大破敌军,击退过伙同兀术南下的宋叛将李成。岳飞后来又跟随过宗泽,在此期间所受的教诲,对他日后的治军有着一定的影响。

1129年,金军举兵南下,宋军丢失了江北的大片领土。金兵随后又分东、西两路大举过江。岳飞在被动的局面下孤军奋战,退守钟山后以寡敌众,竟毙敌数以千计。这是岳飞在江南抗击金兵的开端。金兵渡江后占据了建康,岳飞领兵继续战斗,自成一军,从此开始了独当一面的抗金活动。

岳飞独自领兵后,首先取得的一次大胜利就是在牛头山设伏,大破从建康回撤的兀术,收复了建康,并迫使金兵北退。至此,岳飞的声望与日俱增,并被朝廷授予了通泰镇抚使之职,地位陡然提高。

从1130年至1133年,岳飞的部队愈战愈勇,捷报频传,战斗实力不断增强,岳飞的名字也在百姓中广为传颂。因岳飞在南方抗金的功劳十分显赫,高宗也召见了他,并亲笔手书"精忠岳飞"四字,加授他为镇南军承宣使、江南西路沿江制置使,后改神武后军都统制。这时,岳飞已从一个普通的将领升为一名抗金大将,统领一支最盛时有10万人的军队,这支军队号称"岳家军"。

1134年,金与其设立的傀儡政权伪齐共同南下。宋高宗与大臣们对是否北伐犹豫不决。而北伐是岳飞和将士们多年的愿望。之后岳飞主动请战,获得批准。同年,岳飞第一次率军北伐,从武昌渡江,进军郢州。岳飞面对滔滔江面动情地说:"这次如果不能打胜仗,我决不再回江南去!"将士们听后,群情激昂。威猛善战的岳家军一举攻下郢州,又乘势收复了襄阳、邓州和唐州等地。接着,岳飞率军继续扩大战果,一年以后,又收复了湖北北部和河南南部的广大地区。这是南宋立国以来第一次取得局部反攻的胜利。

1136年,岳飞第二次北伐,攻下虢州,获粮十万余石,降金兵数万。接着,岳家军又在唐州大败伪齐的部队,直奔蔡州境内,离东京也已经不远了。岳飞踌躇满志地想要收复北宋故都,他对将士们说:"总有一天,我要直抵黄龙,与诸君痛饮!"

北伐战局对南宋十分有利,但高宗却在这时下诏,不许岳飞继续率兵北进。1137年,金向南宋诱降。高宗本来就只想保住自己手中的半壁河山,于是立刻答复说只要金兵许和,一切条件皆可接受,并任命秦桧为右相,准备向金投降。秦桧是南宋有名的大奸臣,他上台后,便开始谋划除掉岳飞。

岳飞多次求见高宗,请求不要与金议和,再商北伐之策,并说:"金人不可信,想要通过与金和好来保全朝廷是靠不住的。"可是,岳飞的进谏不仅没有得到支持,还使宋高宗从此记恨于他。公元1138年,宋金达成和议。岳飞看着自己出生入死收复的河南等地又落入了金人手中,不禁痛苦地仰天长叹。

1140年,金统治集团发生内讧。兀术执政后,破坏议和,集合全部兵力向南宋扑来。宋高宗只得派岳飞统兵迎敌。宋、金两军在郾城展开了空前的激战。兀术的部队中有一队士兵个个身穿重甲,看上去如铁塔一般,称"铁浮图"。左右两队骑兵,三人相连,称"拐子马"。兀术指挥着"铁浮图""拐子马"向岳家军扑来。岳飞命令将士手持长斧上砍敌兵,下斩马足,顿时打乱了金兵的阵势。岳家军将领岳云、杨再兴等冲入敌阵,欲捉兀术。兀术拍马而逃,待回头看时,自己训练多年的"铁浮图""拐子马"已溃不成军,死伤惨重,他不禁痛哭流涕。兀术制止不住败退的兵士,于是他一边逃,一边感叹道:"撼山易,撼岳家军难!"

岳飞乘胜进军朱仙镇,距东京只有45里。就在这胜利指日可待的时候,高宗却听信秦桧的谗言,连下12道金牌,令岳飞撤兵。在兀术的指使下,秦桧和高宗便以"莫须有"的罪名,在风波亭杀害了岳飞父子和张宪。同时韩世忠也毅然辞去了官职,含恨离朝。岳飞父子死后,岳家军不久就解散了,抗金力量由此受到了极大的削弱。

岳飞为恢复中原而抵抗金兵的事迹,在民间广为流传,长久鼓舞着后世之人。杭州岳飞墓就是为追念和凭吊岳飞而修建的,而跪在墓前的秦桧夫妇,只能永遭世人的唾弃。

杨万里嗜茶如命

杨万里(1127—1206),字廷秀,吉水(今属江西)人,南宋著名诗人,其诗与尤袤、范成大、陆游齐名,称"中兴四大家"。

杨万里一生嗜茶,有时竟不顾自己的身体。他有一首《武陵春》,词中有:"旧赐龙团(宋代贡茶,饼状,上有龙纹,故名)新作祟,频啜得中寒。瘦骨如柴痛又酸,儿信问平安。"茶性寒,饮茶过量对身体不好,但杨万里为了饮茶,不顾身体受寒以致获病,这一点他在这首词的序中已然承认:"老夫茗饮小过,遂得气疾。"杨万里由于嗜茶,"茗饮小过""频啜得中寒",弄得人"瘦骨如柴",但他仍不愿与茶一刀两断。

他在另一首诗中说:"老夫七碗病未能,一啜犹堪坐秋夕"。虽病不绝,杨万里只是减少了一点儿量罢了。此外,杨万里由于夜里也好饮茶,故常常失眠,但他绝不认为失眠是饮茶的原因。他在《三月三日雨,作遣闷十绝句》中说:"迟日何缘似个长,睡乡未苦怯茶枪(茶树的嫩芽)。春风解恼诗人鼻,非菜非花只是香。"可见杨万里嗜茶如命。

杨万里嗜茶如命绝非是口腹之贪,他追求的是茶的味外之味。

杨万里还将饮茶作为他的读书之法,他在《习斋论语讲义·序》中说:"读书必知味外之味,不知味外之味,而曰'我能读书'者,否也!《诗》曰:'谁谓荼苦,其甘如荠。'吾取以为读书之法焉。"古时"荼"即为茶。杨万里认为读书是一件辛苦的事情,但读书后的获益却如同茶一样甘甜,这与饮茶是一样的道理。

杨万里品茶、爱茶,也欣赏茶独有的清澈澄明的品性,而将其作为自己的为人之道。他一生为官清正廉洁,归隐回乡后,两袖清风,故居老屋三代未加修葺,只能挡挡丝风片雨。此外,他用茶的清雅、明澈,来称道知心朋友的气质、丰骨,把"茶性"在精神方面的地位、作用和价值推到了一个新的境界,足见杨万里品茶是从精神层面体味茶的味外之味的。

金戈铁马辛弃疾

辛弃疾(1140—1207)出生在金人统治的北方沦陷区,幼年时,辛弃疾的祖父时常哀叹山河沦丧,给他留下了很深的印象。从那时起,收复河山就成为辛弃疾毕生为之努力的目标。

1161年,金主完颜亮被部下杀死,朝野上下陷入混乱,北方沦陷区的百姓趁机揭竿而起,涌现出多支起义军。辛弃疾也组织了一支2000多人的起义队伍。后来山东东平府耿京的队伍逐渐强大起来,为了能更好地打击金朝统治,早日收复北方沦陷区,辛弃疾带领自己的2000多人加入了耿京的起义军。

加入耿京队伍后,辛弃疾开始致力于壮大起义军队伍,以积攒力量与金朝对抗。此时,另外一支起义军在首领义端的带领下也加入了耿京的起义军。但没多久,不甘听令行事的义端趁辛弃疾不备,偷走了由辛弃疾保管的耿京印信,准备向金人邀功。耿京限辛弃疾三日之内拿回印信,否则按军法处置。辛弃疾飞身上马,一会儿就追上了正准备投奔金人的义端,一刀下去便结果了他的性命,夺回了被偷的印信。此后,耿京更加看重辛弃疾。

耿京队伍日渐壮大,随着和金朝对抗越来越频繁,缺乏后援的弊端就渐渐显露了出来。于是辛弃疾受命南下,和宋高宗商谈归附以及联合抗金等事宜。辛弃疾不远千里,突破金人防线,来到南宋都城临安觐见宋高宗。宋高宗也设宴接待了辛弃疾一行,并分别给耿京和辛弃疾封赏了官职,商谈好抗金事宜后,辛弃疾又立即回到了起义军队伍。

到达起义军所在地后,辛弃疾才得知自己南下联络宋高宗时,起义军发生了内乱,张安国等人趁机杀死耿京并带领精锐部队投降了金人。辛弃疾为之奋斗的抗金队伍转眼就成了金人士卒。

对于投降金人的叛徒张安国,辛弃疾恨不能喝其血、吃其肉。辛弃疾对与自己一同南下的人说:"我们一定要杀了张安国,给耿将军报仇。"可队伍中有人见耿京已死,大势已去,就说:"张安国如今藏身于金人大营,就凭我们这些人,还没靠近就要被乱箭射死了。"也有人说:"我们现在去刺杀张安国,无异于以卵击石。"更有人直接说:"我们不如返回宋辖区,另图他法。"辛弃疾环视着这些人,朗声说:"我等一同南下,原就是奉耿将军之命,如今我们得知耿将军为奸人所害,却贪生怕死不为耿将军报仇,而是返回宋辖区享乐,那我们与杀死耿将军的张安国等人有何区别?"说完辛弃疾飞身上马,直奔张安国藏身的金人大营而去。这些人互相望了望,也飞身上马,追随辛弃疾一起奔向金人大营。

金人完全没有想到耿京的精锐队伍投降后,还会有人单枪匹马闯入大营。辛弃疾一行,快马加鞭,突然出现在金人大营附近,守营士兵被杀了个措手不及。张安国等人杀死耿京之后,便带着耿京的头颅和印信投降了金人,而后受到金人优待,日日在大营中花天酒地。

这一天张安国正和几个一起投降金人的叛将喝酒,只听得帐外一阵惊呼,紧接着就看到辛弃疾手拿宝剑杀入帐中。一见辛弃疾,帐中的人三魂六魄都出了窍,顿时吓得说不出话来。辛弃疾一个箭步来到张安国面前,一把抓住他的肩膀,拎着他就向帐外走去,众人还没来得及反应,辛弃疾就已经捆了张安国翻身上马,直奔金营外而去。等到金人醒悟过来,整理队伍,追出去时,辛弃疾早已没了踪迹。

辛弃疾带着张安国马不停蹄地直奔临安,待南宋朝廷审清之后,终将张安国腰斩示众。而辛弃疾留在临安,一心渴望着有朝一日能够北上。可惜,南宋君臣偏安于江南,全然无心北伐,最终辛弃疾带着一腔忧愤离开了人世,至死都未能实现北伐的梦想。

女词人李清照

金兵南下的疯狂掠夺及宋王朝的腐朽昏庸,给人民带来了无尽的苦难,许多家庭都遭受了家破人亡的痛苦。北宋著名女词人李清照也经历了这样的悲苦。

李清照(1084—约1151),号易安居士,齐州章丘(今山东章丘西北)人,是宋朝著名女词人。李清照的父亲李格非是个文学家,做过著作佐郎等官,为人正直,曾是苏轼的学生。李清照从小受父亲的熏陶,十分爱好文学,喜欢吟诗作画,特别是在作词方面,有很高的造诣。17岁那年,她与太学士赵明诚结了婚。夫妻俩志同道合,除都能诗善文外,还有一个共同的爱好,就是收藏金石(古代镌刻着文字纪事的钟鼎碑碣等金属和石制器物)。这些文物既是我国古代精湛的艺术品,又蕴含着丰富的历史材料。

赵、李两家的人虽然都担任不小的官职,但他们不是豪富人家,没有多余的钱让他们购买文物,不过这并不影响他们对金石的追求。每逢初一和十五,赵明诚便会请假回家,拿些衣服到当铺里去押半吊钱,然后再到大相国寺去。

大相国寺是东京最大的佛寺,那里经常举行庙会。庙会上有各种商品出售,其中就有卖书籍、古玩和碑帖字画的。赵明诚在那里看到中意的碑文字画就会买下来,回到家里,和李清照一起细细整理、欣赏。夫妻俩把这件事当作了他们生活中最大的乐趣。

过了两年,赵明诚当了官,他把所得的官俸大部分都花在了购买金石、图书上。他的父亲有一些朋友在朝廷的藏书阁里工作,那里有许多外面没有流传的古书刻本,赵明诚常常通过这些人,千方百计地把古书借来摹写。

这样日积月累,他们家收藏的金石书画越来越多。李清照于是建了书库大橱,编好目录,将它们一一整理好。经过大约15年的努力,赵明诚终于完成了一部记载古代历史文物的著作——《金石录》的大部分撰写工作。而他死后,李清照完成了剩余部分的撰写工作。

在动荡的年代,要埋头整理文物已经不可能了。东京被金兵攻陷的时候,李清照和赵明诚还在淄州(今山东淄博)。不久,金兵南下,形势趋紧,李清照便跟着赵明诚到了建康。夫妻俩把最珍贵的金石图书带走了15车。后来金兵攻下青州,李清照留在老家的十几间屋的文物竟被战火烧成了一堆灰烬。

到了建康以后,赵明诚接到诏令,被派到湖州当知府。那时候,兵荒马乱,李清照不可能跟着他去湖州。临别的时候,李清照问丈夫:"万一金人再打过来,我该怎么办?"赵明诚坚定地说:"看着办吧。实在不行,你把家具衣被先放弃了;再不行,把书画古器也丢了;但是有几件珍贵的古代礼器,你可一定得亲自保护,要将其看得像自己的生命一样。"

没有想到的是,赵明诚还没来得及赴任,就因一场疟疾死去了。李清照失去了丈夫,非常伤心,但是她知道此时最要紧的是继承丈夫的遗志,把文物保护好。赵明诚有个妹婿在洪州(今江西南昌),那时候李清照身边还有图书2万卷,金石刻本2000卷,于是她就托人把这些文物带到了洪州。没有多久,金兵打到洪州,这些文物便又不知了去向。

赵明诚病重的时候,有个名叫张飞卿的学士曾来看望他,那人随身带着一个玉壶。李清照是善于鉴别文物的人,一眼就看出那玉壶并不是真玉制的,而是一种玉石制品。后来,张飞卿把那个壶带走了。等到赵明诚死后,有人就捕风捉影地说赵明诚把名贵文物送给了金人。这种谣言使李清照大感冤屈,她想找朝廷申诉,但是南宋的大部分官吏都已经逃之夭夭了。

李清照为了逃难,到处奔走。等到她在绍兴有固定居所的时候,身边的文物有的散失了,有的被偷了,只剩下了一些残简零篇而已。

山河的破碎,珍贵文物的散失,对李清照的打击实在太大了。后来她把这些痛苦写成了许多诗词,她的词在艺术上具有很高成就。她曾在一首诗里表达对南宋统治者渡江南逃的不满,诗中说:

生当作人杰,死亦为鬼雄。
至今思项羽,不肯过江东。

李清照现存的作品有词40多首、诗10多首,在我国文学史上,她是与南宋词人辛弃疾齐名的女词人。

志在报国的诗人陆游

陆游(1125—1210),字务观,号放翁,越州山阴(今浙江绍兴)人,南宋著名诗人。

1125年,陆游出生在一个由"贫居苦学"而仕进的官宦家庭。在陆游生活的时代,北方的金频频向宋朝发动战争,积贫积弱的宋朝丧失了大片土地,被迫向南迁移,人民始终生活在战乱和动荡之中。少年时代的陆游也不得不随着家人逃难,饱尝流离失所的痛苦。

1127年,北宋被金灭亡,南宋开国皇帝宋高宗逃到南方。陆游的父亲陆宰和许多人一样,也决定举家南迁。那时候,陆游还小,走路还走不稳,只好让母亲抱着赶路。有一次,金兵在后面追得紧,实在没路可逃了,全家人只得藏在乱草堆里。金兵人马很多,人叫马嘶地过了好几天。一家老小便一直闷在草堆里,连大气都不敢出。这件事给陆游留下的印象十分深刻。

陆游的父亲陆宰是位很有气节的人,曾经是北宋的官员。面对金兵的进攻,宋高宗不但不想收回失去的土地,还任用奸臣秦桧,杀了抗金大将岳飞,准备向金求和。陆宰见朝廷腐败无能,十分痛恨,一气之下便辞去了官职,带着家人回到了老家。

陆宰虽然辞官了,但仍然把朝廷危难记在心上。有一天,陆宰的几个朋友来了,一进门,他们就大声对陆宰说:"陆兄,听说朝廷要向金兵求和了。还要割让土地,称臣纳贡呢!"陆宰听了,难过得连连摇头,过了一会儿,才开口说:"照此下去,朝廷危在旦夕呀!"说到这里,陆宰忍不住流下了热泪。虽然已经到了吃饭的时间,桌上摆好了饭菜,但是他们悲愤的心情难以平静,谁都不肯吃东西。这情景,全被少年陆游看在眼里。而他幼小的心灵中,也已经埋下了恢复中原的种子。

陆宰对陆游的文化教育很重视,在陆游很小的时候就给他讲东晋著名将领祖逖"闻鸡起舞"的故事,更经常当着陆游的面和朋友们商讨收复失地的大计。慢慢地,陆游觉得自己已经和朝廷息息相关了。等到陆游长大了,父亲就常和他商谈当时的政治局势。

在父亲的教育下,陆游很早就养成了渴望报效朝廷、重振宋朝的品格。为了实现自己报效宋朝的理想,他特别注意研读兵书。20岁时,他在一首诗中写道:"上马击狂胡,下马草军书。"希望自己有一天能亲临战场,杀敌冲锋。然而直到40多岁时,他才有了机会在军幕僚府任职。

不到一年的军中生活,给陆游的生活和创作留下了深深的烙印。他身着戎装,来往于前线各地,抗敌将士的艰苦生活和恢复中原的热情,极大地开拓了他的诗歌境界,豪迈而悲壮的情感也成为他一生诗歌创作的基调。而典型的封建家庭虽然给了陆游良好的文化熏陶,但也给他带来了婚姻上的不幸。他20岁时与唐婉结婚,夫妻感情甚笃,可是母亲却不喜欢唐氏,硬逼着他们夫妻离散。离婚后,陆游非常伤痛,曾在7年后的一次偶然相遇中写下《钗头凤》词以寄深情,此后更是多次赋诗怀念,直至老年还写了有名的爱情诗《沈园》。

陆游28岁时,赴南宋首都临安省试,名列第一,但因名次居于投降派权臣秦桧的孙子之前,又因他"喜论恢复",于是遭到秦桧嫉恨,竟在复试时被秦桧除名。秦桧死后,孝宗即位,起初颇有抗金之志,主战派受到了重视,陆游才被起用。他积极向朝廷提出了许多抗敌的军事策略和政治措施。但由于张浚举兵北伐,部下将领不和,再加上投降派掣肘(拉住胳膊,指阻挠别人做事),抗战屡屡受挫。宋孝宗立即动摇,又走上了屈服求和的老路;陆游也被加上"交结台谏,鼓唱是非,力说张浚用兵"的罪名,被罢黜还乡。

后来，南宋政府在投降派史弥远的操纵下，迫害主战派人士，使得国力日趋衰弱，人民生活极其艰难。陆游几次受到罢职处分后，感慨万千，不久便因忧致疾。后得膈上疾，近寒露虽见好转，但不久后加重，到冬天转剧，直至腊月底病逝，此时正是1210年。

在临终前夕，他还不忘中原，写下了有名的诗篇《示儿》：

死去元知万事空，但悲不见九州同。

王师北定中原日，家祭无忘告乃翁！

这是陆游写给儿辈的遗嘱，也是他的绝笔之作。在这首悲愤异常的诗篇中，陆游向世人昭示了他一生抗敌复土的夙愿。他是"出师未捷身先死"的又一人，此诗也有"三呼渡河"之意。这也是对当时以史弥远为首的投降派的强烈抗议和辛辣讽刺。所以，这首诗一直为人民所喜爱，成为鼓舞人民进行战斗的号角。

作为一名杰出的诗人，陆游一生创作诗词9300余首。这些诗词大多数都是与抗击金兵有关的，或者描写艰苦的军中生活，如"失衣卧枕戈，睡觉身满霜"；或者寄托自己对宋朝前途命运的深切忧虑及自己空有一腔报国热情的愁闷心情。

陆游的诗词中还体现出对当时人民疾苦的同情。他在《太息》等诗篇里，不但描写了饱受天灾人祸的下层人民的心酸生活，同时又真切地赞美了下层人民勤劳、善良的优秀品质。

除了诗词作品，陆游还创作了许多优秀的散文作品。这些作品有的记录生活琐事，有的议论国计民生，有的叙述友人事迹，但都贯穿了炽热情感，有很强的感染力。

陆游一生饱经忧患，对普通人民所处的环境有充分的了解。他的作品在反映生活的深度和广度上都达到了同时期诗人难以企及的高度。

陆游丰富的创作实践对宋代文坛产生了积极的影响。他的诗文作品，给予了遭受压迫的人民莫大的精神鼓舞。

陆游的一字师

南宋乾道八年(1172年)初春,陆游应诏前往抗金前线南郑(今属陕西),途经四川梁山蟠龙山时,忽然听见山顶鞭炮震耳,锣鼓喧天。陆游循声而至,原来是当地官员和山民正在庆贺蟠龙桥落成。当地官员得知来者是大诗人陆游,立刻捧出文房四宝,恭请他给蟠龙桥写一副对联。陆游略思片刻,在桥头石壁上写下了:

桥锁蟠龙,阴雨千缕翠

林栖鸣凤,晓日一片红

然后跨马下山到县城住宿去了。

陆游走后,当地一对姓肖的父女走来观看。女儿肖英姑看完陆游的对联,若有所思地说道:"此联不愧出自大诗人之手,只是有一字不太贴切,弱了气魄。"原来,这肖英姑出自书香门第,早年丧母,后来家中又不幸失火,烧毁了偌大家业。父亲灰心丧气,带着女儿进了蟠龙山,父女俩在山中以种地打柴为生。

英姑这无意的一句评论,不多时竟传到了陆游的耳朵里。他听后大为纳闷,思来想去,却不知哪一字弱了气魄。次日,陆游独自一人来到蟠龙山,直奔肖氏父女所住的蟠龙洞。陆游连唤数声,洞内竟无人回应。他走进洞中,原来英姑父女并未在洞里。陆游四下环顾,见一块大石上放着笔墨纸砚,便铺纸提笔,写道:"为龙意蟠,洞府未然,不留空下,重见英山,求深何在,女才知返,姑怅去贤。"署上姓名,陆游就走了。

陆游刚走不久,英姑父女打柴回来,知道是陆游来过。父女俩看着陆游那文不成文,诗不成诗的文字,经过一番琢磨,才破解出意思,这是一首七言诗:

重返蟠龙为求贤,未见英姑意怅然。

才女不知何处去,空留洞府在深山。

陆游回到住所,当晚又是一夜没睡,仍未想出是哪个字不妥。第二天早晨,陆游踏露又来到蟠龙洞。英姑父女忙将他请进洞中,英姑说:"大人上联'桥锁蟠龙,阴雨千缕翠'无懈可击;下联'林栖鸣凤,晓日一片红',若改为'一声红'岂不更妙?凤凰叫而旭日升,有声有色。不知大人认为如何?"陆游听罢,沉吟片刻后,连声赞道:"妙,妙,妙,好个'一声红'！真是一字师也。"

陆游心悦诚服,来到蟠龙桥,将"片"字改为了"声"字。

大儒朱熹

朱熹(1130—1200),原籍今江西婺源县,南宋建炎四年(1130年)出生于今福建尤溪郑义斋馆舍。17岁考中进士,起初任泉州同安县主簿(辅助县令的官员),之后在南康、漳州等地任职,1194年到朝廷仅任职40余天即被罢免。庆元六年(1200年)病逝,终年70岁。嘉定二年(1209年),朝廷诏赐谥曰"文公",后人称他为朱文公,后又赠太师。自此以后,朱熹被历代统治者不断加封,他的著作也被列为科举考试的官方教材,他的画像还被放入孔庙,受世人敬仰。

朱熹是理学的代表人物之一,理学的基本主张是"存天理,灭人欲"。按照朱熹的观点,天理就是宇宙中至高无上的法则。而人欲,简单来说就是人身体的欲望,比如耳朵想听美妙的音乐,鼻子想闻芬芳的气味,嘴想吃美味的食物,等等。朱熹说,适当地满足身体的欲望是合理的,比如夏天穿得少些,冬天穿得多些,渴了喝水,饿了吃饭,这些都是合理的。但如果想穿华丽的衣服,想吃精美的食物就不合理了。学生又问合理不合理的界限是什么。朱熹说,这界限就是礼节。符合礼节的,就合理;不符合礼节的,就不合理。比如,皇帝祭奠祖先用八个行列的仪仗队是合理的,如果普通官员也这么做,就不合理了。合理的就是天理,不合理的就是人欲,地位不同的人的天理和人欲的标准也不同,如果每个人都遵循天理,克制人欲,安于自己的地位,天下也就太平了。

因为迎合了统治者的需求,朱熹的学说受到了后世历代统治者的尊崇,对中国的历史也产生了深远的影响。

陈亮报国无门

宋朝重文轻武,理学发展达到了一个新的历史高度,出现了朱熹、陆九渊等理学大师,朝野上下都以清谈理学为荣。一些反理学的有识之士认为,空谈理学是南宋王朝积贫积弱的主要原因,陈亮就是其中的代表人物。

陈亮(1143—1194),人称"龙川先生",年少时就博览群书,气概豪迈,喜欢与人谈论兵事。他的一生能用两个词概括,就是心怀天下、命运坎坷。

陈亮出身于没落的地主家庭,世世代代坚持抗金,其曾祖父就是在战斗中牺牲的。南宋当权者的妥协投降,使陈亮倍感气愤,他尤其憎恨秦桧误国,曾说:"秦桧的议和政策误国20多年,使天下的正气索然无余了。"

陈亮曾经上书皇帝,直指南宋王朝存在的问题,建议迁都金陵(今江苏南京),以武昌为行宫,坚守江淮。他认为只要朝野上下齐心,不苟且偷安,"中兴之功"一定可以成功。陈亮深受孝宗赏识,但他心高气傲,不屑以自己满腔爱国的热情谋求官职,更不愿和成日沉溺于享乐的大臣同朝为官,于是拒绝了孝宗的重用。

陈亮虽然拒绝了孝宗的重用,但依然心系国家。孝宗不顾北伐大计,宣布退位而为其父高宗守孝,陈亮再次直言进谏,希望孝宗能以北伐收复故土为大孝,舍小孝全大孝。虽然最后孝宗还是坚持让位给了光宗,为高宗守孝,但陈亮的拳拳赤子情怀也为他赢得了众多有识之士的赞赏。

在兵荒马乱的南宋,陈亮敢于直言不讳地指出:"当今的大臣们,都自以为找到了富国强兵的路,因此百般叫嚣,他们不过是迷惑人罢了。"陈亮一次次的直言进谏触动了一些当权者的利益,尤其是那些投降派的利益。他虽有一腔热血为复国而倾,却不料反遭排挤打击,有心爱国而报国无门。

陈亮的人生也异常坎坷,一生先后经历了3次牢狱之灾。

陈亮第一次上书孝宗后,不愿为官,于是退守家乡,日日与有识之士聚会饮酒,高谈阔论,品评天下大事。酒醉之时,他放浪不羁的性格显现无遗,数次批评孝宗以及高宗不思复国，沉溺享乐。于是被人以谋逆之罪向刑部告发。

刑部侍郎何澹，曾任陈亮科考的主考官，因为没有录取陈亮，屡受陈亮的嘲讽。陈亮得皇上青睐后，何澹更是屡次受到天下读书人的数落。何澹接手案件后，便对陈亮严刑拷打。陈亮受刑不过，只得承认自己确有谋逆行为。案件上报孝宗后，孝宗爱惜陈亮的才华，只是大笑着说："陈亮不过是一介书生，所谓谋逆不过是酒后的几句醉话，不必当真。"有了孝宗的旨意，陈亮这才得以洗脱谋逆罪名。

然而陈亮刚出狱没多久，就又遭遇了一场无妄之灾。陈亮家的一个仆人，因口角杀死了一个曾经与陈亮父亲有仇怨的人，死者家属便认定陈亮才是杀人的幕后主使。于是陈亮被牵连到杀人案件中，再次下狱。幸而有好友辛弃疾等人的竭力营救，陈亮才免去了再次遭受牢狱之灾。

第二次出狱后的陈亮一改放荡不羁的性格，谨言慎行，一心治学，原以为可以避祸，结果一个更大的无妄之灾从天而降。一次陈亮设宴款待朋友，朋友回家后不幸暴死，陈亮又被是他认为下毒毒死了朋友，终致第三次下狱。

第三次下狱的陈亮自认为性命难保，他联想自己一生的坎坷遭遇，感慨万千，便在狱中手书了一份自诉状，将自己一生的抱负和坎坷尽数书写，情真意切，令人动容。大理寺少卿郑汝谐看到陈亮的自诉状后，将其推荐给了光宗，光宗不仅特赦了陈亮的死罪，还准许他参加殿试。陈亮以殿试第一、新科状元的身份走马上任。可惜就在陈亮准备一展宏图，施展自己的远大抱负之时，他却突发疾病，不治身亡了。

韩侂胄北伐金朝

韩侂胄（1152—1207）出身外戚，家世显赫，因拥立宋宁宗登基有功，宁宗欲封他为节度使，却受到宗室右相赵汝愚的阻挠，韩侂胄因此对赵汝愚产生了怨恨。赵汝愚尊崇理学，把朱熹从湖南召到临安，朱熹即任焕章阁侍制兼侍讲，当了宁宗皇帝的老师。因为朱熹是赵汝愚引荐入朝的，因此，韩侂胄打击赵汝愚也是从排斥朱熹开始的。韩侂胄凭借内臣的有利条件，先罢黜了朱熹的官职，后又罢黜了赵汝愚的右相之职，将为二人辩护的官员都列为理学"逆党"，从而将他们罢官远斥。韩侂胄当政，凡与他意见不合者都被称为"理学之人"，而后他又斥道学为"伪学"，禁毁了理学家的《语录》等书籍。科举考试中，稍涉义理之学者，也一律不予录取。

1197年，王沇上疏，请仿元祐党禁的做法设置伪学党籍，于是置"伪学逆党籍"，入籍者有59人。这59人都曾经直接或间接触怒过韩侂胄或其党徒。这些人被罢官的罢官，被远斥的远斥；有的已被逮捕，有的已被充军，甚至有的已被迫害致死。韩侂胄等人从而把道学之禁推向了高潮，韩侂胄于是独掌了朝政军权。

韩侂胄掌控朝局后，开始准备北伐收复中原。他重用了一批主战派的大臣，其中不乏辛弃疾、陆游这样的名臣，他还为岳飞平反洗冤，封岳飞为鄂王，并在镇江为韩世忠修建庙宇，改秦桧谥号为"谬丑"。这一系列举动也赢得了朝野上下一致的支持。

开禧二年（1206年），韩侂胄请宁宗正式下诏，出兵北伐。出兵前，宁宗、韩侂胄解除了伪学逆党籍，重新任用了一些在籍的官员，争取朝内一切力量一致对外，但其中的某些人并不真诚合作，北伐军内部并不团结。韩侂胄还任命吴曦为陕西、河东招抚使，以避免宋军两面受敌。吴曦出身蜀地吴氏世家，吴氏世代都守护着蜀地。这次韩侂胄任命吴曦防守后方，吴曦自恃有足够的资本可以自立，便暗中与金人勾结。

北伐开始后，韩侂胄多次命令吴曦入四川合围金人，吴曦都置之不理，反而一路撤退，放任金人东下。而吴曦在西线的投降，使得金人能在东线全力作战，战局很快便发生逆转，南宋北伐变成了金人南下。

开禧三年（1207年），韩侂胄派人与金人谈判。金人国内危机严重，也无力继续南下，便同意了撤兵，但要求南宋上书称臣，割地赔款。这些条件，不论宁宗还是韩侂胄都认为可以接受，但金人又特别要求诛杀韩侂胄，并献上其人头，方可议和。于是韩侂胄大怒，决意再度整兵出战。宁宗下诏，招募新兵，起用辛弃疾为枢密院都承旨，指挥军事。然而此时，辛弃疾已68岁，身染重病。任命下达后，辛弃疾还没有去任职，就在家中去世了。

在韩侂胄筹划再战之时，朝中主降的官员开始了大肆活动。礼部侍郎兼刑部侍郎史弥远是朝中投降派的主要代表。而宁宗的皇后杨氏，因为韩侂胄曾反对宁宗立其为皇后，便一直对韩侂胄怀恨在心。于是杨氏与哥哥杨次山，勾结史弥远，上书宁宗，弹劾韩侂胄再次北伐是为了泄私愤，会陷国家于危险之中。后来，在韩侂胄上朝路上，三人又派人截杀了他。韩侂胄被暗杀后，军政大权全归杨后、史弥远操纵。史弥远等投降派则完全遵照金朝的无理要求，把韩侂胄的头割下，献给了金人，并接受了金朝的全部撤兵条件，增岁币为30万，犒军银（赔款）300万两。金军这才从侵占地撤走。

小赵葵安定三军

靖康之难后，宋王朝官员从北方的汴梁逃到了南方的临安，偏安一隅。宋王朝不仅不思北伐，收复失地，还一味向金人求和。眼见北方人民深受金人蹂躏，许多爱国将领世代以收复失地为己任，奋战在抗金一线。

南宋抗金儒将冀国公赵葵（生卒年不详），家学渊源，其曾祖父是北宋有名的铁面御史赵抃，祖父赵棠是湖湘学派"胡门七子"之一，父亲赵方早年师从理学大师张栻，后投笔从戎，成了抗金名将。

赵葵天资聪颖，勤学好问，深得赵方的喜爱。赵方和部下商讨抗金大事时，赵葵就在旁边听着。战争之余，赵方总喜欢给赵葵讲故事，每次讲到靖康之难，二帝被掳北去，广大中原遭受金人铁蹄的蹂躏，赵方就痛心不已，涕泗横流。而一旦讲到抗金名将，征战沙场，打败金军，赵方就情绪高昂，大呼快哉！

少年赵葵便开始幻想，自己有朝一日能成为像父亲口中那样的大将，征战沙场，英勇抗金，救人民于水火之中。为实现自己的目标，赵葵开始暗中练习武艺，攻读兵书。到十二三岁时，赵葵便提出想和父亲一起上阵杀敌的愿望。可赵方觉得赵葵还太小，没有同意他的请求。赵葵见父亲没有同意，就偷偷换上了士兵的服装，去参加士兵的日常格斗训练，一连战胜数人，获得了赵方及全军将士的赞赏。此后,赵方行军打仗,都把赵葵带在自己身边。

一次,金兵大军忽然来袭,赵方的军队因人数不敌金人,很快出现了败退的趋势。赵葵听见军中阵脚大乱,宋兵纷纷溃散,便冲出大营,翻身上马就冲到了阵前。金人只见溃散后撤的宋人中冲出了一个身着银盔银甲、手持长枪的小将,闪电般来到包围圈中,转眼间就将几个金兵挑落马下。而后撤的宋朝将士,见赵葵如此勇猛,已杀入包围中,于是也都纷纷停住后撤的脚步,拼死突破了金人的包围。赵方见金人包围已破,宋兵士气高涨,便及时调整了部署,向金人冲杀过去。金人见己方军队阵脚已乱,宋人士气大增,形势不利于金,也就鸣金收兵了。

宋人虽然获得了胜利,但死伤众多,南宋朝廷的军需补给和伤亡士兵的抚恤迟迟不能发放,即使发放也是少得可怜,导致军中渐渐有怨言弥散。眼见朝夕相处的患难兄弟在自己面前倒下,刚刚经历生死劫难的士兵们怒不可遏,不满情绪爆发,纷纷喊着要回家去,不愿再上阵杀敌,免得死了连抚恤都没有。眼看哗变就要发生,赵方急得团团转,却想不出什么有效的办法加以阻止。万一发生哗变,后果不堪设想。就在赵方一筹莫展的时候,赵葵走出大帐,对士兵说:"今日的赏赐是朝廷发给大家的,我父亲明天会另外发一些银两奖赏大家的奋勇杀敌。"士兵见赵家父子如此看重士卒,还另有赏钱,就都回到了军营中。

看到赵葵用一句话就安抚了即将哗变的士兵,赵方很高兴,但转念又一想,之后怎么办?自己哪有那么多的银钱能给士兵发放奖赏?不禁又责怪赵葵不该轻易许诺。赵葵认真地对赵方说:"父亲应该马上上书给朝廷,如实上报部队的情况,请求朝廷再下拨一些银钱,以平息士兵的怨气。士兵们一旦哗变,后果将不堪设想。"赵方便按照赵葵的意思,写了一封紧急奏章给朝廷。朝廷见事态紧急,就又下拨了一些银子,分发给士兵们,这才平息了士兵的怨气。

赵葵十二三岁就有这样的谋略,使赵方又惊又喜,他不禁称赞道:"我儿小小年纪,就这么勇敢,这么有计谋,将来必定远远超过我!"事实也证明了赵方的"预言",赵葵后来升任至枢密使兼参知政事,一生战功赫赫。